职业教育·道路运输类专业教材

桥梁工程施工

钱银华 主 编
魏 俊 杭振园 副主编
查道宏 邓继华 主 审

人民交通出版社股份有限公司
北 京

内 容 提 要

本书共分9个模块，包括桥梁施工准备、梁式桥上部结构预制装配法施工、梁式桥上部结构就地浇筑法施工、梁式桥上部结构悬臂法施工、梁式桥上部结构其他施工方法、拱桥施工、斜拉桥施工、悬索桥施工和桥梁下部结构施工。本书以职业需求为导向，以岗位需求为本位，从道路与桥梁工程技术专业学生从事桥梁施工管理岗位出发，针对岗位所需的知识结构和技能要求，提出教学目标和教学内容，注重知识实用性，力求体现现代职业教育理念。

本书可作为高职高专学校土木工程、道路与桥梁工程技术和市政工程技术等专业桥梁工程施工课程的教材，亦可供交通行业相关工程技术人员参考。

本书有配套课件，教师可通过加入职教路桥教学研讨2群(QQ927111427)获取。

图书在版编目(CIP)数据

桥梁工程施工 / 钱银华主编. — 北京：人民交通出版社股份有限公司, 2023.10(2025.7重印)
ISBN 978-7-114-18363-8

Ⅰ.①桥⋯ Ⅱ.①钱⋯ Ⅲ.①桥梁工程—工程施工—高等职业教育—教材 Ⅳ.①U445

中国版本图书馆 CIP 数据核字(2022)第 224507 号

职业教育·道路运输类专业教材

书　　名：	桥梁工程施工
著 作 者：	钱银华
责任编辑：	卢俊丽
责任校对：	赵媛媛　魏佳宁
责任印制：	张　凯
出版发行：	人民交通出版社股份有限公司
地　　址：	(100011)北京市朝阳区安定门外外馆斜街3号
网　　址：	http://www.ccpcl.com.cn
销售电话：	(010)85285911
总 经 销：	人民交通出版社股份有限公司发行部
经　　销：	各地新华书店
印　　刷：	北京虎彩文化传播有限公司
开　　本：	787×1092　1/16
印　　张：	13.5
字　　数：	317 千
版　　次：	2023 年 10 月　第 1 版
印　　次：	2025 年 7 月　第 2 次印刷
书　　号：	ISBN 978-7-114-18363-8
定　　价：	45.00 元

(有印刷、装订质量问题的图书，由本公司负责调换)

前·言

"桥梁工程施工"是高职高专道路与桥梁工程技术专业的一门核心课程。为深入贯彻落实《高等教育面向 21 世纪教学内容和课程体系改革计划》，夯实道路与桥梁工程技术专业的特色，深化优势专业建设改革，强化校企合作成果，编者按照教育部"以教育思想、观念改革为先导，以教学改革为核心，以教学基本建设为重点，注意提高质量、努力办出特色"的基本思路，结合国家"双高计划"道路与桥梁工程技术专业群核心课程建设需要编写了本书。

本书以达到教育部对高职高专道路与桥梁工程技术专业人才目标、培养规格、培养模式及与之相适应的知识、技能和素质结构的要求为宗旨，充分注重学生创新能力和实践能力的培养，加强实践教学环节设计。

本书紧密跟踪我国道路与桥梁工程技术的发展，采用了最新的行业技术标准、规范、规程，具有较强的针对性。本书的编写全面贯彻职业与素质教育并重理念，力求体现以职业需求为导向，以岗位需求为本位，注意知识实用性的现代职业教育理念，从道路与桥梁工程行业岗位群对人才的知识结构和技能要求出发，提出学习目标和教学内容。本书从理论体系、组织结构、内容设计上均反映了专业教学改革的成果。

本书采用校企合作双元开发，教学内容采用模块化设计，紧贴桥梁施工过程中的各个阶段和主要内容。全书共分 9 个模块，由浙江交通职业技术学院钱银华讲师担任主编并统稿，其中模块 1、模块 2、模块 3、模块 9 由钱银华负责编写，模块 4 由徐方圆副教授编写，模块 5 由贾佳教授编写，模块 6 由赵建峰讲师编写，模块 7 由杭振园讲师编写，模块 8 由魏俊高级工程师编写，浙江交工集团股份有限公司翁杨工程师、李重莹工程师、江禹龙助理工程师等提供素材。中铁大桥局查道宏教授级高级工程师、长沙理工大学邓继华教授担任本书主审。

本书力求通俗易懂，紧密联系工程实际，实用性强，既可以作为高职高专道路与桥梁工程技术专业三年制教学用书，也可供公路工程、市政工程专业施工人员、桥梁养护管理人员和桥梁检测人员学习参考。

列于书末的参考文献为我们完成本书的编写提供了巨大帮助，浙江交工集团股份有限公司也为本书提供了许多资源，在此一并致以诚挚的谢意！

由于编者水平有限,加之编写及修订时间紧迫,全书虽经仔细审核,但疏漏和不妥之处在所难免,敬请读者批评指正。

编　者

2022 年 9 月

本教材配套资源索引

资源编号	资源名称	对应位置
1	就地浇筑法专项施工方案	P76
2	悬臂浇筑法专项施工方案	P85
3	悬臂浇筑法施工动画	P85
4	移动模架逐跨现浇法施工动画	P96
5	节段预制拼装法施工视频	P98
6	顶推法施工动画	P110
7	梁式桥转体法施工视频	P112
8	拱桥施工工艺	P117
9	拱桥劲性骨架法施工视频	P125
10	拱桥缆索吊装法施工动画	P128
11	拱桥转体法施工动画	P130
12	系杆拱桥施工动画	P136
13	斜拉桥施工动画	P138
14	斜拉桥混凝土索塔专项施工方案	P140
15	斜拉桥0号块专项施工方案	P145
16	斜拉桥主梁悬臂浇筑法专项施工方案	P145
17	悬索桥施工动画	P150
18	悬索桥施工组织设计案例	P150

资源使用说明：

1．扫描封面上的二维码(注意此码只可激活一次)；

2．关注"交通教育出版"微信公众号；

3．公众号弹出"购买成功"通知，点击"查看详情"，进入后即可查看资源；

4．也可进入"交通教育出版"微信公众号，点击下方菜单"用户服务-图书增值"，选择已绑定的教材进行观看。

目 录
Contents

模块 1　桥梁施工准备 ··· 001
　1.1　劳动组织准备 ·· 002
　1.2　技术准备 ·· 005
　1.3　施工现场准备 ·· 010
　1.4　物资准备 ·· 012
　思考题 ·· 012

模块 2　梁式桥上部结构预制装配法施工 ··· 013
　2.1　梁式桥上部结构预制装配法施工工艺流程 ··································· 014
　2.2　钢筋混凝土梁板预制 ··· 014
　2.3　先张法预应力混凝土梁预制 ··· 044
　2.4　后张法预应力混凝土梁预制 ··· 048
　2.5　预制梁的出坑、场内移运、存放、场外运输 ································ 057
　2.6　支座安装 ·· 059
　2.7　预制梁的安装 ·· 060
　2.8　装配式梁板间横向联系施工 ··· 067
　2.9　桥面系施工 ··· 071
　思考题 ·· 074

模块 3　梁式桥上部结构就地浇筑法施工 ··· 075
　3.1　就地浇筑法专项施工方案 ··· 076
　3.2　地基处理 ·· 077
　3.3　支架的形式选择、设计计算、搭设、预压与检测 ·························· 077
　3.4　模板安装、钢筋骨架制作、预应力孔道布置 ································ 081
　3.5　混凝土浇筑 ··· 082

3.6 预应力工程 …… 082
3.7 支架的卸落、拆除 …… 082
思考题 …… 082

模块 4　梁式桥上部结构悬臂法施工 …… 083
4.1 悬臂浇筑法施工 …… 084
4.2 悬臂拼装法施工 …… 089
思考题 …… 092

模块 5　梁式桥上部结构其他施工方法 …… 093
5.1 先简支后连续法施工 …… 094
5.2 移动模架逐跨现浇法施工 …… 096
5.3 节段预制拼装法施工 …… 098
5.4 顶推法施工 …… 109
5.5 转体法施工 …… 112
思考题 …… 115

模块 6　拱桥施工 …… 116
6.1 拱桥有支架就地浇筑(砌筑)法施工 …… 117
6.2 拱桥无支架就地浇筑法施工 …… 125
6.3 拱桥缆索吊装法施工 …… 128
6.4 拱桥转体法施工 …… 130
6.5 系杆拱桥施工 …… 134
思考题 …… 137

模块 7　斜拉桥施工 …… 138
7.1 索塔及基础施工 …… 139
7.2 主梁施工 …… 144
7.3 拉索施工 …… 146
7.4 施工控制 …… 148
思考题 …… 148

模块 8　悬索桥施工 …… 149
8.1 锚碇施工 …… 150
8.2 桥塔施工 …… 156
8.3 主缆施工 …… 157
8.4 加劲梁施工 …… 163

8.5　施工控制 ………………………………………………………… 165
　思考题 ……………………………………………………………… 165
模块9　桥梁下部结构施工 …………………………………………… 166
9.1　桥梁施工测量 …………………………………………………… 167
9.2　扩大基础施工 …………………………………………………… 172
9.3　桩基础施工 ……………………………………………………… 182
9.4　重力式墩台施工 ………………………………………………… 197
9.5　钢筋混凝土柱式墩施工 ………………………………………… 200
9.6　高桥墩施工 ……………………………………………………… 203
9.7　装配式墩台施工 ………………………………………………… 203
　思考题 ……………………………………………………………… 204
参考文献 ………………………………………………………………… 205

模块 1
CHAPTER ONE
桥梁施工准备

内容概要
本模块介绍桥梁施工的准备工作,主要包括劳动组织准备、技术准备、施工现场准备和物资准备等主要工作。

学习目标
能参与桥梁工程项目施工的各项准备工作。

重点学习任务
熟悉桥梁施工各项准备工作的主要内容。

主要活动设计
【1】阅读桥梁施工图;
【2】阅读桥梁施工组织设计文件;
【3】阅读桥梁施工中的专项施工方案。

桥梁施工前的准备工作是指施工单位承接施工任务后,在开工之前进行的以完成各项施工任务为目的的准备工作。

施工单位承接施工任务后,要尽快做好各项准备工作,创造有利的施工条件,使施工工作能连续、均衡、有节奏、有计划地进行,从而按质、按量、按期完成施工任务。

桥梁施工准备工作是施工得以顺利进行的基本保证,其基本任务是为桥梁工程的施工建立必要的技术和物资条件,统筹安排施工力量和施工现场。

施工准备工作通常包括劳动组织准备、技术准备、施工现场准备和物资准备等工作。这些具体的准备工作往往交织在一起,由项目经理部按照预定计划由各部门协调进行。

1.1 劳动组织准备

施工单位与建设单位签订施工合同后,应根据招投标文件及施工合同要求,成立施工项目现场管理部门,并进行劳动组织准备。劳动组织准备的主要内容包括组建项目经理部、设立作业工区和施工班组,以及建立健全规章制度等工作。

1.1.1 组建项目经理部

项目经理部(以下简称项目部)是项目施工的管理机构。由施工单位根据招投标文件的约定,指派具有符合相应资质要求、能胜任的人员担任项目经理,并按规定要求组建项目部。

一个完整的项目部机构(图1.1-1)应包括项目经理办公室(如有必要,可下设项目副经理办公室)、项目总工程师办公室、行政党务办公室、工程管理办公室、试验检测办公室(工地试验室)、安全管理办公室、合同计量办公室、财务科、机料设备管理室和现场各作业工区等多个责任部门。各部门人员的配备应力求精干,以适应任务的需要,坚持合理分工和密切协作相结合,使之便于指挥和管理,分工明确,责权具体。

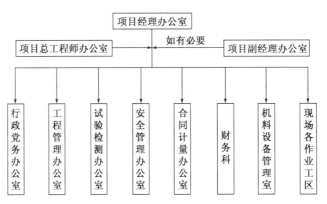

图1.1-1　项目部机构设置

项目部组建完成后,各部门负责人按照项目进度要求,完成开工前的各项准备工作和施工过程中的各项工作任务。

各部门主要人员工作分配及管理责任如下。

1. 项目经理办公室

全面主持施工项目管理工作,严格履行项目合同,对工程质量、安全、工期和成本控制负全责,并负责项目经理部内部行政管理工作(包括人员调配、财务管理和对外协调等)。

2. 项目副经理办公室

项目经理可根据项目规模以及工作需要,设立项目副经理岗位。项目副经理主要协助项目经理工作,由项目经理分配具体分管工作。

3. 项目总工程师办公室

协助项目经理工作,主要负责技术工作和质量控制,并负责与建设单位、设计单位、监理单位、质检单位等进行技术方面的协调工作,分管工程管理、工程质检、安全管理等各部门的工作。

4. 行政党务办公室[配备行政(含后勤和食堂)、党务和治安等岗位管理人员]

行政党务办公室是项目部的综合性部门,主要负责项目的对外联络、文秘、人事劳资、治安保卫、职工食堂以及内部行政事务。

①行政党务:办公用品、生活用品的采购、发放和归口管理,食堂及炊事员管理,日常党务工作等。

②治安保卫:主要负责施工现场和职工驻地的治安保卫工作。

5. 工程管理办公室(下设测量放样组、施工组织与管理组、质检组等)

①协同项目总工程师进行设计文件会审,全面掌握施工图、合同及技术规范。根据合同要求,编制实施性施工组织设计。

②负责工程测量、现场施工组织与管理。

③归档整理设计变更、索赔文件、变更洽商,建立技术及管理日记,做好项目技术档案管理工作。

④掌握项目各生产单位的工程进度情况,归档分析影响进度的因素,并提出改进措施。

⑤组织重点技术问题攻关,负责技术交底,检查指导作业队的技术工作。

⑥根据工程具体情况,结合项目管理特点,制订技术、质量等管理细则和保证措施。

⑦按照质量体系文件,全面开展各项质量活动。

⑧负责隐蔽工程的检查、评定、验收、安全质量和文明施工管理,配合设计、监理、检测单位的工作。

6. 试验检测办公室(工地试验室)

①负责原材料的试验检测工作或送检。

②负责混合料性能的试验检测。

③配合工程管理办公室进行结构构件性能的自检工作。

④配合监理、检测单位对工程质量进行抽检或验收检测。

⑤对试验、检测报告等资料进行归档整理,做好项目技术档案管理工作。

7. 安全管理办公室

负责工程施工中安全管理、安全监督及安全培训工作。

8. 合同计量办公室

①根据合同要求,结合工程具体情况,编制项目成本计划和资金使用计划,确定、分解成本控制目标。

②编制年、季、月施工计划,监督计划执行情况。
③办理验工计价和内部承包核算。
④负责工程的计划、计量工作。
⑤负责合同管理、索赔申请、清算资料积累,以及与业主代表办理追加金额、处理索赔事宜。

9. 财务科

①根据合同要求,结合工程具体情况,编制项目成本计划和资金使用计划,确定、分解成本控制目标。
②负责向业主提供按合同文件规定的必须递交的证明件,办理工程款的收取、支付。
③做好资金使用、管理工作。
④负责财务分析表。
⑤对支出做好分析预测,寻求挖潜和成本节约的可能性。

10. 机料设备管理室

①按施工图、施工组织设计及合同要求,负责材料和设备订货采购、租赁,为项目施工提供保障。
②编制材料、设备计划,经主管经理批准后负责实施。
③整理保管好一切材料,供应商的资料和报告证件等;建立管理台账,做好各项材料消耗和库存统计工作。
④根据项目管理特点,制定物资设备管理标准和实施办法,对工程使用的材料、机电设备的质量和管理负全责。
⑤控制项目成本,制定(限额)发料标准和机械台班内部收费标准的材料,办理材料、机械成本核算和费用结算。

1.1.2 设立作业工区和施工班组

为方便施工现场的管理,项目部通常会根据现场作业的不同,设立不同的作业工区,如桥梁工区、道路工区、隧道工区等。在各工区内根据具体工作内容的不同,设立专业的施工班组,如钢筋加工班组、混凝土拌制班组、混凝土运输班组、混凝土浇筑班组、模板班组、构件运输班组、构件吊装班组、支架搭设班组、电工班组、设备管理维修班组等。

施工班组的设立应认真考虑专业和工作之间的合理配置,技术工人(需持证上岗的工种)和普通工人的比例要满足合理的劳动组织需要,并符合流水作业方式的要求,同时制订该工程的劳动力需要量计划。

组织人员进场后应对工人进行技术、安全操作规程以及消防、文明施工等方面的培训教育。

1.1.3 建立健全规章制度

施工前应建立健全质量保证体系和质量管理体系,明确质量方针、质量目标和质量责任;同时应建立质量管理机构,制定质量管理制度和质量检测流程,提出质量保证措施,对工程的施工实施质量控制。

施工前应建立健全安全生产管理体系,落实安全责任,提出安全技术组织措施。对施工中存在的各种风险源应进行分析、评估,提出防范对策,制订必要的突发事件应急预案,使施工的全过程能安全地进行。

施工前应建立健全环保管理体系,制订保护环境、节能减排和文明施工的实施方案,减少工程施工过程中对环境的污染。

1.2 技术准备

技术准备是施工准备工作的核心。由于任何技术上的差错和隐患都可能危及人身安全并造成质量事故,带来生命、财产和经济的巨大损失,因此必须认真做好技术准备工作。技术准备工作包括以下内容。

1.2.1 熟悉设计文件、研究施工图纸及现场核对

施工单位或项目部收到拟建工程的设计图纸和有关技术文件后,应尽快组织工程技术人员熟悉、研究所有技术文件和图纸,对结构设计尺寸和关键施工参数进行核对;检查图纸与其各组成部分之间有无矛盾和错误,在几何尺寸、坐标、高程、说明等方面是否一致,技术要求是否正确;与现场情况进行核对,同时要做好详细记录,有疑问和建议可向设计单位书面反馈等。

1.2.2 施工前的设计技术交底

设计技术交底一般由建设单位(业主)主持,设计、监理、施工、第三方施工监控(如有)和交工检测验收等单位共同参加。首先,由设计单位说明工程的设计依据、意图和功能要求,并对特殊结构、新材料、新工艺和新技术提出设计要求,进行技术交底;然后,施工单位根据对设计图纸的研究和对结构设计尺寸和关键施工参数的核对情况,提出对设计图纸的疑问、建议和变更;最后,在统一认识的基础上,对所探讨的问题逐一做好记录,形成"设计技术交底纪要",由建设单位正式行文,参加单位共同会签盖章,作为与设计文件同时使用的技术文件和指导施工的依据,以及建设单位与施工单位进行工程结算的依据。

当工程为设计施工总承包时,应由总承包人主持进行内部设计技术交底。

1.2.3 原始资料的进一步调查分析

施工单位为了正确选择施工方案、制订技术措施、合理安排施工顺序和施工进度计划,在熟悉设计图纸说明的相关内容基础上,应对拟建工程进行实地勘察,进一步获得有关原始数据的第一手资料。

1. 自然条件的调查分析

①地质。应了解的主要内容:地质构造、墩台处的基岩埋深、岩层状态、岩石性质、覆盖层

土质、土的性质和类别、地基土的承载力、土的冻结深度、妨碍基础施工的障碍物、地震级别和烈度等。

②水文。应了解的主要内容:河流流量和水质、年水位变化情况、最高洪水位和最低枯水位的时期及持续时间;流速、地下水的高低变化、含水层的厚度和流向;冰冻地区的河流封冻时间、融冰时间、流冰水位及冰块大小;受潮汐影响的河流或水域中潮水的涨落时间、潮汐水位的变化规律等。

③气象。应了解的主要内容:气温、降雨、降雪、冰冻、台风(含龙卷风、雷雨大风等突发性灾害)、风向、风速等变化规律及历年记录;冬、雨季的期限及冬季地层冻结厚度等。

④施工现场的地形地物。应了解的主要内容:施工现场的地形地物在勘察设计阶段与施工前的差异或变化、施工现场附近可利用的临时用地情况。

2. 技术经济条件的调查分析

应了解的主要内容:施工现场的动迁状况、当地可利用的地方材料状况、地方能源和交通运输状况、地方劳动力和技术水平状况、当地生活物资供应状况、可提供的施工用水及用电状况、设备租赁状况、当地消防治安状况及分包单位的实力状况等。

1.2.4 编制实施性施工组织设计

实施性施工组织设计是以工程项目、单项工程或单位工程为对象编制的。编制时,要将整个工程项目分解为单项工程,将各单项工程分解为单位工程,将各单位工程分解为分部工程,将各分部工程分解为分项工程,各分项工程再进一步分解为各道工序。施工组织设计就是把这许许多多道工序用一定的技术作业链(工艺关系和组织关系)连接起来,合理确定各技术作业链之间的关系,即确定各道工序在什么时间、按什么顺序、使用什么材料、安排什么人员、选择什么施工方法和机具设备来完成,最终使整个工程项目以最低的消耗、最短的工期、最优的质量得以实现,达到最佳的技术经济效果。

为此必须在施工前预先进行谋划、组织和安排,将这些工作梳理出头绪、分出轻重缓急,以避免施工过程中产生盲目性和施工现场出现混乱现象,防止质量事故、安全事故的发生。这种预先的谋划、组织和安排实际上也就是施工组织设计。

桥梁施工组织设计是桥梁施工准备工作的核心内容,是指导桥梁施工中全部生产活动的基本技术经济文件,也是对桥梁施工实行科学管理的重要手段。

编制桥梁施工组织设计必须统筹规划,科学地确定施工顺序,选择适当的施工方法和施工机械,科学地组织人力和调配物资,建立正常的施工秩序,充分利用空间,争取时间,推广、采用先进的施工技术,全面、合理、有计划地组织施工,用最少的人力、物力和财力取得最佳的经济效益,实现设计意图和优质高效地完成施工任务。

施工组织设计宜包括以下内容:编制说明、施工组织机构、施工平面布置图、施工方法、施工详图、资源计划、总进度计划和进度图、质量管理、安全生产和环境保护。

1. 编制依据

施工组织设计是根据不同的施工对象、现场条件、施工条件等主客观因素,在充分调查分析的基础上编制的。不同类型桥梁的施工组织设计其编制依据有共同的地方,也存在着差异。

共同的编制依据主要有以下部分。

①国家的有关法律、法规、规程和规范。

②上级的有关指示。

③计划和设计文件:包括已批准的计划任务书、初步设计、技术设计和施工图设计等。

④自然条件资料:包括地形资料、工程地质资料、水文地质资料、气象资料等。

⑤建设地区的技术经济资料:包括地方工业、交通运输、地方原材料、供水和供电等。

⑥施工单位可能配备给项目的人力、机械设备,当地施工企业的施工力量、技术状况和施工经验等。

⑦桥梁结构各构件的施工工艺流程、施工方法、施工计划,施工质量和进度保证措施。

⑧安全、环保措施,应急预案。

⑨有关的合同规定。

2. 编制原则

编制的施工组织设计,要能正确指导施工。首先必须体现施工过程的规律性,其次要体现组织管理的科学性、技术的先进性。具体而言,要坚持以下原则:

①充分利用时间和空间的原则;

②人尽其力、物尽其用的原则;

③工艺与设备配套的优选原则;

④最佳技术经济决策原则;

⑤专业化分工与紧密协作相结合的原则;

⑥供应与消耗的协调原则。

3. 编制内容

某大桥施工组织设计的编制内容如图 1.2-1 所示。

```
           某大桥实施性施工组织设计书
    第一章  工程概况
      第一节  主要技术标准
      第二节  气象、水文
      第三节  沿线自然地理特征
      第四节  主要工程数量
      第五节  编制依据
    第二章  施工准备
      第一节  施工组织机构
      第二节  施工班组人员安排表
      第三节  材料用量计划表
    第三章  主要工程项目的施工方案、施工方法
      第一节  施工目标
      第二节  施工准备
      第三节  施工总平面布置
      第四节  施工总体方案和施工方法
      第五节  路基工程施工方案及方法
```

图 1.2-1

```
第六节  桥梁工程施工方案及方法
第七节  路面工程施工方案及方法
第四章  各分项工程施工顺序及进度计划
第一节  各分项工程施工顺序
第二节  各分项工程进度计划
第五章  工程质量与工期保证措施
第一节  工程质量保证措施
第二节  工期保证措施
第六章  冬期、雨期、热期的施工安排
第一节  冬期施工安排
第二节  雨期施工安排
第三节  热期施工安排
第七章  质量和安全保证体系
第一节  质量保证体系
第二节  安全保证体系
第八章  其他说明
第一节  特殊气象条件的施工安排
第二节  文明施工措施
第三节  环境保护措施
第四节  缺陷责任期内对工程的维护方案
```

图 1.2-1 某大桥施工组织设计的编制内容

1.2.5 制订施工方案、进行施工设计

在全面掌握设计文件和设计图纸,正确理解了设计意图和技术要求,以及进行了以施工为目的的各项调查之后,应根据进一步掌握的情况和资料,对投标时初步拟定的施工方法和技术措施等进行重新评价和深入研究,以制订出详尽的更符合现场实际情况的施工方案。

根据《中华人民共和国安全生产法》、国务院《建设工程安全生产管理条例》、交通运输部《公路水运工程安全生产监督管理办法》(交通运输部令 2017 年第 25 号)、《铁路建设工程质量安全监管暂行办法》(国铁工程监〔2016〕9 号)、住房城乡建设部《危险性较大的分部分项工程安全管理规定》(住房城乡建设部令 2018 年第 37 号)等法律、法规、规章、条例,各省(区、市)结合实际,制定相应的危险性较大分部分项工程(以下简称"危大工程")安全专项施工方案管理办法。

交通建设工程领域的危大工程是指在施工过程中容易导致人员群死群伤或者造成重大经济损失的分部分项工程。

以浙江省为例,在以上法律、法规、规章和条例的基础上,依据《浙江省交通建设工程质量和安全生产管理条例》,对原《浙江省公路水运危险性较大分部分项工程安全专项施工方案管理办法(试行)》(浙交〔2010〕236 号)进行了修订完善,2019 年公布了修订后的《浙江省交通建设危险性较大分部分项工程安全专项施工方案管理办法》(以下简称《办法》)。

施工单位应当在危大工程施工前组织工程相关专业技术人员,根据合同段施工安全专项风险评估结论及有关工程建设标准、规范和规程,针对危大工程,在制订施工组织设计的基础上,编制危大工程的专项施工方案(以下简称"专项施工方案")。

专项施工方案主要包括以下内容。

①编制说明:编制依据(法律法规、技术标准、行业管理文件、项目相关资料)、编制目的、适用范围等。

②工程概况:危大工程概况和特点、气象水文地质条件、周边环境、施工平面布置(总体平面布置图和典型断面分布图)和施工要求等。

③施工工艺:施工工艺流程、施工方法(技术参数、操作要求)等。

④施工计划:施工进度计划、材料与设备计划、劳动力计划、相关证书证件等。

⑤风险(危险源)分析:根据公路水运工程和铁路轨道工程的不同要求,按作业单元进行风险(危险源)辨识、风险(危险)因素分析、风险因素估测等。

⑥施工安全保障措施:组织保障(含施工管理人员、专职安全生产管理人员、特种作业人员)、技术保障措施、监测监控措施(监测依据、内容、方法、人员、设备、测点布置与保护、监测频次、预警标准及监测成果报送等)、安全应急处置措施等。

⑦安全检查和验收:检查包括检查方法、检查人员、检查内容等,验收包括验收程序、验收人员(涉及项目负责人、技术负责人、专业技术人员、专职安全员,总监、专监,勘察设计、监测单位等相关人员)、验收内容、验收标准等。

⑧安全计算(验算)书及相关施工图纸。

⑨其他需要说明的内容。

交通建设工程中属于危大工程和超过一定规模的危大工程包括通用作业、临时工程、路基工程、桥梁工程、隧道工程、码头工程、航道工程、铁路与轨道工程和其他等九大类,具体归属划分可参看《办法》。

专项施工方案编制完成后,施工单位应当组织技术、安全、机料等部门的专业技术人员进行审核。专项施工方案经施工单位技术负责人审核签字、盖章后报监理单位,由项目总监理工程师审查签字、盖章后方可实施。

对于超过一定规模的危大工程或建设单位或监理单位认为有必要进行专家论证的其他危大工程的专项施工方案,施工单位应当在分部分项工程开工前组织专家论证。

对于需经专家论证的专项施工方案,经施工单位相关部门审核和总监理工程师审查后,组织召开专家论证会,并根据专家论证意见对专项施工方案进行修改完善,经完善的专项施工方案由施工单位技术负责人签字确认后报监理单位,由项目总监理工程师审查签字、盖章,报建设单位备案。专项施工方案未经审查,不得组织实施。

对工程施工中所用的临时受力结构(承重支架、作业平台、模板、悬浇挂篮、临时支挡、各种围堰、栈桥或便桥等)和大型临时设施(混凝土搅拌站、码头、梁板构件的预制场、钢筋加工制作厂房、库房等),应进行专项设计与验算,明确质量和安全的验收标准,并应编制安装、使用、维护和拆除的作业方案。

施工设计应在保证安全的前提下,尽量使用现有的材料和设备,因地制宜,使设计出的临时结构经济适用、装拆简便、实用性强。

1.2.6 编制施工预算

施工预算是根据施工图纸、施工组织设计或施工方案、施工定额等文件进行编制的。施工预算是施工企业内部控制各项成本支出、考核用工、签发施工任务单、限额领料及基层进行经济核算的依据,也是制订分包合同时确定分包价格的依据。

1.2.7 施工技术交底

在单位工程或分部工程开工之前,应将工程的设计内容、施工组织设计、施工计划和施工技术等要求,详尽地向施工班组和工人进行交底,以保证工程能严格按照设计图纸、施工工艺、安全技术措施、降低成本措施和施工验收规范的要求施工;新技术、新材料、新结构和新工艺的实施方案和保证措施的落实;有关部位的设计变更和技术核定等。

1.3 施工现场准备

施工现场准备主要是为施工创造有利条件和提供物资保证,其具体内容如下。

1.3.1 建设临时设施

应结合工程的规模、工期、地形特点等情况,进行标准化施工的策划和实施,合理布置施工场地,所设置的各种临时设施应满足工程施工的需要及安全施工的要求。按照施工项目的现场情况,绘制施工总平面图,合理布置施工所需的各项临时设施。建造所有生产、办公、生活、居住和储存等临时用房,以及临时便道、码头、混凝土拌和站和构件预制场地等。

1.3.2 施工控制网测量

桥涵工程施工前应根据其结构形式、跨径及精度要求等编制施工测量方案,选定控制测量精度,确定测量方法。

施工前应由勘测设计单位对控制性桩点进行现场交桩,并应在复测原控制网的基础上,根据施工需要适当加密、优化,建立施工测量控制网。

对测量控制点,应编号绘于施工总平面图上,并应采取有效措施妥善保护。施工过程中,应对控制网(点)进行不定期的检测和定期复测,定期复测周期应不超过6个月。对控制点的稳定性有疑问时,应及时进行局部或全面复测。

施工测量所有的仪器、设备应经法定计量机构检定和校验,合格后方可使用。测量平差计算时宜采用通过科技鉴定论证的专业软件。

桥涵工程施工的平面控制测量、高程控制测量,宽阔水域和海上桥梁工程的平面控制网、宽阔水域和海上桥梁的高程控制网的控制点布设、测量方法和精度要求应符合规范或设计要求。

1.3.3 补充钻探

当桥梁工程地质钻探资料因钻孔较小、孔距过大而不能满足施工的需要时,必须对有些地质情况不明的墩位进行补充钻探,以查明墩位处的地质情况和可能的隐蔽物,为基础工程的施工创造有利条件。

1.3.4 搞好"四通一平"

开工前应完成现场的"四通一平"工作。"四通一平"是指水通、电通、路通、通信通及场地平整。另外,考虑到混凝土蒸汽养护的需要以及寒冷冰冻地区特殊性,还要满足暖气供热的要求。

1.3.5 安装调试施工机具

应根据工程施工的需要,配备足够的机械设备和生产工具,且应在施工前对施工机具进行安装调试和试运转。

1.3.6 材料的试验和储存堆放

应根据工程的规模和有关规定,建立工地试验室。工地试验室配备的试验人员和试验仪器应满足工程施工的需要,且试验仪器应通过国家法定计量机构的检验标定。

水泥、砂、石、外加剂、钢筋等施工原材料的选择应在工程开工前通过试验确定。各种原材料进场时,应按国家和行业规范的有关规定进行相应的质量检测和试验工作;进场后,应根据不同的品种、规格及用途分别妥善存放,对容易受潮、锈蚀的材料应有防雨、防潮或防锈的措施。

组织材料进场,按规定的地点和指定的方式进行储存堆放。

按照材料的需要量计划,应及时提供包括混凝土和砂浆的配合比与强度、钢材的力学性能和加工性能等在内的各种材料的试验申请计划。

1.3.7 新技术项目的试制和试验

对于大型工程项目和特殊项目,应对拟采用新技术、新工艺、新材料和新设备的工程项目,提前做好试验研究和论证等工作。

1.3.8 冬期、雨期和热期施工安排

冬期、雨期和热期的桥涵施工,应根据不同的季节特点制订相应的施工技术方案,并应采取有针对性的措施,保证工程质量和施工安全。

施工前应及时掌握气温、雨雪、风暴、汛情等预报,制订应急预案,做好安全防范工作,避免发生事故。施工操作人员应按劳动保护的规定,采取必要的防护措施。

1. 冬期施工

根据当地多年气温资料,室外昼夜日平均气温连续 5d 稳定低于 5℃时,钢筋、预应力、混凝土及砌体等工程应采取冬期施工的措施。严寒期不宜进行施工。

2. 雨期施工

在降雨集中季节且会对工程质量造成影响时,应按雨期的要求进行施工。

3. 热期施工

当昼夜日平均气温高于30℃时,混凝土工程和砌体工程的施工应符合热期施工的规定。

1.3.9 安全施工、环保措施

桥涵工程在施工过程中,应遵守相应的安全施工和环境保护方面法律法规的规定。

1. 安全施工

桥涵工程的安全施工应符合现行《公路工程施工安全技术规范》(JTG F90)的规定。

桥涵施工应贯彻"安全第一、预防为主、综合治理"的方针。施工前应对各种安全危险源进行辨识和评估,并应在施工过程中有针对性地采取各种有效措施,预防事故发生;对危险性较大的分部分项工程应制订专项方案;对存在重大安全事故危险源的工程,应预先建立重大事故应急预案,并组织演练;当施工中发生事故时,应迅速反应,按照应急预案的规定进行救援和处理,最大限度地降低事故损失。

2. 环境保护

桥涵工程的施工应遵循"预防为主、防治结合、综合治理"的原则,结合工程特点,对在施工中可能对环境造成的不利影响,制订具体的预防方案并付诸实施,减少对原生态环境的改变,降低对环境的污染。施工过程中应文明施工;工程完成后,应及时清理各种施工垃圾,做到工完场清。

1.3.10 建立健全施工现场各项管理制度

根据工程特点,制定施工现场必要的各项规章制度。

1.4 物资准备

项目部应根据工程进度需要,对后续工程所需的工程材料(如钢材、木材、水泥、砂石等)进行充分的准备;对工程所需的施工设备要提前进行购买、租赁等准备,并在设备使用前完成设备的组装、试运转等;对其他各种小型生产工具、小型配件等进行准备。

1. 为什么桥梁施工项目要进行施工准备工作?
2. 桥梁工程项目施工准备分几部分?各部分的主要工作有哪些?
3. 施工组织设计在施工过程中有什么样的作用?
4. 为什么要对危险性较大的分部分项工程编制专项施工方案?

模块 2 CHAPTER TWO
梁式桥上部结构预制装配法施工

 内容概要

本模块介绍梁式桥上部结构预制装配法施工,主要包括施工工艺流程,钢筋混凝土梁板预制,先张法预应力混凝土梁预制,后张法预应力混凝土梁预制,预制梁的出坑、场内移运、存放、场外运输,支座安装,预制梁的安装,装配式梁板间横向联系施工和桥面系施工等。

 学习目标

【1】能参与或组织钢筋混凝土梁板预制中的模板、钢筋、混凝土工作;
【2】能参与或组织预应力混凝土梁板预制中的预应力工作;
【3】能参与或组织梁板的运输与安装工作。

 重点学习任务

【1】熟悉梁式桥上部结构预制装配法施工的工艺流程;
【2】熟悉钢筋混凝土构件预制施工中的模板、钢筋、混凝土等工作的主要内容、要求;
【3】熟悉预应力混凝土梁板施工中的预应力工作的主要内容、要求;
【4】熟悉预制构件运输和安装的方法、设备和技术要求。

 主要活动设计

【1】阅读桥梁施工组织设计文件;
【2】观看预制装配法施工相关视频和现场图片;
【3】参观梁板预制场地、梁板运输与安装现场。

预制装配法施工是指在工厂或运输方便的桥址附近设置预制场进行梁板构件预制,预制完成后采用一定的运输方式和架设方法,将预制梁架设到已完成的下部结构上,全桥均架设完成后,最后横桥向连成整体。

预制装配法主要应用于装配式简支梁桥或装配式先简支后连续的连续桥梁施工。

预制装配法施工的共同特点:构件预制质量和尺寸易控制;上下部结构平行作业、缩短施工工期;有效利用劳动力,降低工程造价;安装时构件已有存放一段时间的混凝土龄期,可减小混凝土收缩、徐变引起的变形,使得施工中预应力损失较小;不需大量模板、支架,不影响桥下交通;需要大型起吊运输设备。

2.1 梁式桥上部结构预制装配法施工工艺流程

施工单位应根据制定的实施性施工组织设计和相关规范规定的要求,编制预制装配法施工方案,经过评审后方可实施。在施工方案中,需要制定施工工艺流程,合理安排桥梁结构各部件的施工工序和施工方法。预制装配法施工工艺流程如图 2.1-1 所示。

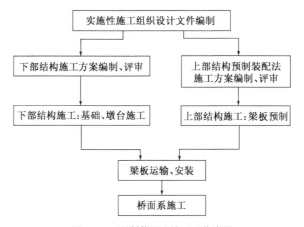

图 2.1-1 预制装配法施工工艺流程

本模块主要讲述梁式桥上部结构预制装配法施工中的钢筋混凝土梁板预制,先张法预应力混凝土梁预制,后张法预应力混凝土梁预制,预制梁的出坑、场内移运、存放、场外运输,支座安装,预制梁安装,装配式梁板间横向联系施工和桥面系施工等内容。

2.2 钢筋混凝土梁板预制

钢筋混凝土梁板的预制可参考图 2.2-1 所示的施工工艺流程进行,主要施工内容可根据实际的工作内容分为模板工作、钢筋工作以及混凝土工作三部分,但在梁板预制前,需根据施工现场布置的安排,完成预制场地的选址和建设。对预应力混凝土梁板,除了钢筋混凝土梁板预制的三项施工内容外,还应根据设计要求,实施预应力工程。

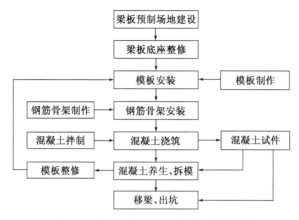

图 2.2-1　钢筋混凝土梁板预制施工工艺流程

2.2.1　预制场地设置

考虑到桥梁需要采用预制装配法施工,在桥梁施工准备的施工现场准备工作中,应考察桥梁所在位置附近的地形情况,选择在合适的地点建设预制场地。

1. 预制场地选址

预制场地选址应符合相关规定要求,应满足用地合法,周围无塌方、滑坡、落石、泥石流、洪涝等地质灾害;无高频、高压电源及其他污染源;离集中爆破区 500m 以外;不得占用规划的取、弃土场。原则上不宜设在主线征地范围内,若确实存在用地困难等特殊情况需要将预制场设于主线征地范围内时,应报项目建设单位审批。选址以方便、合理、安全、经济及满足工期为原则,结合施工合同段预制场建设规模、架设要求以及运输条件等情况综合选址。

2. 预制场地建设

预制场地(图 2.2-2)建设前施工单位应将梁场布置方案报监理工程师审批,方案内容应包含功能区划分、台座形式数量、模板配套数量、生产能力、存梁能力及附属设施布置等。

图 2.2-2　预制场地

场地宜采用封闭式管理,场地内应按办公区、生活区、构件加工区、制梁区、存梁区、废料处理区等科学合理地设置,功能明确、标识清晰。生活区应与其他区隔开,生活用房按照相关要求进行建设。

预制梁场原则上设置一处,建设规模和相关设备配置应结合预制梁板的数量和预制工期来设置,可参照表2.2-1。

预制梁场建设规模和相关设备配置　　　　　表2.2-1

内容	要求
钢筋棚	至少一座
台座数量	应与预制时间、数量相匹配
吊装设备	满足起吊吨位需要,至少2台
模板数量	按照台座数量的1/(4~6)匹配
自动喷淋养生设施	每片梁板设喷淋管不得少于3条(顶部1条,侧面各1条);喷管长为梁体长+1m,喷头间距0.5m
必备的施工辅助设施	横隔板钢筋定位架、钢筋骨架定位架、横隔板底模支撑架
其他施工设备	满足施工需要

场内路面宜作硬化处理,主要运输道路应采用不小于20cm厚的C20混凝土硬化,基础不好的道路应增设碎石掺石屑垫层。场内不允许积水,四周设置砖砌排水沟,并采用M7.5砂浆抹面。

预制梁场应尽量按照"工厂化、集约化、专业化"的要求规划、建设,每个预制梁场预制的梁板数量不宜少于300片。若个别受地形、运输条件限制的桥梁梁板需单独预制,规模可适当减小,但钢筋骨架定位胎架、自动喷淋养护等设施仍应满足施工生产要求。

预制梁场钢筋加工、混凝土拌和应尽量使用施工合同段既有的钢筋加工场、拌和站。

预制梁板钢筋骨架应统一采用定位胎架进行加工,并设置高强度砂浆垫块确保钢筋保护层。

设置自动喷淋养生设备,预制梁板采用土工布包裹喷淋养生(冬季应根据气候情况采用蒸汽保湿养生),养生水应循环使用。喷淋水压泵应能保证提供足够的水压,确保梁板的每个部位均能养护到位,尤其是翼缘板底面及横隔板部位。

3. 台座布设

预制梁板台座(图2.2-3)的强度应满足施工要求,台座尽量设置于地质较好的地基上,在不良地段,应先进行地基处理。为了避免后张法施工的台座两端受集中荷载引起沉降,两端台座应采用设立钢筋网片、混凝土强度等级不低于C20的扩大基础,基础尺寸根据梁板自重、底板宽度、地基地质等情况而定。为防止发生张拉台座不均匀沉降、开裂事故,影响预制梁板的质量,先张法施工的张拉台座不得采用重力式台座,应采用钢筋混凝土框架式台座。

底模宜采用通长钢板,不得采用混凝土底模,推荐使用不锈钢模板,钢板厚度不小于6mm,并确保钢板平整、光滑,防止黏结造成底模"蜂窝""麻面"。

图 2.2-3 预制梁板台座

存梁区台座混凝土强度等级不低于 C20,台座尺寸应满足使用要求。用于存梁的枕梁应设在离梁两端面各 50~80cm 处,且不影响梁板吊装,支垫材质应采用承载力足够的非刚性材料,且不污染梁底。

在使用过程中,监理和施工单位应定期对台座进行复测检查,非不良地基区域的台座每 3 个月复测 1 次,不良地基区域的台座每月应复测 1 次,并建立观测数据档案,分析台座沉降情况,发现异常应及时处理。

梁板预制完成后,移梁前应对梁板喷涂统一标识和编号,标识内容包括预制时间、张拉时间、施工单位、梁体编号、部位名称等。

空心板、箱梁、T 梁最多存放层数应符合设计文件和相关技术规范要求。设计文件无规定时,空心板、箱梁堆叠不超过 3 层,T 梁堆叠不超过 2 层。

4. 其他要求

为响应和实施环境保护及减少对周边环境影响的要求,预制场出入口宜设置洗车台(池),防止运送材料车辆、混凝土罐车等将泥土带进场内。预制场内应设置沉淀池,施工污水应先汇入沉淀池,处理达标后方可排放。

为确保工程施工过程中的安全要求,场站临时用电应符合《施工现场临时用电安全技术规范》的有关规定;场站消防设施应满足《建设工程施工现场消防安全技术规范》的有关规定,配置相应的消防安全标识和消防安全器材,并经常检查、维护、保养;预制场内应设置张拉防护台座,确保张拉操作时人员安全。

预制场内标识、标牌应设置明确,标识清晰,项目全线宜统一。

2.2.2 模板、支架

在预制场地内进行钢筋混凝土、预应力混凝土构件预制时,主要涉及的是模板的制作、安装、固定等工作。预制构件高度较高时,需要局部以支架加以支撑。

1. 模板、支架的要求

①模板、支架应具有足够的强度、刚度和稳定性,应能承受施工过程中所产生的各种荷载。

②模板、支架的构造应简单、合理,结构受力应明确,安装、拆除应方便。

③模板应能与混凝土结构和构件的特征、施工条件和浇筑方法相适应,应保证结构物各部位形状尺寸和相对位置的准确。

④模板的板面应平整,接缝处应严密且不漏浆;模板与混凝土的接触面应涂刷隔离剂,但不得采用废机油等油料,且不得污染钢筋及混凝土的施工缝。

⑤支架应稳定、坚固,能抵抗在施工过程中可能产生的振动和偶然撞击。

⑥支架不得与应急安全通道相连接。

2. 模板、支架的选材

模板宜采用钢材[图2.2-4a)]、胶合板[图2.2-4b)]或其他适宜的材料制作;支架宜采用钢材和常备式定型钢构件等材料制作。钢材的性能和质量应符合现行《碳素结构钢》(GB/T 700)的规定;胶合板的性能和质量应符合现行《混凝土模板用胶合板》(GB/T 17656)或现行《混凝土模板用竹材胶合板》(LY/T 1574)的规定;其他材料应符合其相应国家或行业标准的规定,常备式定型钢构件应符合该产品相应的技术规定。

a) 钢模板

b) 胶合板模板

图 2.2-4 模板

3. 模板、支架的设计

模板、支架均应进行施工图设计,且经批准后方可用于施工。施工图设计应包括下列内容:

①工程概况和工程结构简图;

②结构设计的依据和设计计算书;

③总装图和细部构造图;

④制作、安装的质量及精度要求;

⑤安装、拆除时的安全技术措施及注意事项;

⑥材料的性能质量要求及材料数量表;

⑦设计说明书和使用说明书。

模板的设计可按现行《建筑施工模板安全技术规范》(JGJ 162)的规定执行,采用冷弯薄壁型钢时应符合现行《冷弯薄壁型钢结构技术规范》(GB 50018)的规定,采用定型组合钢模板时应符合现行《组合钢模板技术规范》(GB/T 50214)的规定。钢支架的设计应符合现行《钢结构设计标准》(GB 50017)的规定。木模板和木支架的设计应符合现行《木结构设计标准》(GB 50005)的规定。采用定型钢管脚手架作为支架材料时,支架的设计应分别符合现行《建筑施工碗扣式钢管脚手架安全技术规范》(JGJ 166)、《建筑施工门式钢管脚手架安全技术标准》(JGJ/T 128)、《建筑施工扣件式钢管脚手架安全技术规范》(JGJ 130)、《建筑施工承插型盘扣式钢管脚手架安全技术标准》(JGJ/T 231)或《桥梁用蟹钳式三角钢管支架》(JT/T 1107)的规定。采用其他材料的模板的设计应符合其相应的技术规范的规定。

支架的基础与基础设计应符合现行《公路桥涵地基与基础设计规范》(JTG 3363)的规定。

模板的构造要求应符合下列规定。

①模板背面应设置主肋和次肋作为其支承系统,主肋和次肋的布置应根据模板的荷载和刚度要求进行。次肋的配置方向应与模板的长度方向相垂直,应能直接承受模板传递的荷载,其间距应按荷载数值和模板的力学性能计算确定;主肋应承受次肋传递的荷载,且应能起到加强模板结构的整体刚度和调整平直度的作用,支架或支撑的着力点应设置在主肋上。

②模板的配板应根据配模面的形状、几何尺寸及支撑形式决定。配板时宜选用大规格的模板作为主板,其他规格的模板作为补充;配板后的板缝应规则,不得杂乱无章。

③对在墩柱、梁、板的转角处使用的模板及各种模板面的交接部分,应采用连接简便、结构牢固、易于拆除的专用模板。

④当设置对拉螺杆或其他拉筋,需要在模板上钻孔时,应使钻孔的模板能多次周转使用,并应采取措施减少或避免在模板上钻孔。

支架的构造要求:

①支架的构造形式宜综合所采用的材料类别、所支承的结构及其荷载、地形及环境条件、地基情况等因素确定;

②支架的立杆之间应根据其受力要求和结构特点设置水平和斜向等支撑连接杆件,增加支架的整体刚度和稳定性;

③托架结构宜设置成三角形,且与预埋件的连接固定方式应可靠;

④采用定型钢管脚手架材料作支架时,其构造应符合相应的技术规范的规定。

模板、支架的设计应考虑下列各项荷载,并应按表 2.2-2 的规定进行荷载组合:

①模板、支架自重;

②新浇筑混凝土、钢筋、预应力筋或其他圬工结构物的重力;

③施工人员及施工设备、施工材料等荷载;

④振捣混凝土时产生的振动荷载;

⑤新浇筑混凝土对模板侧面的压力;

⑥混凝土入模时产生的水平方向的冲击荷载;

⑦设于水中的支架所承受的水流压力、波浪力、流冰压力、船只及其他漂浮物的撞击力;

⑧其他可能产生的荷载,如风荷载、雪荷载、冬季保温设施荷载、温度应力等。

模板、支架设计计算的荷载组合 表 2.2-2

模板、支架结构类型	荷载组合	
	强度计算	刚度验算
梁、板的底模板以及支承板、支架等	①+②+③+④+⑦+⑧	①+②+⑦+⑧
缘石、人行道、栏杆、柱、梁、板等的侧模板	④+⑤	⑤
基础、墩台等厚大结构物的侧模板	⑤+⑥	⑤

验算模板、支架的刚度时,其最大变形值不得超过下列允许值:
①结构表面外露的模板,挠度为模板构件跨度的1/400;
②结构表面隐蔽的模板,挠度为模板构件跨度的1/250;
③支架受载后挠曲的杆件(横梁、纵梁),其弹性挠度为相应结构计算跨度的1/400;
④钢模板的面板变形为1.5mm,钢棱和柱箍变形为 $L/300$ 和 $B/500$ (其中 L 为计算跨径, B 为柱宽)。

验算模板、支架在自重和风荷载等作用下的抗倾覆稳定性时,其抗倾覆稳定系数应不小于1.3。

4. 模板的制作与安装

模板的制作应符合下列规定。
①钢模板应按批准的加工图进行制作,成品经检验合格后方可使用。组装前应对零部件的几何尺寸和焊缝进行全面检查,合格后方可进行组装。面板变形及整体刚度应符合前述相关要求。
②制作钢木组合模板时,钢与木之间的接触面应贴紧。面板采用防水胶合板的模板,除应使胶合板与背楞之间密贴外,对在制作过程中裁切过的防水胶合板茬口,还应按产品的要求及时涂刷防水涂料。
③木模板与混凝土接触的表面应刨光且应保持平整。木模板的接缝可制作成夹缝、搭接缝或企口缝,当采用平缝时,应有防止漏浆的措施;转角处应加嵌条或做成斜角。
④采用其他材料(高分子合成材料面板、硬塑料或玻璃钢)制作模板时,其接缝应严密,边肋及加强肋应安装牢固,并应与面板成一整体。

模板的安装应符合下列规定:
①模板应按设计要求准确就位,且不宜于脚手架连接;
②安装侧模板时,支撑应牢固,应防止模板在浇筑混凝土时产生移位;
③模板在安装过程中,必须设置防倾覆的临时固定设施;
④模板完成后,其尺寸、平面位置和顶部高程等应符合设计要求,节点联系应牢固;
⑤梁、板等结构的底模板宜根据需要设置预拱度;
⑥固定在模板上的预埋件、预留孔洞均不得遗漏,安装应牢固,位置应准确。

模板制作、安装的允许偏差应符合表2.2-3、表2.2-4的规定。

模板制作的允许偏差 表 2.2-3

项目			允许偏差/mm
木模板制作	模板的长度和宽度		±5
	不刨光模板相邻两板表面高低差		3
	刨光模板相邻两板表面高低差		1
	平板模板表面最大的局部不平	刨光模板	3
		不刨光模板	5
	拼合板中木板间的缝隙宽度		2
	榫槽嵌接紧密度		2
钢模板制作	外形尺寸	长和高	+0,-1
		肋高	±5
	面板端偏斜		0.5
	连接配件(螺栓、卡子等)的孔眼位置	孔中心与板面的间距	±0.3
		板端中心与板端的间距	+0,-0.5
		沿板长、宽方向的孔	±0.6
	板面局部不平		1
	板面和板侧挠度		±1

模板安装的允许偏差 表 2.2-4

项目		允许偏差/mm
模板高程	基础	±15
	柱、梁	±10
	墩台	±10
模板尺寸	上部结构的所有构件	+5,-0
	基础	±30
	墩台	±20
轴线偏位	基础	15
	柱	8
	梁	10
	墩台	10
装配式构件支承面的高程		+2,-5
模板相邻两板表面高低差		2
模板表面平整		5
预埋件中心线位置		3
预留孔洞中心线位置		10
预留孔洞截面内部尺寸		+10,-0

5. 模板、支架的拆除

模板、支架的拆除期限和拆除程序等应根据结构物特点、模板部位和混凝土所应达到的强度要求确定,并应严格按其相应的施工图设计的要求进行。

非承重侧模板,在混凝土抗压强度达到 2.5MPa 且能保证其表面及棱角不致因拆模而受损坏时方可拆除。

芯模和预留孔道的内模,在混凝土强度能保证其表面不发生塌陷或裂缝现象时方可拆除。

钢筋混凝土结构的承重模板、支架,在混凝土强度能承受其自重荷载及其他可能的叠加荷载时方可拆除。

对预应力混凝土结构,其侧模应在预应力筋束张拉前拆除;底模及支架应在结构建立预应力后方可拆除。

模板、支架的拆除应遵循后支先拆、先支后拆的原则顺序进行。墩、台的模板宜在其上部结构施工前拆除。

拆除梁、板等结构的承重模板时,在横向应同时、在纵向应对称均衡卸落。简支梁、连续梁结构的模板宜从跨中向支座方向依次循环卸落;悬臂梁结构的模板宜从悬臂端开始顺序卸落。

模板、支架拆除时,不得损伤混凝土结构。

2.2.3 钢筋加工与骨架制作

桥涵工程中采用的普通钢筋应符合现行《钢筋混凝土用钢 第 1 部分:热轧光圆钢筋》(GB/T 1499.1)、《钢筋混凝土用钢 第 2 部分:热轧带肋钢筋》(GB/T 1499.2)、《钢筋混凝土用余热处理钢筋》(GB/T 13014)、《冷轧带肋钢筋》(GB/T 13788)的规定;环氧涂层钢筋应符合现行《钢筋混凝土用环氧涂层钢筋》(GB/T 25826)的规定;其他特殊钢筋应符合该产品相应的国家标准或行业标准的规定。

钢筋应具有出厂质量证明书和试验报告单,进场时除应检查其外观和标志外,还应按不同的钢种、等级、牌号、规格及生产厂家分批抽取试样进行力学性能和弯曲性能检验。普通钢筋力学性能检验采用拉伸试验,主要检验参数包括下屈服强度 R_{eL}、抗拉强度 R_m、断后伸长率 A 和最大力总延伸率 A_{gt}。弯曲性能检验采用弯曲试验或反向弯曲试验。试验方法应符合现行国家标准的规定。钢筋经进场检验合格后方可使用,热轧光圆钢筋的力学性能特殊值如表 2.2-5 所示,热轧带肋钢筋的力学性能特殊值如表 2.2-6 所示。

热轧光圆钢筋的力学性能特殊值　　　　表 2.2-5

牌号	下屈服强度 R_{eL}/MPa	抗拉强度 R_m/MPa	断后伸长率 A/%	最大力总延伸率 A_{gt}/%	冷弯试验180°
	不小于				
HPB300	300	420	25	10.0	$d=a$

注:d 为弯芯直径;a 为钢筋公称直径。

热轧带肋钢筋的力学性能特殊值 表2.2-6

牌号	下屈服强度 R_{eL}/MPa	抗拉强度 R_m/MPa	断后伸长率 A/%	最大力总延伸率 A_{gt}/%	R_m^0/R_{eL}^0	R_{eL}^0/R_{eL}
			不小于			不大于
HRB400 HRBF400	400	540	16	7.5	—	—
HRB400E HRBF400E			—	9.0	1.25	1.30
HRB500 HRBF500	500	630	15	7.5	—	—
HRB500E HRBF500E			—	9.0	1.25	1.30
HRB600	600	730	14	7.5	—	—

注:1. R_m^0为钢筋实测抗拉强度;R_{eL}^0为钢筋实测下屈服强度。
2. 公称直径28~40mm各牌号钢筋的断后伸长率可降低1个百分点;公称直径大于40mm的各牌号钢筋的断后伸长率可降低2个百分点。

钢筋分批检验时,可由同一牌号、同一炉罐号、同一尺寸的钢筋进行组批,每批的质量应不大于60t,超过60t的部分,每增加40t(或不足40t的余数)应增加一个拉伸和一个弯曲试验试样;钢筋的进场检验亦可由同一牌号、同一冶炼方法、同一浇注方法的不同炉罐号组成混合批进行,但各炉罐号的含碳量之差应不大于0.02%,含锰量之差应不大于0.15%。混合批的质量不大于60t。

钢筋在运输过程中应避免锈蚀、污染或被压弯;在工地存放时(图2.2-5),应按不同品种、规格,分批分别堆置整齐,不得混杂,并应设立识别

图2.2-5 钢筋存放

标志,且存放的时间不超过6个月;存放场地应有防、排水设施,且钢筋不得直接置于地面,应垫高或堆置在台座上,顶部应采用合适的材料予以覆盖,防止水浸和雨淋。

在施工过程中,应采取适当的措施,防止钢筋产生锈蚀。对设置在结构或构件中的预留钢筋的外露部分,当外露时间较长且环境湿度较大时,宜采取包裹、涂刷防锈材料或其他有效方法,进行临时性防护。

钢筋的级别、种类和直径应按设计规定采用,当需要代换时,应得到设计认可。

预制构件的吊环,必须采用未经冷拉的热轧光圆钢筋制作,且使用时的计算拉应力应不大于65MPa。

1. 钢筋加工

钢筋加工包括除锈、调直、切断、弯制成型等工作。

钢筋的表面应洁净、无损伤,使用前应将表面的油渍、漆皮、鳞锈等清除干净,带有颗粒状或片状老锈的钢筋不得使用。

钢筋应平直、无局部弯折,成盘的钢筋和弯曲的钢筋在加工前均应调直。调直工作根据钢筋直径的大小采用不同的方法。可以采用锤打调直,也可以采用冷拉调直。当采用冷拉方法调直钢筋时,HPB300 钢筋的冷拉率宜不大于 2%,HRB400 钢筋的冷拉率宜不大于 1%。

钢筋经除锈、调直后,即可按图纸要求进行划线下料工作。为了使成型的钢筋比较精确地符合设计要求,在下料前应计算图纸上所标明的折线尺寸与弯折处实际弧线尺寸的差值,同时还应计入钢筋在冷作弯折过程中的伸长量。

弯曲伸长计算,一般可按不同的弯钩形状估算。弯 45°时伸长 $0.5d$(d 为钢筋直径,下同);弯 90°时伸长 $1d$;弯 180°时伸长 $1.5d$。

钢筋弯制准备工作的最后一道工序为下料,即截断钢筋,通常视钢筋直径的大小,通过錾子、手动剪切机和电动剪切机等工具来进行。下料长度的计算公式:

$$下料长度 = 钢筋设计长度 + 接头长度 - 弯曲伸长量$$

下料后的钢筋可在工作平台上用手工或电动弯筋器按规定的弯曲半径弯制成型,有条件的话,也可以采用数控化机械设备在专用厂房里集中下料和加工,其形状、尺寸应符合设计的规定;加工后的钢筋,其表面不应有削弱钢筋截面的伤痕。

钢筋的弯制和末端的弯钩应符合设计要求,设计未要求时,应符合表 2.2-7 的规定。

受力主钢筋制作和末端弯钩形状　　　　　　　　　　表 2.2-7

弯曲部位	弯曲角度	形状图	钢筋种类	弯曲直径 D	平直段长度
末端弯钩	180°		HPB300	$\geq 2.5d$	$\geq 3d$
末端弯钩	135°		HRB400 HRBF400 HRB500 RRB400	$\geq 5d$	$\geq 5d$
末端弯钩	90°		HRB400 HRBF400 HRB500 RRB400	$\geq 5d$	$\geq 10d$
中间弯折	$\leq 90°$		各种钢筋	$\geq 20d$	—

注:采用环氧涂层钢筋时,除应符合表内规定外,当钢筋直径 $d \leq 20$mm 时,弯曲直径 D 应不大于 $5d$;当 $d > 20$mm 时,弯曲直径 D 应不大于 $6d$;平直段长度应不小于 $5d$。

箍筋的末端应做弯钩,弯钩的形状应符合设计要求。弯钩的弯曲直径应不大于被箍受力主钢筋的直径,且 HPB300 钢筋应不小于箍筋直径的 2.5 倍,HRB400 钢筋应不小于箍筋直径的 5 倍。弯钩平直部分的长度,一般结构应不小于箍筋直径的 5 倍;有抗震要求的结构,应不小于箍筋直径的 10 倍。设计对弯钩形状未规定时,可按图 2.2-6a)、b)加工;有抗震要求的结构,应按图 2.2-6c)加工。

图 2.2-6　箍筋弯钩形式图

钢筋加工的允许偏差应符合表 2.2-8 的规定。

钢筋加工的允许偏差　　　　　　　　　　　　　　　表 2.2-8

项目	允许偏差/mm
受力钢筋顺长度方向加工后的全长	±10
弯起钢筋各部分尺寸	±20
箍筋、螺旋筋各部分尺寸	±5

2. 钢筋连接

(1)钢筋的连接形式

钢筋的连接宜采用焊接接头或机械连接接头。绑扎接头仅当钢筋构造复杂、施工困难时方可采用,绑扎接头的钢筋直径宜不大于 28mm,对轴心受压和偏心受压构件中的受压钢筋可不大于 32mm;轴心受拉构件和小偏心受拉构件不应采用绑扎接头。钢筋的连接形式如图 2.2-7 所示。

a)对焊　　　　　　　　　　　　　b)搭接焊

图　2.2-7

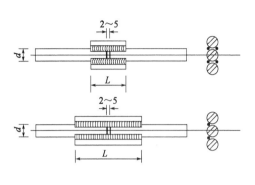

c)帮条焊示意图　　　　　　　　　d)机械连接

图 2.2-7　钢筋的连接形式

(2)钢筋连接接头的布置

受力钢筋的连接接头应设置在内力较小区段,并应错开布置。对焊接接头和机械连接接头,在接头长度区段内,同一根钢筋不得有两个接头;对绑扎接头,两接头间距离应不小于1.3倍搭接长度。配置在接头长度区段内的受力钢筋,其接头的截面面积占总截面面积的百分率应符合表 2.2-9 的规定。

接头长度区段内受力钢筋接头面积的最大百分率　　　　表 2.2-9

接头形式	接头面积最大百分率/%	
	受拉区	受压区
主钢筋绑扎接头	25	50
主钢筋焊接接头	50	不限制

注:1.焊接接头和机械连接接头长度区段内是指 $35d$ 长度范围内,但不得小于 500mm;绑扎接头长度区段内是指 1.3 倍搭接长度范围内。
2.在同一根钢筋上宜少设接头。
3.装配式构件连接处的受力钢筋焊接接头可不受此限制。
4.接头部分钢筋的横向净距应不小于钢筋直径且不小于 25mm。

(3)钢筋的焊接接头

①钢筋的焊接接头宜采用闪光接触对焊,或采用电弧焊、电渣压力焊、气压焊,但电渣压力焊仅可用于竖向钢筋的连接,不得用于水平钢筋和斜筋的连接。钢筋焊接的接头形式、焊接方法和焊接材料应符合现行《钢筋焊接与验收规程》(JGJ 18)的规定,质量验收标准应按相关规定执行。

②每批钢筋焊接前,应先选定焊接工艺和焊接参数,按实际条件进行试焊,并检验接头外观质量及规定的力学性能,试焊质量经检验合格后方可正式施焊。焊接时,对施焊场地应有适当的防风、雨、雪、严寒的设施。

③电弧焊宜采用双面焊缝,仅在双面焊无法施焊时,方可采用单面焊缝。采用搭接电弧焊时,两钢筋搭接端部应预先折向一侧,两接合钢筋的轴线应保持一致;采用帮条电弧焊时,帮条应采用与主筋相同强度等级的钢筋,其总截面面积应不小于被焊接钢筋的截面面积。电弧焊接头的焊缝长度,双面焊缝应不小于 $5d$,单面焊缝应不小于 $10d$。电弧焊接与钢筋弯曲处的

距离应不小于10d,且不宜位于构件的最大弯矩处。

(4)钢筋的机械连接接头规定

钢筋的机械连接宜采用镦粗直螺纹、滚轧直螺纹或套筒挤压接头,且适用于HRB400、HRBF400、HRB500和RRB400热轧带肋钢筋。各类接头的性能均应符合现行《钢筋机械连接技术规程》(JGJ 107)的规定,并应符合下列规定。

①钢筋机械连接接头的等级应选用Ⅰ级或Ⅱ级,接头的性能指标应符合相关规范规定。

②钢筋机械连接接头的材料、制作、安装施工及质量检验和验收,应符合现行《钢筋机械连接用套筒》(JG/T 163)和《钢筋机械连接技术规程》(JGJ 107)的规定。

③钢筋机械连接件的最小混凝土保护层厚度,应符合设计受力主筋混凝土保护层厚度的规定,且不得小于20mm;连接件之间或连接件与钢筋之间的横向净距应不小于25mm。

④连接套筒、锁母、丝头等在运输和储存过程中应采取防护措施,防止雨淋、沾污和损伤。

(5)钢筋的绑扎接头

①绑扎接头的末端距钢筋弯折处的距离,应不小于钢筋直径的10倍,接头不宜位于构件的最大弯矩处。

②受拉钢筋绑扎接头的搭接长度,应符合表2.2-10的规定;受压钢筋绑扎接头的搭接长度,应取受拉钢筋绑扎接头搭接长度的0.7倍。

受拉钢筋绑扎接头的搭接长度 表2.2-10

钢筋类型	HPB300		HRB400、HRBF400、RRB400	HRB500
混凝土强度等级	C25	≥C30	≥C30	≥C30
搭接长度/mm	40d	35d	45d	50d

注:1. 当带肋钢筋直径d>25mm时,其受拉钢筋的搭接长度应按表中值增加5d采用;当带肋钢筋直径d≤25mm时,其受拉钢筋的搭接长度可按表中值减少5d采用。
2. 当混凝土在凝固过程中受力钢筋易受扰动时,其搭接长度应增加5d。
3. 在任何情况下,纵向受拉钢筋的搭接长度应不小于300mm;受压钢筋的搭接长度应不小于200mm。
4. 环氧树脂涂层钢筋的绑扎接头搭接长度,受拉钢筋按表中值的1.5倍采用。

③受拉区内HPB300钢筋绑扎接头的末端应做弯钩;HRB400、HRBF400、HRB500和RRB400钢筋的绑扎接头末端可不做弯钩;直径不大于12mm的受压HPB300钢筋的末端可不做弯钩,但搭接长度应不小于钢筋直径的30倍。钢筋搭接处,应在其中心和两端用绑丝扎牢。

④束筋施工时,其规格、数量、位置及锚固长度应符合设计要求。束筋的搭接接头应先由单根钢筋错开搭接,接头中距应为表2.2-10规定单根钢筋搭接长度的1.3倍;再用一根长度为1.3(n+1)的通长钢筋进行搭接绑扎,其中n为组成束筋的单根钢筋根数,为单根钢筋搭接长度l_s(图2.2-8)。

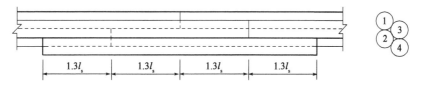

图2.2-8 束筋的搭接
1、2、3-组成束筋的单根钢筋;4-通长钢筋

3. 钢筋骨架的组成与安装

(1)焊接钢筋骨架

装配式梁板钢筋骨架的焊接应在坚固的焊接工作台上进行,一般采用电弧焊,先焊成单片平面骨架,再将它组拼成立体骨架。组拼后的骨架须有足够的刚性,焊缝须有足够的强度,以便在搬运、安装和灌筑混凝土过程中不致变形、松散。

在焊接过程中,由于焊缝填充金属及被焊金属的温度变化,骨架将会产生翘曲变形,同时在焊缝内将引起甚至会导致焊缝开裂的收缩应力。为了防止或减小这种变形和应力,一般以采用双面焊缝为好,即先焊好一面的焊缝,而后把骨架翻身,再焊另一面的焊缝。当大跨径骨架翻身困难而不得不采用单面焊时,则须在垂直骨架平面的方向做成预拱度(其大小可由实地测验而定)。同时,在焊接操作上应采用分层跳焊法,即从骨架中心向两端对称地、错开地焊接,先焊骨架下部,后焊骨架上部,如图2.2-9a)所示;在同一断面处,如钢筋层次多,各道焊缝也应互相交错跳焊,如图2.2-9b)所示;同时,每道焊缝可分两层焊足高度,即先按跳焊顺序焊好焊缝的下层,经冷却后,再按跳焊顺序焊完上层。当多层钢筋直径不同时,则可先焊两直径相同的钢筋,再焊直径不同的钢筋。焊缝在焊成后应全部敲掉药皮。

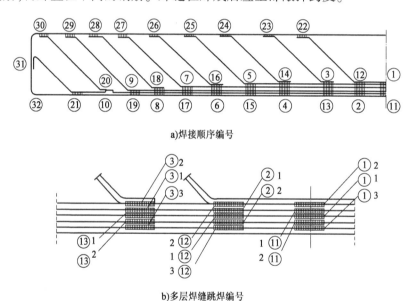

a)焊接顺序编号

b)多层焊缝跳焊编号

图2.2-9 骨架焊缝焊接程序示意图

(2)钢筋的绑扎

①钢筋的交叉点宜采用直径0.7~2.0mm的铁丝扎牢,必要时可采用点焊焊牢。绑扎宜采取逐点改变绕丝方向的8字形方式交错扎结,对直径25mm及以上的钢筋,宜采取双对角线的十字形方式扎结。

②结构或构件拐角处的钢筋交叉点应全部绑扎;中间平直部分的交叉点可交错绑扎,但绑扎的交叉点宜占全部交叉点的40%以上。

③钢筋绑扎时,除设计有特殊规定者外,箍筋应与主筋垂直。

④绑扎钢筋的铁丝丝头不应进入混凝土保护层内。

⑤对集中加工、整体安装的半成品钢筋和钢筋骨架,在运输时应采用适宜的装载工具,并应采取增加刚度、防止其扭曲变形的措施。

(3)钢筋的安装

①钢筋的级别、直径、根数、间距等应符合设计的规定。

②对多层多排钢筋,宜根据安装需要在其间隔处设立一定数量的架立钢筋或短钢筋,但架立钢筋或短钢筋的端头不得伸入混凝土保护层内。

③半成品钢筋和钢筋骨架采用整体方式安装时,宜设置专用胎架或卡具等进行辅助定位,安装过程中应采取保证整体刚度及防止变形的措施。

④当钢筋过密,将会影响到混凝土浇筑质量时,应及时与设计协商解决。

(4)垫块

钢筋与模板之间应设置垫块,垫块的制作、设置和固定应符合下列规定。

①混凝土垫块[图2.2-10a)]应具有不低于结构本体混凝土的强度,并应有足够的密实性;采用其他材料垫块[图2.2-10b)]时,除应满足使用强度的要求外,其材料中不应含有对混凝土产生不利影响的成分。垫块的制作厚度不应出现负误差,正误差应不大于1mm。

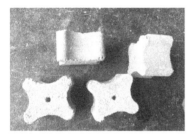
a)混凝土垫块

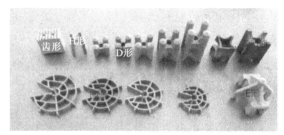
b)其他材料垫块

图2.2-10 垫块

②用于重要工程或有防腐蚀要求的混凝土结构或构件中的垫块,宜采用专门制作的定型产品,且该类产品的质量同样应符合①的规定。

③垫块应相互错开、分散设置在钢筋与模板之间,但不应横贯混凝土保护层的全部截面进行设置,如图2.2-11所示。垫块在结构或构件侧面和底面所布设的数量应不少于4个/m^2,重要部位宜适当加密。

图2.2-11 钢筋骨架混凝土垫块的设置

④垫块应与钢筋绑扎牢固,且绑丝及其丝头均不应进入混凝土保护层内。

⑤混凝土浇筑前,应对垫块的位置、数量和紧固程度进行检查,不符合要求时应及时处理,应保证钢筋的混凝土保护层厚度满足设计要求和相关规范规定。

4.钢筋冬期施工要求

冬期施工时,钢筋的焊接、冷拉及预应力筋的张拉应符合下列规定。

①焊接钢筋宜在室内进行;当必须在室外进行时,最低温度宜不低于 $-20℃$,并应采取防雪、挡风等措施,减少焊件的温度差。焊接后的接头严禁立刻接触冰雪。

②冷拉钢筋时环境温度宜不低于 $-15℃$,当采取可靠的安全措施时可不低于 $-20℃$;当采用控制应力或冷拉率方法冷拉时,冷拉控制应力宜较常温时酌情提高,提高值应经试验确定。

③张拉预应力筋时的环境温度应不低于 $-15℃$。

④钢筋冷拉设备、预应力筋张拉设备及仪表工作油液,应根据实际使用时的环境温度选用,并应在使用时的环境温度条件下进行配套校验。

2.2.4 混凝土工作

混凝土工作包括原材料选择、拌制、运输、浇筑、振捣和模板拆除及养护等工序。

1.原材料选择

混凝土工程所用的各种原材料,均应符合现行国家标准或行业标准的规定,并应在进场时对其性能和质量进行检验。

(1)水泥

桥涵工程采用的水泥应符合现行《通用硅酸盐水泥》(GB 175)的规定。水泥的品种和强度等级应通过混凝土配合比试验选定,且其特性应不会对混凝土的强度、耐久性和工作性能产生不利影响。当混凝土中采用碱活性集料时,宜选用含碱量不大于0.6%的低碱水泥。

水泥进场时,应附有生产厂的品质试验检验报告等合格证明文件,并应按批次对同一生产厂、同一品种、同一强度等级及同一出厂日期的水泥进行强度、细度、安定性和凝结时间等性能的检验,散装水泥应以每500t为一批,袋装水泥应以每200t为一批,不足500t或200t时,亦按一批计。当对水泥质量有怀疑或受潮或存放时间超过3个月时,应重新取样试验,并应按其复验结果使用。水泥的检验试验方法应符合现行《公路工程水泥及水泥混凝土试验规程》(JTG 3420)的规定。

桥涵混凝土工程宜采用散装水泥,散装水泥在工地应采用专用水泥罐储存;采用袋装水泥时,在运输和储存过程中应防止受潮,且不得长时间露天堆放,临时露天堆放时应设支垫并覆盖。不同品种、强度等级和出厂日期的水泥应分别按批存放。

(2)细集料

细集料宜采用级配良好、质地坚硬、颗粒洁净的河砂[图2.2-12a)];当河砂不易得到时,可采用符合规定的其他天然砂或机制砂[图2.2-12b)];细集料不得采用海砂。

细集料的技术指标应符合现行《公路桥涵施工技术规范》(JTG/T 3650)中表6.3.1的规定。

细集料检验试验方法应符合现行《公路工程集料试验规程》(JTG E42)的规定。

a) 河砂　　　　　　　　　　　　b) 机制砂

图 2.2-12　细集料

重要工程的混凝土用砂通常选用中砂,细度模数一般为 2.9~2.6。砂的分类应符合现行《公路桥涵施工技术规范》(JTG/T 3650)中表 6.3.3 的规定。

细集料的颗粒级配应符合现行《公路桥涵施工技术规范》(JTG/T 3650)中表 6.3.4-1 的规定,级配类别应符合现行《公路桥涵施工技术规范》(JTG/T 3650)中表 6.3.4-2 的规定。

(3)粗集料

粗集料(图 2.2-13)宜选用质地坚硬、有足够强度、洁净、级配合理、粒形良好、吸水率小的碎石或卵石。

图 2.2-13　粗集料

粗集料的技术指标应符合现行《公路桥涵施工技术规范》(JTG/T 3650)中表 6.4.1 的规定。

当混凝土结构物处于不同环境条件下时,粗集料坚固性试验的结果除应符合现行《公路桥涵施工技术规范》(JTG/T 3650)中表 6.4.1 的规定外,尚应符合表 6.4.2 的规定。

粗集料宜根据混凝土最大粒径采用连续两级配或连续多级配。单粒粒级宜用于组合成满足要求的连续粒级;亦可与连续粒级混合使用,改善其级配或配成较大粒度的连续粒级。粗集料的颗粒级配应符合现行《公路桥涵施工技术规范》(JTG/T 3650)中表 6.4.3 的规定。

粗集料最大粒径宜按混凝土结构情况及施工方法选取,但最大粒径不得超过结构最小边尺寸的 1/4 和钢筋最小净距的 3/4;在两层或多层密布钢筋结构中,最大粒径不得超过钢筋最小净距的 1/2,同时不得超过 75.0mm。混凝土实心板的粗集料最大粒径不宜超过板厚的 1/3 且不得超过 37.5mm。泵送混凝土时的粗集料最大粒径,除应符合上述规定外,对碎石不宜超过输送管径的 1/3,对卵石不宜超过输送管径的 1/2.5。

施工前应对所用的粗集料进行碱活性检验,在条件许可时宜避免采用有碱活性反应的粗集料,必须采用时应采取必要的抑制措施。

粗集料的进场检验组批与细集料相同。检验内容应包括外观、颗粒级配、针片状颗粒含量、含泥量、泥块含量、压碎值指标等,必要时尚应对坚固性、有害物质含量、氯离子含量、碱活性及放射性等指标进行检验。检验试验方法应符合现行《公路工程集料试验规程》(JTG E42)的规定。

粗集料在生产、运输与储存过程中,不得混入影响混凝土性能的有害物质。粗集料应按品种、规格分别堆放,不得混杂。在装卸及储存时,应采取措施,使集料颗粒级配均匀,并保持洁净。

(4)水

符合国家标准的饮用水可直接作为混凝土的拌制和养护用水;当采用其他水源或对水质有疑问时,应对水质进行检验,可按现行《混凝土用水标准》(JGJ 63)的规定进行。水的品质指标应符合现行《公路桥涵施工技术规范》(JTG/T 3650)中表 6.5.1 的规定。

水中不应有漂浮明显的油脂和泡沫,且不应有明显的颜色和异味。严禁采用海水用于结构混凝土的拌制和养护。

(5)外加剂

桥涵工程使用的外加剂,与水泥、矿物掺合料之间应具有良好的相容性。所采用的外加剂,应是经过具备相关资质的检测机构检验并附有检验合格证明的产品,且其质量应符合现行《混凝土外加剂》(GB 8076)的规定。外加剂使用前应按现行《混凝土外加剂》(GB 8076)的规定进行复验,复验结果满足要求后方可用于工程中。外加剂的品种和掺量应根据使用要求、施工条件、混凝土原材料的变化等通过试验确定。

常用的外加剂有以下几种类型。

①普通减水剂:可改善混凝土的和易性,节约水泥,适用于普通混凝土、大体积混凝土、大流动度混凝土、泵送混凝土、防水混凝土和滑模施工混凝土。

②高效能减水剂:可显著改善混凝土的和易性并节约水泥,适用于高强度混凝土、大流动混凝土、泵送混凝土、耐久性要求高的混凝土、预应力混凝土及滑模施工混凝土。

③早强剂及早强减水剂:早强剂能加速混凝土早期强度发展;早强减水剂能提高混凝土的早期强度,具有一定的减水功能,混凝土后期强度和耐久性有所提高。

④缓凝剂及缓凝减水剂:缓凝剂能延续混凝土的凝结时间,并能降低水泥的早期水化热,缓凝减水剂兼有缓凝和减水功能;适用于高温季节施工、大体积混凝土、滑模施工、泵送混凝土、长时间停放或长距离运输的混凝土。

⑤引气剂及引气减水剂:引气剂能经济有效地改进新拌混凝土的和易性及黏结力,还

可增加硬化混凝土抗冻副循环作用而产生破坏的作用,引气减水剂兼有引气和减水功能;适用于有防冻、抗渗要求的混凝土。但引气剂会降低混凝土的强度,不适合抗压强度要求高的混凝土。

⑥防冻剂:能使混凝土在负温下硬化,并在规定养护条件下达到预期性能。因其成分主要是无机盐,掺量较大,目前抗渗、抗冻融试验数据还不够充分,对抗冻融和抗渗性要求较严的工程应通过试验确定掺量。

⑦膨胀剂:在混凝土拌制过程中与水泥、水拌和后经过水化反应生成钙矾石或氢氧化钙,使混凝土产生膨胀;适用于配制补偿收缩混凝土(砂浆),填充用膨胀混凝土(砂浆)和自应力混凝土(砂浆)。补偿收缩混凝土主要用于地下防水、混凝土构件补强等工程,以及钢筋混凝土、预应力混凝土构件等。填充用膨胀混凝土主要用于梁柱接头的浇筑、管道接头的填充和堵漏等。

⑧防水剂:可在拌制混凝土过程中掺入,用以降低混凝土的吸水性或在静水压力下的透水性。

⑨混凝土泵送剂:一般由高效减水剂、引气剂、缓凝剂、早强剂等多种成分复合而成,能改善混凝土拌合物的泵送性能。

(6)掺合料

掺合料应保证其产品品质稳定,来料均匀。掺合料应由生产单位专门加工,进行产品检验并出具产品合格证书。掺合料的技术要求应符合相关规定。

混凝土中需要掺用粉煤灰、粒化高炉矿渣粉、硅粉等掺合料时,其掺入量应在使用前通过试验确定。

掺合料在运输与储存中,应有明显标识,严禁与水泥等其他粉状材料混淆。

2. 混凝土的拌制

(1)混凝土配合比

混凝土应根据强度等级、耐久性和工作性等要求进行配合比设计。混凝土的配合比应以质量比,并应通过计算和试配选定。试配时应使用施工实际采用的材料,配制的混凝土拌合物应满足和易性、凝结速度等技术条件,制成的混凝土应满足配制强度、力学性能和耐久性能的设计要求。

普通混凝土的配合比可按现行《普通混凝土配合比设计规程》(JGJ 55)的规定进行设计,并应通过试配确定。混凝土的试配强度应根据设计强度等级,并考虑施工条件的差异、变化及原材料质量可能的波动,按规范要求计算确定。混凝土的坍落度和工作性能宜根据结构物情况和施工工艺要求确定。

通过设计和试配确定的配合比,应经批准后方可使用,且应在混凝土拌制前将理论配合比换算为施工配合比。

混凝土进行耐久性设计时,环境类别和作用等级、原材料的选用、配合比设计等均应符合现行《公路工程混凝土结构耐久性设计规范》(JTG/T 3310)的规定。不同强度等级混凝土的最大水胶比、胶凝材料用量宜符合现行《公路桥涵施工技术规范》(JTG/T 3650)中表6.5.3的规定。

混凝土处于不同环境与作用等级时,矿物掺合料的掺用量宜按现行《公路桥涵施工技术规范》(JTG/T 3650)中表6.8.4的规定选用。

在混凝土中掺入外加剂时,尚应符合下列规定。

①在钢筋混凝土和预应力混凝土中,均不得掺用氯化钙、氯化钠等氯盐。

②减水剂宜采用聚羧酸类减水剂。

③各种外加剂中的氯离子总含量宜不大于混凝土中胶凝材料总质量的0.02%,硫酸钠含量宜不大于减水剂干质量的15%。

④从各种组成材料引入的氯离子总含量(折合氯盐含量)应不超过现行《公路桥涵施工技术规范》(JTG/T 3650)中表6.8.5规定的限值。

⑤掺入引气剂的混凝土,其含气量应按不同环境类别和作用等级确定。

(2)拌制设备

目前工程中常用的混凝土拌制设备有混凝土搅拌机和混凝土搅拌站(楼)等。混凝土搅拌机按搅拌原理可分为自落式搅拌机[图2.2-14a)]和强制式搅拌机[图2.2-14b)]两大类。混凝土搅拌站(楼)[图2.2-14c)]制备混凝土的全过程是机械化或自动化的,生产量大、拌和效率高、质量稳定、成本低、操作人员劳动强度低。

a)自落式搅拌机　　b)强制式搅拌机

c)混凝土搅拌站(楼)

图2.2-14　混凝土搅拌设备

(3)拌制方法

混凝土应采用机械拌制,上料的顺序一般是石子、水泥、砂子。拌制时,自全部材料装入搅拌筒开始搅拌至开始出料的最短搅拌时间,应按搅拌机产品说明书的要求和混凝土搅拌的技术要求经试验确定。

人工搅拌只许用于少量混凝土工程的塑性混凝土或半干硬性混凝土。人工搅拌应在铁板或其他不渗水的平板上进行,先将水泥和细集料拌匀,再加入石子和水,拌至材料均匀、颜色一致为止。

混凝土拌合物应搅拌均匀、颜色一致,不得有离析和泌水现象。对在施工现场集中拌制的混凝土,应检测其拌合物的均匀性。检测时,应在搅拌机的卸料过程中,从卸料流的 1/4~3/4 之间部位取试样进行试验,试验结果应符合下列规定:

① 混凝土中砂浆密度两次测值的相对误差应不大于 0.8%;
② 单位体积混凝土中粗集料含量两次测值的相对误差应不大于 5%。

混凝土的配料宜采用自动计量装置,各种衡器的精度应符合要求,计量应准确。计量器具应定期标定,迁移后应重新进行标定。拌制混凝土所用的各项固体原材料应按质量进行计量投料,水和液体外加剂可按体积进行计量投料,配料数量的允许质量偏差应符合现行《公路桥涵施工技术规范》(JTG/T 3650)中表 6.9.5 的规定。

外加剂应以稀释溶液加入,其稀释用水和原液中的水量,应从拌和加水量中扣除。加入搅拌筒的外加剂溶液应充分溶解,并搅拌均匀。掺合料应采用与水泥相同的输送、计量方式加入。

混凝土搅拌完毕后,应按下列要求检测混凝土拌合物的各项性能。

① 混凝土拌合物的坍落度及其损失,宜在搅拌地点和浇筑地点分别取样检测,每一工作班或每一单元结构物应不少于两次,评定时应以浇筑地点的测值为准。当混凝土拌合物从搅拌机出料起至浇筑入模的时间不超过 15min 时,其坍落度可仅在搅拌地点取样检测。

② 必要时,尚宜对工作性能、泌水率及含气量等混凝土拌合物的其他指标进行检测。

保证混凝土拌和均匀的重要条件是有足够的拌和时间,可参照表 2.2-11 取用。但要注意拌和时间也不能过长,否则会造成混凝土拌合物的分离现象。

混凝土最短搅拌时间 表 2.2-11

搅拌机类别	搅拌机容量/L	混凝土坍落度/mm		
		<30	30~70	>70
		混凝土最短搅拌时间/min		
自落式	≤400	2.0	1.5	1.0
	≤800	2.5	2.0	1.5
	≤1200	—	2.5	1.5
强制式	≤400	1.5	1.0	1.0
	≤1500	2.5	1.5	1.5

3. 混凝土的运输

混凝土的运输能力应与混凝土的凝结速度和浇筑速度相匹配,应使浇筑工作不间断且混凝土运到浇筑地点时仍能保持其均匀性及适宜浇筑的坍落度。混凝土的运输宜采用搅拌运输车(图 2.2-15),或在条件允许时采用泵送方式输送,对寒冷、严寒或炎热的天气情况,搅拌运输车的搅拌罐和泵送管应有保温或隔热措施;采用吊斗或其他方式运输时,运距宜不超过 100m 且不得使混凝土产生离析。

图 2.2-15　搅拌运输车

采用搅拌运输车运输混凝土时,途中应以 2~4r/min 的慢速进行搅动,卸料前应采用快挡旋转搅拌罐不少于 20s。混凝土运至浇筑地点后发生离析、泌水或坍落度不符合要求时,应进行二次搅拌,二次搅拌时不宜加水,确有必要时,可同时加水、相应的胶凝材料和外加剂并保持其原水胶比不变;二次搅拌仍不符合要求时,不得使用。

混凝土采用泵送方式时应符合下列规定。

①混凝土的供应宜使输送混凝土的泵能连续工作,泵送的间歇时间宜不超过 15min。在泵送过程中,受料斗内应具有足够的混凝土,应防止吸入空气产生阻塞。

②输送管应顺直,转弯处应圆缓,接头应严密不漏气。

③向低处泵送混凝土时,应采取必要措施,防止混凝土离析或堵塞输送管。

混凝土运输时间不宜超过表 2.2-12 的规定。

混凝土运输时间　　　　表 2.2-12

气温/℃	无搅拌设施运输/min	搅拌设施运输/min
20~30	30	60
10~19	45	75
5~9	60	90

4. 混凝土的浇筑

浇筑混凝土前应进行下列准备工作。

①应根据待浇筑结构物的情况、环境条件及浇筑量等制订合理的浇筑工艺方案,工艺方案应对施工缝设置、浇筑顺序、浇筑工具、防裂措施、保护层的控制等作出明确规定。

②应对支架、模板、钢筋和预埋件等进行检查,模板内的杂物、积水及钢筋上的污物应清理干净。模板有缝隙或孔洞时,应堵塞严密且不漏浆。

③应对混凝土的均匀性和坍落度等性能进行检测。

浇筑混凝土时,应根据浇筑工艺方案,对以下几点进行重点关注。

(1)混凝土浇筑的分层厚度

混凝土应按一定厚度、顺序和方向分层浇筑,且应在下层混凝土初凝或能重塑前浇筑完成上层混凝土;上下层同时浇筑时,上层与下层前后浇筑距离应保持1.5m以上。在倾斜面上浇筑混凝土时,应从低处开始逐层扩展升高,并保持水平分层。混凝土分层浇筑厚度不宜超过表2.2-13的规定。

混凝土分层浇筑厚度　　　　　　　　　　　表2.2-13

捣实方法		浇筑层厚度/mm
用插入式振动器		300
用附着式振动器		300
用表面振动器	无筋或钢筋稀疏时	250
	钢筋较密时	150

中小跨径的T梁一般采用水平层浇筑法[图2.2-16a)],其横隔梁的混凝土与梁肋同时灌筑。对于又高又长的梁体,当混凝土的供应量跟不上按水平层浇筑的进度时,可采用斜层浇筑法[图2.2-16b)],由梁的一端浇向另一端。

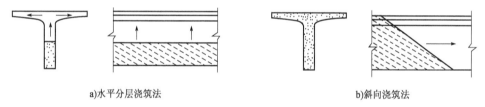

a)水平分层浇筑法　　　　　　　　b)斜向浇筑法

图2.2-16　分层法浇筑混凝土

浇筑空心板梁,一般先浇筑底板,再立芯模,扎焊顶面钢筋,然后灌筑肋板与面板混凝土,待混凝土初凝后,即可抽卸芯模。

(2)允许间隙时间

为了保证混凝土浇筑的整体性,混凝土的浇筑应按照次序,逐层连续浇完,不得任意中断,并应在前层混凝土开始初凝前即将次层混凝土拌合物浇捣完毕。如因故必须中断间歇时,其间歇时间应小于前层混凝土的初凝时间或能重塑时间。

混凝土的运输、浇筑及间歇的全部允许时间宜不超出表2.2-14的规定;超出时应按浇筑中断处理,并应留置施工缝,同时应做记录。

混凝土的运输、浇筑及间歇的全部允许时间(min)　　　　表2.2-14

混凝土强度等级	气温不高于25℃	气温高于25℃
≤C30	210	180
>C30	180	150

注:当混凝土中掺有促凝剂或缓凝剂时,其允许时间根据试验结果确定。

(3)混凝土的自由倾落高度

为保证混凝土在垂直浇筑过程中不发生离析现象,应遵守下列规定。

①浇筑无筋或少筋混凝土时,混凝土拌合物的自由倾落高度不宜超过2m。当倾落高度超过2m时,应采用串筒、溜管(槽)或振动溜管(槽)等设备下落。当倾落高度超过10m时,串筒内应附设减速叶片。在串筒出料口下面,混凝土堆积高度不宜超过1m。

②浇筑钢筋较密的混凝土时,自由倾落高度最好不超过30cm,以免因钢筋碰撞而导致石子与砂浆分离。

(4)施工缝

当间歇时间超过上表规定的数值时,应设置施工缝。施工缝的位置在混凝土浇筑之前确定,宜留置在结构受剪力和弯矩较小且便于施工的部位,并应按下列要求进行处理。

①施工缝处混凝土表面的光滑表层、松弱层应予凿除,凿毛的最小深度应不小于8mm。对施工缝处混凝土的强度,采用水冲洗凿毛时,应达到0.5MPa;采用人工凿除时,应达到2.5MPa;采用风动机凿毛时,应达到10MPa。

②经凿毛处理的混凝土面,应用水冲洗干净,在浇筑上层混凝土之前,对垂直缝宜刷一层净水泥浆,对水平缝应在接缝面上铺一层与混凝土相同而水灰比略小的、厚度为10~20mm的水泥砂浆。

③对重要部位及有抗震要求的混凝土结构或钢筋稀疏的钢筋混凝土结构,宜在施工缝处补插适量的锚固钢筋,补插的锚固钢筋直径可比结构主筋小一个规格,间距宜不小于150mm,插入和外露的长度均不宜小于300mm;有抗渗要求的混凝土,其施工缝宜做成凹形、凸形或设置止水带;施工缝为斜面时应浇筑成或凿成台阶状。

④振捣器工作时,应距离已浇混凝土50~100mm。

在环境相对湿度较小、风速较大的条件下浇筑混凝土时,应采取适当措施防止混凝土表面过快失水。浇筑混凝土期间,应随时检查支架、模板、钢筋、预应力管道和预埋件等的稳固情况,并应及时填写混凝土施工记录。新浇筑混凝土的强度达到2.5MPa之前,不得使其承受行人、运输工具、模板、支架及脚手架等荷载。

5. 混凝土的振捣

混凝土拌合物具有受振时产生暂时流动的特性,此时其中的粗集料靠重力向下沉落并互相滑动挤紧,集料间的空隙被流动性大的水泥砂浆所充满,而空气则形成小气泡浮到混凝土表面被排出。这样会增加混凝土的密实度,从而大大提高混凝土的强度和耐久性,并使之达到内实外光的要求。

混凝土的振捣可分人工(用铁钎)振捣和机械振捣两种。人工振捣适用于坍落度大、混凝土数量少或钢筋过密的场合。大规模的混凝土灌注,必须使用机械振捣。

混凝土振捣设备有插入式振捣器[图2.2-17a)]、附着式振捣器[图2.2-17b)]、平板式振捣[图2.2-17c)]和振动台[图2.2-17d)]等。

平板式振捣器用于大面积混凝土施工,如桥面、基础等;附着式振捣器是挂在模板外部振捣,借振动模板来振捣混凝土,对模板要求较高,而振动的效果不是太好,常用于薄壁混凝土构件,如梁肋部分等;插入式振捣器,常用的是软管式的,在构件断面有足够的位置插入振捣器,而钢筋又不太密时采用,它的效果比平板式振捣器及附着式振捣器要好。

a)插入式振捣器

b)附着式振捣器

c)平板式振捣器

d)振动台

图 2.2-17 混凝土振捣设备

在选用振捣器时应注意,对于石料粒径较大的混凝土,选用频率较低、振幅较大的振捣器效率较好,反之则宜选用频率高、振幅小的,因为振幅太大容易使较小集料作无规则的翻动,反而造成混凝土离析。

混凝土每次振捣的时间要很好掌握,振捣时间过短或过长均有弊病,一般以振捣至混凝土不再下沉、无显著气泡上升、混凝土表面出现薄层水泥浆、表面达到平整为适度。当用附着式振捣器时,因振捣效率较差,一般需 2min 左右;当用插入式振捣器时,效果较好,一般只要15～30s;当用平板式振捣器时,在每个位置上的振捣时间为 25～40s。

6.模板拆除及混凝土的养护

(1)模板拆除

构件混凝土浇筑完成后,应根据结构物的特点、模板部位和混凝土所达到的强度来决定模板拆除的时间。

对于非承重侧模板,应在混凝土强度能保证其表面及棱角不致因拆模而受损坏时方可拆除,一般应在混凝土抗压强度达到 2.5MPa 时方可拆除侧模板。

对于芯模和预留孔道内模,应在混凝土强度能保证其表面不发生塌陷和裂缝现象时方可拆除。

对于钢筋混凝土结构的承重模板,应在混凝土能承受其自重力及其他可能的叠加荷载时方可拆除。当构件跨度不大于4m时,在混凝土强度符合设计强度标准值的50%的要求后方可拆除;当构件跨度大于4m时,在混凝土强度符合设计强度标准值的75%的要求后方可拆除。如设计上对拆除承重模板另有规定,应按照设计规定执行。

对于后张法预应力混凝土构件,侧模、芯模宜在预应力筋张拉前拆除;底模支架的拆除应按施工技术方案执行,当无具体要求时,不应在构件建立预应力前拆除。

模板拆除时,应按设计顺序进行,如设计无规定时,应遵循先支后拆、后支先拆的顺序,拆卸时严禁抛掷。墩台模板宜在上部结构施工前拆除,拆除时,不允许用猛烈地敲打和强扭等方法进行。模板拆除后,应分散堆放,及时清运,注意维修整理,并分类妥善存放。

(2) 混凝土的养护

混凝土中水泥的水化作用过程就是混凝土凝固、硬化和强度发育的过程,与周围环境的温度、湿度有着密切的关系。当温度低于15℃时,混凝土的硬化速度减慢,而当温度降至-2℃以下时,硬化基本停止。在干燥的气候下,混凝土中的水分迅速蒸发,一方面使混凝土表面剧烈收缩而导致裂缝;另一方面当游离水分全部蒸发后,水泥水化作用也就停止,混凝土即停止硬化。因此,混凝土浇筑后即需进行适当的养护,以保持混凝土硬化发育所需要的温度和湿度。

对新浇筑混凝土的养护,应根据施工对象、环境条件、水泥品种、外加剂或掺和料及混凝土性能等因素,制订具体的养护方案,并严格实施。

混凝土浇筑完成后,应在其收浆后尽快予以覆盖并洒水保湿养护。对于干硬性混凝土、高强度和高性能混凝土、炎热天气浇筑的混凝土,以及桥面等大面积裸露的混凝土,应加强初始保湿养护,具备条件的可在浇筑完成后立即加设棚罩,待收浆后再予以覆盖和洒水养护,覆盖时不得损伤或污染混凝土表面。

混凝土表面有模板覆盖时,应在养护期间使模板保持湿润。拆除模板后,仍应对混凝土进行覆盖和洒水养护,直至达到规定的养护期限;尤其在低温、干燥或大风环境下拆除模板时,应采取必要的覆盖、保温等措施,防止混凝土表面产生裂缝。

混凝土的养护严禁采用海水。混凝土的洒水保湿养护时间应不少于7d,对重要工程或有特殊要求的混凝土,应根据环境湿度、温度、水泥品种,以及掺用的外加剂和掺合料等情况,酌情延长养护时间,并应使混凝土表面始终保持湿润状态。当气温低于5℃时,应采取保温养护措施,不得向混凝土表面洒水。当采用喷洒养护剂的方法对混凝土进行养护时,所使用的养护剂应不会对混凝土产生不利影响,且应通过试验验证其养护效果。

新浇筑的混凝土与流动的地表水或地下水接触时,应采取临时防护措施,保证混凝土在7d以内且强度达到设计强度的50%以前,不受水的冲刷侵袭;当环境水具有侵蚀作用时,应保证混凝土在10d以内且强度达到设计强度的70%以前,不受水的侵袭。混凝土处于冻融循环作用的环境时,宜在结冰期到来4周前完成浇筑施工,且在混凝土强度未达到设计强度等级的80%前不得受冻,否则应采取技术措施,防止发生冻害。

目前在桥梁施工中采用最多的是在自然气温条件下(5℃以上)的自然养护方法。此法是在混凝土终凝后,在构件上覆盖草袋、麻袋、稻草、塑料薄膜或砂,经常洒水,以保持构件经常处于湿润状态。

自然养护法的养护时间与水泥品种和是否掺用塑化剂有关。一般情况下,用普通硅酸盐水泥的混凝土为7d以上,用矿渣水泥、火山灰质水泥或掺用塑化剂的为14d以上。每天浇水的次数,以能使混凝土保持充分潮湿为度。在一般气候条件下,当温度高于15℃时,前3d内白天每隔1~2h浇水一次,夜间至少浇水2~4次,在以后的养护期间内可酌情减少。在干燥的气候条件下,或在大风天气中,应适当增加浇水的次数,覆盖塑料薄膜能阻断水分蒸发,不需浇水。

自然养护法比较经济,但混凝土强度增长较慢、模板占用时间也长,特别是在低温(5℃以下)时不能采用。在养护期间,当日平均气温低于5℃或日最低气温低于-3℃时,应按冬季施工要求进行养护。

为了加速模板周转和施工进度,可采用蒸气法养护混凝土。

7. 混凝土的冬期、雨期和热期施工要求

(1) 混凝土冬期施工要求

冬期施工的工程,应预先做好冬期施工组织计划及技术准备工作。对各项设施和材料,应提前采取防雪、防冻、防火及防煤气中毒等防护措施;对钢筋的冷拉和预应力筋的张拉,应制订专门的施工工艺及安全技术方案;对处于结冰水域的结构物,应采取必要的防护措施,防止其在施工期间和完工后遭受冻胀、流冰撞击等危害。

冬期施工期间,除永冻地区外,地基在基础施工和养护时,均不得受冻。

① 混凝土的配制和搅拌应符合下列规定。

a. 配制混凝土时,宜选用硅酸盐水泥或普通硅酸盐水泥,水泥的强度等级宜不低于42.5,水胶比宜不大于0.5;采用蒸汽养护时,宜选用矿渣硅酸盐水泥;采用加热法养护掺加外加剂的混凝土时,严禁使用高铝水泥;使用其他品种的水泥时,应考虑其掺和材料对混凝土强度、抗冻、抗渗等性能的影响。当有抗冻性要求时,混凝土的配制应符合相关规范规定。

b. 搅拌设备宜设在气温不低于10℃的厂房或暖棚内。拌制混凝土前及停止拌制后,应用热水冲洗搅拌机的拌盘或鼓筒。集料宜堆放在棚房内或采用保温材料进行覆盖,防止出现冻块。

c. 拌制混凝土时,各种材料的温度应满足混凝土拌合物搅拌合成后所需要的温度。当材料原有温度不能满足要求时,应首先考虑对拌和用水加热;仍不能满足要求时,再考虑对集料加热;水泥仅能保温,不得加热。各种材料需要加热的温度应根据冬期施工热工计算公式计算确定,但不得超过表2.2-15的规定。

拌和用水及集料最高温度(℃) 表2.2-15

项目	拌和用水	集料
强度等级小于42.5的普通硅酸盐水泥、矿渣硅酸盐水泥	80	60
强度等级大于或等于42.5的普通硅酸盐水泥、矿渣硅酸盐水泥	60	40

注:当集料不加热时,水可加热到100℃,但水泥不应与80℃以上的水直接接触。

d. 冬期搅拌混凝土时,应严格控制混凝土的配合比和坍落度,集料不得带有冰雪和冻结团块。投料前,应先用热水或蒸汽冲洗搅拌机。加料顺序应先为集料、水,稍加搅拌后再加入水泥,且搅拌时间应比常温时延长50%。混凝土拌合物的出机温度宜不低于10℃。

②混凝土的运输和浇筑应符合下列规定。

a. 混凝土的运输时间应最大限度地缩短,运输混凝土的容器应有保温措施。

b. 混凝土的入模温度应不低于5℃,浇筑前应清除模板、钢筋上的冰雪和污垢。浇筑完成后开始养护时的温度,采用蓄热法养护时应不低于10℃,采用蒸汽法养护时应不低于5℃,细薄结构应不低于8℃。

c. 在浇筑混凝土时,应在新混凝土浇筑前对接合面加热,其温度应保持在5℃以上。浇筑完成后,应采取措施使混凝土接合面继续保持正温,直至新浇混凝土达到规定的抗冻强度。浇筑预应力混凝土构件的湿接缝时,应适当降低水胶比。浇筑完成后应加热或连续保温养护,直至接缝混凝土或水泥砂浆抗压强度达到设计强度的75%。

d. 应采取有效措施,防止水进入结构或梁板的孔道内,使其产生冻胀。

③混凝土的养护应符合下列规定。

a. 采用硅酸盐水泥或普通硅酸盐水泥配制的混凝土,在其抗压强度达到设计强度的40%以前;采用矿渣硅酸盐水泥配制的混凝土,在其抗压强度达到设计强度的50%以前,均不得受冻。

b. 混凝土的养护时间宜较常温下的养护时间延长3~5d。

c. 混凝土的养护方法,宜根据技术、经济比较和热工计算确定。当室外最低温度不低于 -15℃时,地面以下的工程或结构表面系数不大于$15m^{-1}$的结构宜采用蓄热法养护;当蓄热法不能适应强度增长速度要求时,可根据具体情况选用蒸汽加热、暖棚加热等方法进行养护。

d. 对即将进入冬期施工,在常温下浇筑但仍处于养护期内的混凝土,应按冬期施工的要求对其进行保温养护。

(2)混凝土雨期施工要求

雨期施工应通过当地气象部门提前获取气象预报资料,制订切实可行的施工组织计划、施工技术方案及应急预案,做好防范各种自然灾害的准备工作。雨期施工应提前准备必要的防洪抢险器材、机具及遮盖材料,对水泥、钢材等工程材料应有防雨防潮措施,对施工机械应有防止洪水淹没等措施;施工场地和生活区应设置排水设施;同时应制定安全用电规程,严防漏电、触电;雷区应有防雷措施。

雨期施工的工作面不宜过大,宜逐段、分片、分期施工。雨期施工应避开大风大雨天气,遇暴风雨或受洪水危害时应停止施工作业。

结构混凝土的雨期施工,应符合下列规定。

①模板支架的地基和基础应满足强度和稳定性的要求,应采取必要的安全技术措施,防止地基软化而导致沉降及支架失稳。

②钢筋、钢绞线等材料的存放应支垫覆盖,并应防水、防潮。钢筋的加工和焊接应在防雨棚内进行。结构外露的钢筋、钢绞线及预埋钢件等应采取覆盖或缠裹等防护措施。

③水泥的储存应防雨防潮,已受潮有结块的水泥不得用于工程中。雨期施工应增加砂、石集料含水率的检测次数,及时调整混凝土配合比,保证拌和质量;砂、石集料的含水率检测,每个台班应不少于1次,雨后拌制混凝土应先检测后拌和。

④雨后模板和钢筋上的淤泥、杂物等,应在浇筑混凝土前清除干净。除非有良好的防护措施,否则不宜在大雨天浇筑结构混凝土。新浇筑的混凝土在终凝前,不得被雨淋。

⑤桥面防水层不得在雨天进行铺设施工。

(3)混凝土热期施工要求

①混凝土工程施工所用的原材料,其储存及温度应符合下列规定。

a. 应采取必要措施对水泥和砂、石集料等遮阳防晒,或对砂、石料堆喷水降温,降低原材料进入搅拌机的温度。

b. 拌和用水宜采用冷却装置或其他适宜的方法对其降温;对水管及水箱应设置遮阳或隔热设施。

②混凝土的配制、搅拌和运输应符合下列规定。

a. 配合比的设计应考虑高温对混凝土坍落度损失的影响。混凝土中可掺加高效减水剂或掺用粉煤灰等活性材料取代部分水泥,减少水泥用量;混凝土宜选用水化热较低的水泥,当掺用缓凝型减水剂时,可根据气温情况适当加大坍落度。

b. 搅拌站的料斗、储水器、皮带运输机及搅拌筒等应采取遮阳措施。在搅拌和浇筑过程中,应增加混凝土坍落度的检测次数,当不满足施工需要时,应及时对配合比进行适当调整。

c. 混凝土宜在棚内或气温较低的夜间进行搅拌,当无其他特殊规定时,混凝土的入模温度宜控制在30℃以下。

d. 宜采用带有搅拌装置的运输车运输混凝土,且搅拌筒上应有防晒设施。在运输过程中应慢速、不间断地搅拌混凝土,但不得在运输过程中加水搅拌,并应最大限度地缩短运输的时间。

③混凝土的浇筑施工应符合下列规定。

a. 浇筑前应有全面的施工组织计划,做好充分准备,配备足够的施工机具设备,保证浇筑施工能连续进行。具备条件时,应对浇筑场地进行遮盖防晒,降低模板和钢筋的温度;亦可在模板、钢筋和地基上喷水降温,但在浇筑时模板内不得有积水或附着水。

b. 在混凝土浇筑前,应通过试验确定在最高气温条件下混凝土分层浇筑的覆盖时间,施工时应严格控制,不得超过。混凝土的浇筑施工宜选在一天温度较低的时间内进行;混凝土从搅拌至浇筑的时间应缩短,浇筑速度应加快且应连续进行。

c. 浇筑完成后应加快表面混凝土的修整速度,修整时可采用喷雾器喷洒少量水防止表面干缩裂纹,但不得直接在混凝土表面浇水。

④混凝土的养护应符合下列规定。

a. 混凝土浇筑完成并对表面修整后应尽快开始养护,应在其表面立即覆盖清洁的塑料薄膜,使混凝土表面保持水分;初凝后应增加覆盖浸湿的粗麻布或土工布,继续洒水保湿养护。

b. 混凝土保湿养护的时间应不少于7d。保湿养护期间,如具备条件,宜采取遮阳和挡风措施,控制高温和干热风对养护质量的影响。

c. 混凝土结构拆模后的洒水养护宜采用自动喷水系统或喷雾器,保湿养护不得间断,亦不得形成干湿循环。除非当地缺少足够的清洁水,方可仅采用喷洒养护剂的方式对高强度混凝土和高性能混凝土进行养护。

d. 对桥面铺装混凝土或其他外露面较大的板式结构混凝土,应在施工前制订养护方案,采取有效措施进行养护,防止开裂。

2.3 先张法预应力混凝土梁预制

预应力混凝土结构应采用高强、轻质和高耐久性的混凝土,一般要求混凝土的强度等级不低于 C40。预应力筋多采用高强钢丝和钢绞线。

先张法的制梁工艺是在浇筑构件混凝土前张拉预应力筋,将其临时锚固在张拉台座上,然后立模浇筑混凝土,待混凝土达到规定强度(不低于设计强度等级的 70%)时,逐渐将预应力筋放松,构件通过预应力筋和混凝土之间的黏结获得预压应力。其施工工艺流程如图 2.3-1 所示。

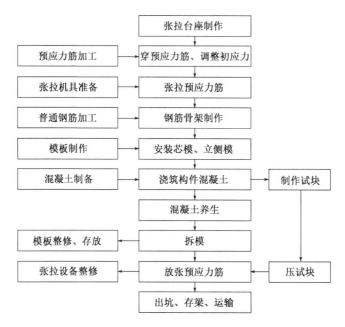

图 2.3-1　先张法预应力混凝土梁施工工艺流程

2.3.1　张拉台座制作

张拉台座承受先张法施加预应力筋在构件制作时的全部拉力,要求受力后不倾覆、不移动、不变形。

张拉台座通常由底板、承力架(支承架)、横梁、定位板和固定端装置组成。

(1)底板

一般应选择在硬质地基或经过整平处理并铺设的碎石层上浇筑混凝土底板。底板高程要严格控制,要求平整和光滑。

(2)承力架(支承架)

承力架为张拉台座的主要受力结构,是张拉台座的支承架,承受全部的张拉力,要求变形小、经济、安全、便于操作等,形式有框架式、槽式和墩式等。

①框架式承力架[图2.3-2a)]。框架式承力架由纵梁(压柱)、横梁和横系梁组成框架,承受张拉力。一般是采用钢筋混凝土在现场整体浇筑。

②墩式承力架[图2.3-2b)]。墩式承力架一般分重力式和桩式两类。横梁直接和墩或桩基连成整体共同承受张拉力。墩式承力架优点是构造简单,造价合理;缺点是稳定性差,变形大。

③槽式承力架[图2.3-2c)]。槽式承力架通常由钢筋混凝土或钢构件制件,可与底板连成一体,两端设置横梁。

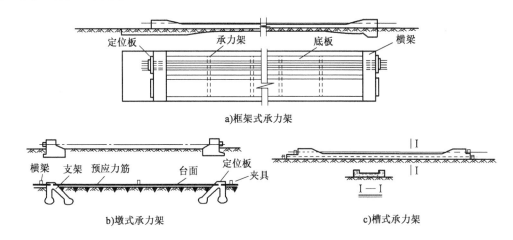

图2.3-2　承力架的形式与构造

(3)横梁

横梁(图2.3-3)是将预应力筋的张拉力传给承力架的横向构件,可分为固定横梁和张拉横梁。常用型钢制作,要求保证刚度和稳定性。

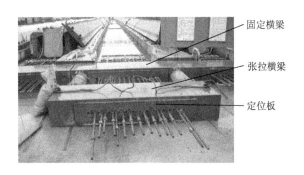

图2.3-3　横梁

(4)定位板

定位板用来固定预应力筋,一般是用钢板制成,连接在横梁上,要求有足够的强度和刚度。

(5)固定端装置

固定端装置用于固定预应力筋位置并在梁预制完成后放松预应力筋,设在非张拉端,仅用于一端张拉的先张法。

2.3.2 预应力筋张拉施工

1. 张拉施工要求

①张拉作业开始前,施工单位编制张拉施工方案,将其有关先张法的建议以及建议使用的张拉台座、横梁及各项张拉设备的全部细节提交给监理工程师批准,并对台座、锚固横梁及各项张拉设备(图2.3-4)进行详细检查,符合要求后方可操作。

　　　a)高压油泵和油压表

　　　b)千斤顶

图 2.3-4　张拉设备

②张拉台座的台面应平整、光滑,设3%左右的排水横坡,并有足够的定位板以保证在浇筑混凝土期间预应力筋能保持其适当的位置,且有许多可沿其长度方向自由移动的模板处于一条直线,从而使得预应力能沿整条构件均匀地传递给混凝土。

③张拉台座的反力支墩应能承受预应力筋的全部张拉力而不产生变形和位移。

④反力横梁要保证必要的刚度和稳定性,受力后的挠曲变形不应大于2mm。

⑤定位板上钻孔的位置与孔径应符合设计图纸的规定。

⑥对千斤顶、油压表配套的标定应依照规定执行。

2. 张拉施工程序

先张法梁的预应力筋,是在底模整理好后在张拉台座上进行张拉的。先张法梁通常采用一端张拉,另一端在张拉前要设置好固定装置或安放好预应力筋的放松装置。但也有采用两端张拉的方法。

先张法张拉钢筋,可以单根分别张拉或多根整批张拉。单根张拉设备比较简单,吨位要求小,但张拉速度慢。张拉的顺序应不致使张拉台座承受过大的偏心力。多根同时张拉一般需有两个大吨位千斤顶,张拉速度快。

先张法预应力筋张拉程序依预应力筋的类型而异,具体如表2.3-1所示。

先张法预应力筋张拉程序 表 2.3-1

预应力筋种类		张拉程序
钢丝、钢绞线	夹片式等具有自锚性能的锚具	低松弛预应力筋:0→初应力→σ_{con}(持荷 5min 锚固)
	其他锚具	0→初应力→1.05σ_{con}(持荷 5min)→0→σ_{con}(锚固)
螺纹钢筋		0→初应力→1.05σ_{con}(持荷 5min)→0.9σ_{con}→σ_{con}(锚固)

注:表中 σ_{con} 为张拉时的控制应力值,包括预应力损失值;初应力应采用同一数值,施工时采用油压表应力值与预应力筋(筋束)的延伸量量测,进行双控。

3. 张拉施工注意事项

①当采用多根预应力筋同时张拉时,为使每根预应力筋的应力一致,必须在张拉前调整初应力,其应力值一般为张拉值的 10%。

②同时张拉多根预应力筋时,应预先调整其单根力筋的初应力,使相互之间的应力一致,再整体张拉。张拉过程中,应使活动横梁与固定横梁始终保持平等,并应检查预应力的预应力值,其偏差的绝对值不得超过按一个构件全部预应力筋预应力总值的 5%。

③预应力筋张拉控制应力应为其标准强度的 0.75 倍,即 $\sigma_{con} = 0.75 f_{pk}$。

④为减少预应力筋的松弛损失,采用超张拉方法进行张拉。

⑤张拉时,断丝数量不得超过同一构件内预应力筋总数的 1%。

⑥预应力筋在超张拉时,其张拉值不得大于钢筋的屈服强度,或钢丝、钢绞线抗拉强度的 75%。

⑦张拉螺纹钢筋时,应在超张拉并持荷 5min 后放张至 0.9σ_{con} 时再安装模板、普通钢筋及预埋件等。

⑧预应力筋张拉完毕后,对设计位置的偏差不得大于 5mm,同时不得大于构件截面最短边长度的 4%。

⑨当预应力筋在张拉时的温度低于 10℃时,预应力筋伸长值的计算应考虑张拉时与混凝土初凝之间预应力筋温度的增长。量测的预应力筋温度低于 5℃时,应禁止张拉。

⑩预应力筋放松时的混凝土强度须符合设计规定;设计未规定时,不应低于设计强度的 70%。此时荷载应能逐渐地传递,采用单根放松时应先两侧,后中间,分阶段对称地进行,不得一次将一根松完。预应力筋全部放松后,切割外露的部分时,为防止烧坏钢绞线端部处的混凝土,要用砂浆或防腐蚀材料封闭外露端头。

⑪所有构件应标出永久性标志表明构件的编号、制造的生产线、浇筑混凝土和张拉日期等,其标志应在构件安装后不外露。

4. 预应力筋的放张

预应力筋张拉完成后,就可以在张拉台座上进行钢筋骨架制作、模板架设和混凝土浇筑等工作。混凝土浇筑完成后,即进行构件的养护。

当混凝土强度和弹性模量达到设计要求后,可在张拉台座上放松受拉预应力筋(称为"放张"),对预制梁施加预应力。当设计无规定时,混凝土强度应不低于设计强度等级值的 80%,弹性模量应不低于混凝土 28d 弹性模量的 80%,当采用混凝土龄期代替弹性模量控制时应不少于 5d。

在预应力筋放张之前,应将限制位移的侧模、翼缘模板或内模拆除。预应力筋的放张顺序应符合设计规定;设计未规定时,应分阶段、均匀、对称、相互交错地放张。

多根整批预应力筋的放张,采用砂箱放张时,放砂速度应均匀一致;采用千斤顶放张时,放张宜分数次完成;单根预应力筋采用拧松螺母的方法放张时,宜先两侧后中间,并不得一次将一根力筋松完。放张时,预应力在构件端部的内缩值宜不大于 1.0mm。

预应力筋放张后,对钢丝和钢绞线,应采用机械切割的方式进行切断;对螺纹钢筋,可采乙炔-氧气切割,但应采取必要措施防止高温对其产生不利影响。长线台座上预应力筋的切断顺序,应由放张端开始,依次后另一端切断。

放张预应力筋的办法有用千斤顶先拉后张、砂箱[图 2.3-5a)]放张、滑楔[图 2.3-5b)]放张和螺杆放张等。

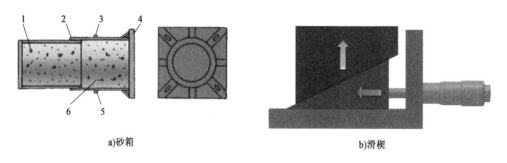

a)砂箱　　　　　　　　　　　　　b)滑楔

图 2.3-5　预应力筋放张装置
1-活塞;2-套箱;3-进砂口;4-套箱底座;5-出砂口;6-砂

2.4 后张法预应力混凝土梁预制

后张法工序较先张法复杂,需要预留孔道、穿筋、灌浆等工序,以及耗用大量的锚具和埋设件等,增加了用钢量和投资成本。但后张法不需要强大的张拉台座,便于在现场施工,而且适宜于配置曲线形预应力筋(筋束)的大型和重型构件制作,因此目前在铁路、公路桥梁上得到广泛的应用。

后张法预应力混凝土构件可以采用高强碳素钢丝束、钢绞线作为预应力筋。现在设计多采用钢绞线作为预应力筋。

2.4.1　后张法预应力混凝土梁的施工工艺流程

后张法预应力混凝土梁的施工工艺流程如图 2.4-1 所示。

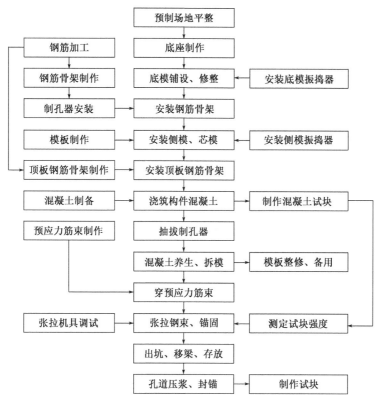

图 2.4-1　后张法预应力混凝土梁的施工工艺流程

2.4.2　张拉前的准备工作

1. 预应力筋加工

（1）高强钢丝束的制备

高强钢丝束的制备包括下料和编束工作。高强碳素钢丝都是盘圆，若盘径小于 1.5m，则下料前应先在钢丝调直机上调直。对于在厂内先经矫直回火处理且盘径为 1.7m 的高强钢丝，则一般不必整直就可下料。如发现局部存在波弯现象，可先在木制台座上用木槌整直后下料。下料前除应抽样试验钢丝的力学性能外，还要测量钢丝的圆度，对于直径为 5mm 的钢丝，其正负容许偏差分别为 +0.8mm 和 -0.4mm。

①钢丝调直。进行钢丝调直时，钢丝从盘架上引出，经过调直机，用绞车牵引前进。钢丝调直机开动旋转时，在其内通过的钢丝受到反复的超过其弹限的弯曲变形而被调直。

调直完成的钢丝最好呈直线存放。如果需将钢丝盘弯存放，其盘架的直径应不小于钢丝直径的 400 倍，否则钢丝将发生塑性变形而又弯曲。

②钢丝下料。钢丝的下料长度 L 用下式计算：
$$L = L_0 + L_1$$
式中：L_0——构件混凝土预留孔道长度；

L_1——固定端和张拉端（或两个张拉端）所需要的钢丝工作长度。

对于采用锥形螺杆锚具和镦头锚具的钢丝束，应保证每根钢丝下料长度相等。

③编束。为了防止钢丝扭结,必须进行编束。编束时可将钢丝对齐后穿入特制的梳丝板,使之排列整齐,然后一边梳理钢丝一边每隔1~1.5m衬以长3~4cm的螺旋衬圈或短钢管,并在设衬圈处用2号铁丝缠绕20~30道捆扎成束。这种编束工艺对防锈、压浆有利,但操作较麻烦。

另一种编束方式是每隔1~1.5m先用18~20号铅丝将钢丝编成帘子状,然后每隔1.5m设置一个螺旋衬圈并将编好的帘子绕衬圈围成圆束。

绑扎好的钢丝束,应挂牌标出其长度和设计编号,并按编号分批堆放,以防错乱。

(2)钢绞线的制备

国产钢绞线(图2.4-2)分Ⅰ级松弛(普通松弛)钢绞线和Ⅱ级松弛(低松弛)钢绞线两种。在破坏荷载70%的荷载作用下,温度为(20±2)℃,1000h后普通松弛钢绞线应力松弛值为8%,而低松弛钢绞线≤2.5%。

a)钢绞线整体　　　　　　　　　b)钢绞线局部

图2.4-2　钢绞线

钢绞线运到现场后,下料长度由孔道长度和工作长度决定。钢绞线切割宜采用机械切割法。

2.预留孔道

成孔设备有埋置式和抽拔式两类。埋置式制孔器有金属波纹管[图2.4-3a)]和塑料波纹管[图2.4-3b)]两种,抽拔式制孔器有橡胶抽拔管和钢管等。后者目前应用较少。

a)金属波纹管　　　　　　　　　b)塑料波纹管

图2.4-3　波纹管

金属波纹管由制管机(图2.4-4)卷制而成,横向刚度大,不易变形和漏浆,纵向也便于弯成各种线形,与梁混凝土的黏结也较好,故较适用。当构件因为特殊要求不能设置金属波纹管时,可采用塑料波纹管。

图2.4-4　金属波纹管制管机

施工时为确保预留孔道不致被水泥浆堵塞,可在预埋管道内临时放置塑料管或充气橡胶棒作为内衬管,待构件混凝土硬化后再将内衬管抽出即可。

波纹管一般采用"井"字网眼固定在骨架上。

3. 穿束

预应力筋可在浇筑混凝土之前或之后穿入孔道,穿束前应检查锚垫板和孔道。锚垫板的位置应准确,孔道应畅通。可用空压机吹风等方法清理孔道内的污物和积水,以确保孔道畅通。

宜将一根钢束中的全部预应力筋编束后整体穿入孔道中,整体穿束时,束的前端宜设置穿束网套或特制的牵引头,应保持预应力筋顺直,且应仅前后拖动,不得扭转。对钢绞线,可采用穿束机逐根将其穿入孔道内,但应保证其在孔道内不发生相互缠绕。

穿束机穿钢绞线时,将钢绞线从盘架上拉出后,从孔道一端快速地(速度为3~5m/s)推送入孔道,当戴有护头的束前端穿出孔道另一端时按规定伸出长度截断(用电动切线轮),再将新的端头戴上护头穿第二根,直到达到一束规定的根数。

预应力筋安装在管道中后,应将管道端部开口密封防止湿气进入。采用蒸汽养护混凝土时,在养护完成之前不应安装预应力筋。

2.4.3　预应力筋张拉及锚固

1. 张拉设备

张拉设备包括张拉千斤顶、高压油泵和压力表。预应力筋张拉前必须对千斤顶和油压表进行校检,计算与张拉吨位相应的油压表读数和钢丝伸长量,确定张拉顺序和清孔、穿束等工作,并完成制锚工作。现阶段,宜采用智能张拉设备(图2.4-5)进行预应力筋的张拉和锚固。

图 2.4-5 智能张拉设备

2. 预应力锚具

采用后张法施工时,常用的预应力锚具可根据预应力筋的不同,采用不同形式。当预应力筋采用钢丝束时,可采用钢质锥形锚具[图 2.4-6a)]或镦头锚具[图 2.4-6b)];当采用高强钢筋时,可采用螺丝端杆锚具[图 2.4-6c)];当采用钢绞线时,可采用群锚体系(OVM 锚具、YM 锚具)[图 2.4-6d)]。

a)钢质锥形锚具

b)墩头锚具

c)螺丝端杆锚具

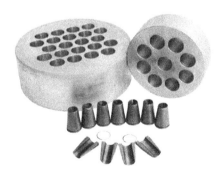

d)群锚体系

图 2.4-6 锚具

3. 锚垫板

锚垫板是后张法体系中的一个部件,其作用是将锚具传来的集中力分布到较大的混凝土承压面积上去。

为便于加工和安装,锚垫板一般为矩形。通常情况下,一块锚垫板上锚固一根钢丝束。当预应力筋束相距很近时,亦可将多根钢束锚固于同一块锚板上,如图2.4-7所示。

锚垫板的厚度应不小于12mm,不宜太薄。太薄则受压后锚板将变形成锅底形,影响应力扩散,使混凝土局部挤压剧增,可能发生混凝土劈裂事故。锚垫板的后方,应进行局部加强。加强的办法是设置螺旋筋或附加防爆式钢筋网,如图2.4-8所示。

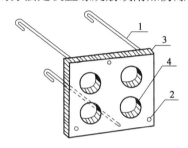
图2.4-7 锚垫板示意图
1-锚固钢筋;2-半眼螺栓孔;3-锚垫板;4-孔道

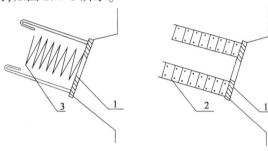
图2.4-8 锚垫板加强示意图
1-锚垫板;2-防爆式钢筋网;3-螺旋筋

施工时应严格控制锚垫板与管道中心线垂直,否则,张拉时垫板将对混凝土产生侧向分力,也易使锚下混凝土劈裂。若锚垫板与管道中心线不垂直,应衬垫楔形垫校正。

通常将锚垫板浇筑在混凝土预制节段上。安装时,事先将锚板用半眼螺钉固定在端头模板上,待混凝土浇筑完成后卸下与模板相连的螺钉,再脱去模板,此时锚垫板就固定在梁体设计图所定的位置。必须注意:因锚垫板后方带有螺旋筋或防爆式钢筋网,浇筑混凝土时必须对锚垫板后的部分进行充分捣固,以避免产生蜂窝。

安装锚垫板的第二种方法是将其安放在预制节段的表面上。采用这种方法时,应该在锚垫板与混凝土之间干填砂浆。砂浆强度应不小于支承面混凝土强度,接缝厚度应限制在5cm以内。也可以采用环氧粘剂将锚板贴在支承面混凝土上。

4. 张拉与锚固

①预应力张拉之前,宜对不同类型的孔道进行至少一个孔道的摩阻测试。

②张拉时,结构或构件混凝土的强度、弹性模量(或龄期)应符合设计规定;设计未规定时,混凝土的强度应不低于设计强度等级值的80%,弹性模量应不低于混凝土28d弹性模量的80%,当采用混凝土龄期代替弹性模量控制时应不少于5d。

③预应力筋的张拉顺序应符合设计规定;当设计未规定时,宜采用分批、分阶段的方式对称张拉。

④预应力筋应整束张拉锚固,对扁平管道中平行排放的预应力钢绞线束,在保证各根钢绞线不会叠压时,可采用小型千斤顶逐根张拉,但应考虑逐根张拉时预应力损失对控制应力的影响。

⑤预应力筋张拉端的设置应符合设计要求;当设计未要求时,应符合下列规定。

a. 对钢束长度小于20m的直线预应力筋可在一端张拉;对曲线预应力筋、长度大于或等于20m的直线预应力筋,应采用两端张拉。

b. 当同一截面中有多束一端张拉的预应力筋时,张拉端宜分别交错设置在结构或构件的两端。

c. 预应力筋采用两端张拉时,宜两端同时张拉;或先一端张拉锚固后,再在另一端补足预应力值进行锚固。张拉时应避免构件呈过大的偏心状态,因此,应对称于构件截面进行张拉,或先张拉靠近截面重心处的预应力筋,后张拉距截面重心较远处的预应力筋。

d. 两端张拉时,各千斤顶之间同步张拉力的允许误差宜为±20%。

e. 后张法预应力筋的张拉程序应符合设计规定;当设计未规定时,可按表2.4-1的规定进行。

后张法预应力筋张拉程序　　　　　　　　　　　　　　　　　　表2.4-1

锚固和预应力筋类别		张拉程序
夹片式等具有自锚性能的锚具	钢丝束、钢绞线束	低松弛预应力筋:$0 \rightarrow$初应力$\rightarrow \sigma_{con}$(持荷5min锚固)
其他锚具	钢绞线束	$0 \rightarrow$初应力$\rightarrow 1.05\sigma_{con}$(持荷5min)$\rightarrow \sigma_{con}$(锚固)
	钢丝束	$0 \rightarrow$初应力$\rightarrow 1.05\sigma_{con}$(持荷5min)$\rightarrow 0 \rightarrow \sigma_{con}$(锚固)
螺母锚固锚具	螺纹钢筋	$0 \rightarrow$初应力$\rightarrow \sigma_{con}$(持荷5min)$\rightarrow 0 \rightarrow \sigma_{con}$(锚固)

注:1. 表中σ_{con}为张拉时的控制应力,包括预应力损失值。
　　2. 两端同时张拉时,两端千斤顶降压、画线、测伸长等工作应基本一致。
　　3. 超张拉数据超过规范规定的最大超张拉应力限值时,应按规范规定的限值进行张拉。

f. 后张法预应力筋断丝及滑移的数量不得超过表2.4-2的规定。

后张法预应力筋断丝、滑移控制　　　　　　　　　　　　　　　表2.4-2

类别	检查项目	控制数
钢丝束、钢绞线束	每束钢丝断丝或滑丝	1根
	每束钢绞线断丝或滑丝	1丝
	每个断面断丝之和不超过该断面钢丝总数的百分比	1%
螺纹钢筋	断筋或滑移	不容许

g. 预应力筋在张拉控制应力达到稳定后,方可锚固。对夹片式锚具,锚固后夹片顶面应平齐,其相互间的错位宜不大于2mm,且露出锚具外的高度应不大于4mm。锚固完毕后并经检验确认合格后方可切割端头多余的预应力筋,切割时应采用砂轮锯,严禁采用电弧进行切割,同时不得损伤锚具。

h. 切割后预应力筋的外露长度应不大于30mm,且应不小于1.5倍预应力筋直径。锚具应采用封端混凝土保护,当需长期外露时,应采取防止锈蚀的措施。

近年来,国内多家科技企业推出了预应力智能张拉设备。可在计算机或一体式工控机上运行系统主控软件,制订张拉工艺,实现自动化张拉、精确控制、数据校核等多种功能,方便用户自由挑选,并能实现张拉数据自动上传到网络服务器。

2.4.4　孔道压浆和封锚

1. 孔道压浆

预应力筋张拉锚固后,孔道应尽早压浆,且应在48h内完成,否则应采取避免预应力筋锈蚀的措施。

(1)孔道压浆的目的

孔道压浆的目的主要是防止梁内的预应力筋锈蚀,通过凝结后的浆体将预应力筋与构件连接成整体,并将预应力传递至混凝土结构中。

(2)压浆料

为保证后张法预应力混凝土孔道压浆的质量和耐久性,所用压浆浆液的性能需要具备以下特性:

①具有高流动度;

②不泌水,不离析,无沉降;

③适宜的凝结时间;

④在塑性阶段具有良好的补偿收缩能力,且硬化后产生微膨胀;

⑤具有一定的强度。

预应力孔道应采用专用压浆料或专用压浆料配制的浆液进行压浆。专用压浆料是指由水泥、高效减水剂或高性能减水剂、膨胀剂和矿物掺合料等多种材料干拌而成的混合料,在施工现场按一定比例加水并搅拌均匀后,用于充填后张法预应力孔道的压浆材料。专用压浆剂是指由高效减水剂或高性能减水剂、膨胀剂和矿物掺合料等多种材料干拌而成的混合料,在施工现场按一定比例与水泥、水混合并搅拌均匀后,用于充填后张法预应力孔道的压浆材料。"专用"是指专门用于后张法预应力孔道的压浆,且均由工厂化制造生产。所用原材料应符合下列规定。

①水泥应采用性能稳定、强度等级不低于42.5的低碱硅酸盐或低碱普通硅酸盐水泥,水泥的性能要求应符合相关要求。

②外加剂应与水泥具有良好的相容性,且不得含有氯盐、亚硝酸盐或其他对预应力筋有腐蚀作用的成分。减水剂应采用高效减水剂或高性能减水剂,且应满足现行《混凝土外加剂》(GB 8076)中高效减水剂一等品的要求,其减水率应不小于20%。

③矿物掺合料的品种宜为Ⅰ级粉煤灰、粒化高炉矿渣或硅灰,并应符合相关规范的规定。

④水不应含有对预应力筋或水泥有害的成分,每升水中不得含有350mg以上的氯化物离子或任何一种其他有机物,宜采用符合国家卫生标准的清洁饮用水。

⑤膨胀剂宜采用钙矾石系或复合型膨胀剂,不得采用以铝粉为膨胀源的膨胀剂或总碱量0.75%以上的高碱膨胀剂。

⑥压浆材料中的氯离子含量应不超过胶凝材料总量的0.06%,比表面积应大于350mm^2/kg,三氧化硫含量应不超过6.0%。

采用压浆材料配置的浆液,其性能应满足表2.4-3的要求。

后张预应力孔道压浆浆液性能指标 表2.4-3

项目		性能指标	检验试验方法/标准
水胶比		0.26~0.28	现行《水泥标准稠度用水量、凝结时间、安定性检验方法》(GB/T 1346)
凝结时间/h	初凝	≥5	
	终凝	≤24	

续上表

项目		性能指标	检验试验方法/标准
流动度(25℃)/s	初始流动度	10～17	现行《公路工程水泥及水泥混凝土试验规程》（JTG 3420）
	30min 流动度	10～20	
	60min 流动度	10～25	
泌水率/%	24h 自由泌水率	0	
	3h 钢丝间泌水率	0	
压力泌水率/%	0.22MPa(孔道垂直高度≤1.8m 时)	≤2.0	
	0.36MPa(孔道垂直高度>1.8m 时)		
自由膨胀率/%	3h	0～2	
	24h	0～3	
充盈度		合格	
抗压强度/MPa	3d	≥20	现行《水泥胶砂强度检验方法（ISO 法）》（GB/T 17671）
	7d	≥40	
	28d	≥50	
抗折强度/MPa	3d	≥5	
	7d	≥6	
	28d	≥10	

注：1. 有抗冻性要求时，宜在压浆材料中掺用适量引气剂，且含气量宜为1%～3%。
2. 有抗渗性要求时，抗氯离子渗透的28d 电通量指标宜小于或等于1500℃。

（3）压浆设备的性能要求

①搅拌机的转速应不低于1000r/min，搅拌叶的形状应与转速相匹配，其叶片的线速度宜不小于10m/s，最高线速度宜限制在20m/s 以内，且应能满足在规定的时间内搅拌均匀的要求。

②用于临时储存浆液的储料罐亦应具有搅拌功能，且应设置网格尺寸不大于3mm 的过滤网。

③压浆机应采用活塞式可连续作业的压浆泵，其压力表的最小分度值应不大于0.1MPa，最大量程应使实际工作压力在其25%～75%的量程范围内。不得采用风压式压浆泵进行孔道压浆。

④真空辅助压浆工艺中采用的真空泵应能达到0.10MPa 的负压力。

（4）压浆前的准备工作

①应在工地试验室对压浆材料加水进行试配验证，各种材料的称量（均以质量计）应精确到±1%。经试配的浆液其各项性能指标均应满足表2.4-3 的要求后方可用于正式压浆。

②应对孔道进行清洁处理。对抽芯成型的孔道应冲洗干净并应使孔壁完全湿润，金属和塑料管在必要时亦应冲洗清除附着于孔道内壁的有害材料。对孔道内可能存在的油污等，可采用已知对预应力筋和管道无腐蚀作用的中性洗涤剂或皂液，用水稀释后进行冲洗；冲洗后，应使用不含油的压缩空气将孔道内的所有积水吹出。

③应对压浆设备进行清洗，清洗后的设备内不应有残渣和积水。

（5）压浆

压浆时，对曲线孔道和竖向孔道应从最低点的压浆孔压入；对水平直线孔道可从任意一端的压浆孔压入；对结构或构件中以上下分层设置的孔道，应按先下层后上层的顺序进行压浆。

同一孔道的压浆应连续进行,一次完成。压浆应缓慢、均匀地进行,不得中断,并应将所有最高点的排气孔依次一一打开和关闭,使孔道排气通畅。

(6)压浆注意事项

①浆液自拌制完成至压入孔道的延续时间宜不超过40min,且在使用前和压注过程中应连续搅拌,对因延迟使用所致流动度降低的浆液,不得通过额外加水增加其流动度。

②对水平或曲线孔道,压浆的压力宜为0.5~0.7MPa;对超长孔道,最大压力宜不超过1.0MPa,当超过时可采用分段的方式进行压浆;对竖向孔道,压浆的压力宜为0.3~0.4MPa。压浆的充盈度应达到孔道另一端饱满且排气孔排出与规定流动度相同的浆液为止。关闭出浆口后,宜保持一个不小于0.5MPa的稳压期,该稳压期的保持时间宜为3~5min。

③采用真空辅助压浆工艺时,在压浆前应对孔道进行抽真空,真空度宜稳定在-0.06~-0.10MPa范围内。真空度稳定后,应立即开启孔道压浆端的阀门,同时启动压浆泵进行连续压浆。

④压浆时,每一工作班应制作留取不少于3组尺寸为40mm×40mm×160mm的试件,标准养护28d,进行抗压强度和抗折强度试验,作为评定质量的依据。试验方法应按现行《水泥胶砂强度检验方法(ISO法)》(GB/T 17671)的规定执行;质量检验评定方法应符合现行《公路工程质量检验评定标准 第一册 土建工程》(JTG F80/1)附录M的规定。

⑤压浆过程中及压浆后的48h内,结构或构件混凝土的温度及环境温度不得低于5℃,否则应采取保温措施,并应按冬期施工的要求处理,浆体中可适量掺用引气剂,但不得掺用防冻剂。当环境温度高于35℃时,压浆宜在夜间进行。

⑥压浆后应通过检查孔抽查压浆的密度情况,如有不实,应及时进行补压浆处理。

⑦对后张预制构件,在孔道压浆前不得安装就位;压浆后,在浆液强度达到规定的强度后方可移运和吊装。

⑧孔道压浆宜采用信息化数据处理系统对相关参数进行采集,并填写施工记录,记录的项目包括压浆材料、配合比、压浆日期、搅拌时间、出机初始流动度、浆液温度、环境温度、压浆量、稳压压力及时间;采用真空辅助压浆工艺时尚应包括真空度。

⑨宜推广智能压浆技术。

2.封锚

压浆完成后,应及时对锚固端按设计要求进行封闭保护或防腐处理,需要封锚的锚具,应在压浆完成后对梁端混凝土凿毛并将周围冲洗干净,设置钢筋网浇筑封锚混凝土;封锚应采用与结构或构件同强度的混凝土,并应严格控制封锚后的梁体长度。长期外露的锚具,应采取防锈措施。

2.5 预制梁的出坑、场内移运、存放、场外运输

2.5.1 出坑

为了将预制好的钢筋混凝土或预应力混凝土梁、板从预制场(或预制工厂)运往桥孔现

场,首先要把梁从预制底座上移出来,称为"出坑"。钢筋混凝土构件在混凝土强度达到设计强度的80%、预应力混凝土构件在进行预应力张拉后,即可进行这一项工作。

构件出坑方法:一般采用门式起重机将预制梁起吊出坑后移到存梁处或转运至现场;简易预制场无门式起重机时,可采用起重机起吊出坑,也可采用横向滚移出坑。

2.5.2 场内移运

装配式混凝土预制构件从浇筑台座上出坑移运到存梁场地的运输称为场内移运。场内运输常采用龙门架配合轨道运输、平车轨道运输、平板汽车运输,也可采用纵向滚移法运输。

构件的场内移运应符合下列规定。

①对后张法预应力混凝土梁、板,在施加预应力后可将其从预制台座吊移至场内的存放台座上,再进行孔道压浆,但必须满足下列要求:

a. 从预制台座上移出梁、板仅限一次,不得在孔道压浆前多次倒运;

b. 吊移的范围必须限制在预制场内的存放区域,不得移往他处;

c. 吊移过程中不得对梁、板产生任何冲击和碰撞;

d. 不得将构件安装就位后再进行预应力孔道压浆。

②后张法预应力混凝土梁、板在预制台座上进行孔道压浆后再移运的,移运时其压浆浆体的强度应不低于设计强度的80%。

③梁、板构件移运时的吊点位置应符合设计规定;设计未规定时,应根据计算确定。

④在构件上设置的吊环必须采用未经冷拉的HPB300钢筋制作;吊具应采用经专门设计的定型产品,且应符合相关产品标准或设计规范的要求。

⑤吊绳与起吊构件的交角小于60°时,应设置吊架或起吊扁担,使吊点垂直受力。

⑥吊移板式构件时,不得吊错上、下面。

2.5.3 存放

构件的存放应符合下列规定。

①存放台座应坚固稳定,且宜高出地面200mm以上。存放场地应有相应的防排水设施,并应保证梁、板等构件在存放期间不致因支点沉陷而受到损坏。

②梁、板构件存放时,其支点应符合设计规定的位置,支点处应采用垫木和其他适宜的材料进行支承,不得将构件直接支承在坚硬的存放台座上;存放时混凝土养护期未满的,应继续养护。

③构件应按其安装的先后顺序编号存放。预应力混凝土梁、板的存放时间宜不超过3个月,特殊情况下应不超过5个月;存放时间超过3个月时,应对梁、板的上拱度值进行检测,当上拱度值过大将会严重影响后续桥面铺装施工或梁、板混凝土产生严重开裂时,不得使用。

④当构件多层叠放时,层与层之间应以垫木隔开,各层垫木的位置应设在设计规定的支点处,上下层垫木应在同一条竖直线上。叠放的高度宜按构件强度、台座地基的承载力、垫木强度及叠放的稳定性等经计算确定,大型构件以2层为宜,应不超过3层;小型构件宜为6~10层。

⑤雨季或春季融冻期间,应采取有效措施防止地基软化下沉而造成构件断裂及损坏。

2.5.4 场外运输

将预制梁从存梁场地运往桥孔或桥头的运输称为场外运输。较远距离的场外运输,通常采用汽车、大型平板拖车、火车或驳船。构件的场外运输应符合下列规定。

①板式构件运输时,宜采用特制的固定架稳定构件。对小型构件,宜顺宽度方向侧立放置,并应采取措施防止倾倒;如平放,在两端吊点处必须设置支搁方木。

②梁的运输应按高度方向竖立放置,并应有防止倾倒的固定措施;装卸梁时,必须在支撑稳妥后,方可卸除吊钩。

③采用平板拖车或超长拖车运输大型梁、板构件时,车长应能满足支点间的距离要求,支点处应设活动转盘,以防止搓伤构件混凝土;运输道路应平整,当有坑洼或高低不平时,应事先处理平整。

④水上运输梁、板构件时,应有相应的封舱加固措施,并应根据天气状况安排装卸和运输作业时间,同时应满足水上(海上)作业的相关安全规定。

2.6 支座安装

当待安装桥孔的墩台和对应的梁板均施工完成后,可根据施工进度安排进行梁板架设。架设梁板前应对墩台的施工质量进行检验,并按设计图纸的要求进行支座安装,对支座或临时支座的平面位置和高程进行复测,合格后方可进行梁、板等构件的安装。

1. 支座类型

采用预制安装法施工的桥梁,常用支座可根据桥梁跨径选择采用相应的形式:

①装配式空心板梁、T梁和小箱梁多采用普通板式橡胶支座(图2.6-1)(可作为固定铰支座)和聚四氟乙烯滑板支座(图2.6-2)(可作为滑动支座);

②当装配式T梁和装配式小箱梁的跨径较大时,可选择采用盆式橡胶支座(图2.6-3)。

图2.6-1 普通板式橡胶支座

图2.6-2 聚四氟乙烯滑板支座

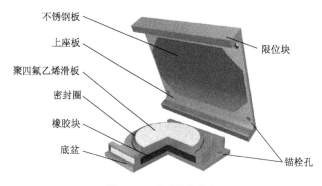

图 2.6-3　盆式橡胶支座

2. 支座安装

支座安装注意事项如下。

①桥梁所用的支座必须进行相应的试验检测,确保支座质量符合规范和设计要求。

②支座安装前应将墩、台上的支承垫石处清理干净,支承垫石的混凝土强度符合设计要求,顶面要求高程准确、表面平整,其相对误差不得超出规范允许值,避免支座发生偏移、不均匀受力和脱空现象。

③支座安装时,应先对支座中心进行定位,然后放样划出支座的纵横轴线及外轮廓线,再将支座安放在支承垫石上,并进行高程测量及调平,确保支座的位置准确及水平。

④盆式橡胶支座安装时,要注意设计图纸中对支座限位装置的布设方向,并将下盆用锚栓固定在支承垫石上。

⑤当墩、台两端高程不同,顺桥向有纵坡时,支座安装方法应按设计规定办理。

⑥为便于调整支座底面高程和确保支座与支承垫石的密贴以保证传力效果,通常在板式橡胶支座下方设置尺寸比支座稍大的下钢板,在支座上方设置上钢板;为确保梁板的伸缩变形,在聚四氟乙烯滑板支座上方与上钢板之间应铺设不锈钢板。

2.7　预制梁的安装

预制梁的安装是预制装配式混凝土桥梁施工中的关键性工序,应结合施工现场条件、工程规模、桥梁跨径、工期条件、架设安装的机械设备条件等具体情况,以安全可靠、经济简单和加快施工速度等原则,合理选择安装方法。

安装前应制订专项施工方案,安装的方法和安装设备应根据构件的结构特点、重力及施工环境条件等综合确定;对安装施工中的各种临时受力结构和安装设备的工况应进行必要的安全验算,所有施工设施均宜进行试运行和荷载试验。

必须注意的是,预制梁的安装既是高空作业,又需用复杂的机具设备,施工中必须确保施工人员的安全,杜绝工程事故。因此,无论采用何种施工方法,施工前均应详细、具体地研究施工方案,对各承力部分的设备、杆件进行受力分析和计算,采取周密的安全措施,严格执行操作规程,加强施工管理和安全教育,确保安全、迅速地进行预制梁安装工作。

2.7.1 陆地安装法

陆地安装法是指将架桥设备安置在桥下的地面、便道和栈桥上对桥梁上部结构的预制梁板进行安装的方法。

1. 自行式起重机安装法

陆地桥梁、城市高架桥梁的预制梁安装常采用自行式起重机安装法,如图2.7-1所示。一般先将梁运到桥位处,采用一台或两台自行式汽车起重机或履带起重机直接将梁板吊起就位,方法便捷。履带起重机的最大起吊能力达3MN。

梁板安放时,必须仔细使梁板就位准确且与支座密贴,就位不准或支座与梁底不密贴时,必须重新吊起,采取措施垫钢板和使支座位置限制在允许偏差内,不得用撬棍移动梁体。

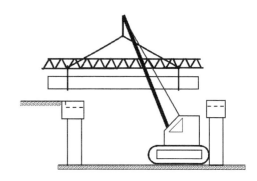

图2.7-1 自行式起重机安装法

2. 跨墩门式起重机安装法

跨墩门式起重机安装法(图2.7-2)适用于岸上、浅水滩及不通航浅水区域安装预制梁。两台跨墩门式起重机分别设于待安装孔的前、后墩位置,预制梁由运梁车顺桥向运至安装孔的一侧,移动跨墩门式起重机上的吊梁平车,对准梁的吊点放下吊架,将梁吊起。当梁底超过桥墩顶面后,停止提升,用卷扬机牵引吊梁平车慢慢横移,使梁对准桥墩上的支座,然后落梁就位,接着准备架设下一根梁。

图2.7-2 跨墩门式起重机安装法

对于水深不超过5m、水流平缓、不通航的中小河流上的小桥孔,也可采用跨墩门式起重机架梁。这时必须在水上桥墩的两侧架设门式起重机轨道便桥,便桥基础可用木桩或钢筋混凝土桩。在水浅流缓而无冲刷的河上,也可用木笼或草袋筑岛来作便桥的基础。便桥的梁可用贝雷片组拼。

3.其他简易设备安装法

对于结构简单,架设难度较小而又无相应吊装设备的情况下,可以采用其他简易设备进行安装作业。

(1)移动支架安装法

移动支架安装法(图2.7-3)是在架设孔的地面上,顺桥位中线的方向铺设轨道,其上设置可移动支架,预制梁的前端搭在支架上,通过移动支架将梁运送到要求的位置后,再用龙门架或人字扒杆吊装;或者在桥墩上设枕木垛,用千斤顶卸下,再将梁横移就位。

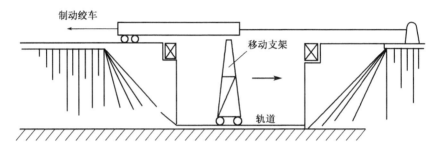

图2.7-3 移动式支架安装法

利用移动支架安装,设备较简单,但不可安装重型预制梁;无动力设备时,可使用手摇卷扬机或绞盘移动支架进行架设。但不宜在桥孔下有水、地基过于松软的情况下使用,一般也不适宜桥墩过高的场合,因为这时为保证架设安全,支架必须高大,因而此种架设方法不够经济。

(2)摆动式支架安装法

摆动式支架安装法(图2.7-4)是将预制梁沿路基牵引到桥台上并稍悬出一段,悬出距离根据梁的截面尺寸配筋确定。从桥孔中心河床上悬出的梁端底下设置人字扒杆或木支架,前方用牵引绞车牵引梁端,此时支架随之摆动而到对岸。

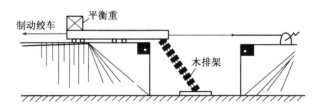

图2.7-4 摆动式支架安装法

(3)扒杆吊装法

扒杆吊装法(图2.7-5)是在桥跨两墩上各设置一套扒杆,预制梁的两端系在扒杆的起吊钢索上,后端设制动索以控制速度,使预制梁平稳地进入安装桥孔就位。此法宜用于起吊高度不大和水平移动范围较小的中、小跨径的桥梁。

图 2.7-5　扒杆吊装法

2.7.2　浮运安装法

浮运安装法(浮式起重机安装法)(图 2.7-6)是将架梁设备安置于水面之上安装桥梁上部结构的方法,用于海上和深水大河上修建桥梁。

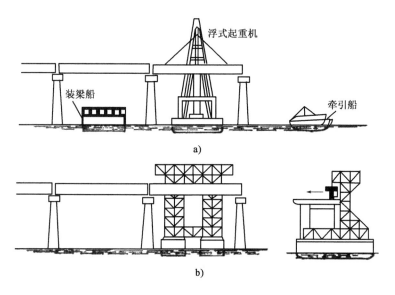

图 2.7-6　浮运安装法

2.7.3　高空安装法

高空安装法是将架梁设备安置于桥墩或已架设好的上部结构上安装桥梁上部结构的方法。

1. 自行式起重机桥上安装法

在预制梁跨径不大,重量较轻且梁能运抵桥头引道上时,可直接用自行式伸臂起重机(汽车起重机或履带起重机)安装,如图2.7-7所示。

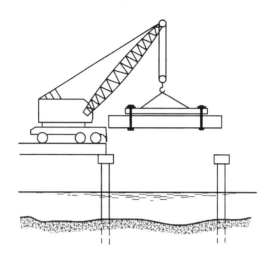

图2.7-7 自行式起重机桥上安装法

2. 架桥机安装法

架桥机可支承在前方桥墩和已架设的桥面上,不需要在岸滩或水中另搭脚手与铺设轨道,因此,它适用于在水深流急的大河上架设水上桥孔。

架桥机根据结构形式的不同,可分为单导梁架桥机[图2.7-8a)]、双导梁架桥机[图2.7-8b)]、门式架桥机[图2.7-8c)]、运架一体式架桥机[图2.7-8d)]等多种形式。

安装预制梁前,应根据桥梁的桥型、梁型、盖梁尺寸进行认真分析,完成临时工程,并按照施工方案进行组织,使安装工作处于有序状态;各项施工辅助设施,应事先设计,完工后经检查验收签证,确认合格后方可使用。

架桥机属大型桥梁安装专用设备,架桥机作业必须分工明确、统一指挥,要设专职指挥员、专职操作员、专职电工和专职安全检查员。要有严格的施工组织及防范措施,确保施工安全。

(1)单导梁架桥机

单导梁架桥机多用于较窄的铁路桥梁的预制T梁。

(2)双导梁架桥机

公路桥梁因横向宽度较大、单片梁板的重量不是很大,多采用双导梁架桥机进行预制梁的安装。

双导梁架桥机前移就位后,架设梁板的主要工序为喂梁、纵移、横移和落梁四个步骤。

①喂梁(图2.7-9)。运梁车倒车将梁板送到双导梁之间,由导梁上的前平车将梁的前点吊起后,运梁车继续倒车,同时前平车向前移动,直至梁的后点到达后平车所在位置,后平车将梁的后点起吊后,喂梁工序结束。

a) 单导梁架桥机

b) 双导梁架桥机

c) 门式架桥机

d) 运架一体式架桥机

图 2.7-8 架桥机

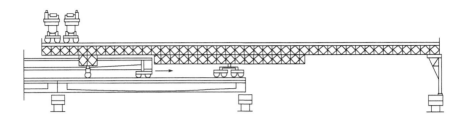

图 2.7-9 喂梁

②纵移(图 2.7-10)。导梁上的前后平车一起向前移动,将待安装梁板纵向移至待安装桥孔。

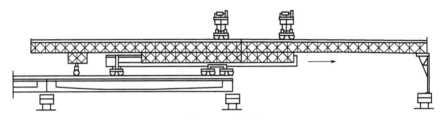

图 2.7-10 纵移

③横移。待安装梁板纵移到指定位置后,即可进行梁板的横移。横移方式根据导梁间距的不同采用不同的方式。架桥机根据导梁主桁架间净距的大小,可分为宽穿巷式(图 2.7-11)和窄穿巷式(图 2.7-12)两种。

图 2.7-11 宽穿巷式架桥机

图 2.7-12 窄穿巷式架桥机

宽穿巷式架桥机的导梁间距较大,可以进行边梁的吊起并利用横梁上方的吊梁平台横移就位后落梁;窄穿巷式架桥机的导梁主桁架净距小于两边梁之间的距离,需利用设在前方桥墩顶面和已安装桥梁上的横向轨道将架桥机整体横移到位后落梁。

④落梁(图 2.7-13)。待安装梁板横移到指定位置后,即可进行落梁。落梁时应控制下降速度,并不断地调整位置,确保落梁后的位置与设计位置的偏差不超过规范或设计要求。当落梁后发现梁板安装误差不满足设计要求时,须将梁板吊起,调整位置后再下落,不得直接在支座上移动梁板。

(3)门式架桥机

门式架桥机多用于一跨整体预制梁的安装,其施工工序主要包括喂梁、纵移和落梁三个阶段。

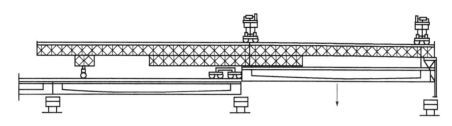

图 2.7-13 落梁

(4)运架一体式架桥机

运架一体式架桥机多用于高铁桥梁一跨整体预制梁的安装,可使用一个设备完成运梁、架梁工作,可减少运梁设备,提升工作效应。

2.8 装配式梁板间横向联系施工

上部结构安装施工结束后,为实现设计意图,需在相邻两梁间设置横向联系,以保证装配式空心板、T梁和小箱梁形成横向整体结构。

预制装配法施工时,梁板间的横向联系可根据构件截面的不同,采用以下形式:

①当上部结构采用装配式空心板、实心板时,板的横向联系可采用企口混凝土铰连接和钢板连接两种类型;

②当上部结构采用装配式T梁和小箱梁时,梁板的翼缘间通常采用湿接缝连接以承受桥面车辆荷载,梁肋间则可根据受力需要设置适当数量的横隔梁来实现多片主梁之间的荷载横向分布。

2.8.1 装配式板的横向联系施工

装配式板多采用板预制时预留的企口铰作为横向联系。在实际工程中,企口铰有小铰缝和大铰缝两种形式。图2.8-1是标准跨径为13m的装配式钢筋混凝土空心板梁的铰缝大样,图2.8-2是相应中板的横截面钢筋布置图;图2.8-3是标准跨径为16m的预应力混凝土空心板梁中板的横截面普通钢筋布置图(小铰缝)。

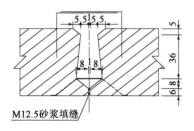

图 2.8-1 13m 空心板梁的铰缝大样(尺寸单位:cm)

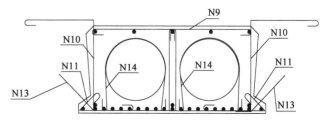

图 2.8-2 13m 空心板梁中板的横截面钢筋布置图

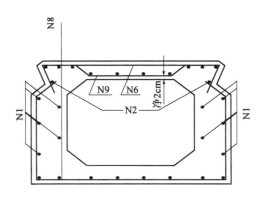

图 2.8-3　16m 预应力混凝土空心板梁中板的横截面普通钢筋布置图

预制板安装完成后,相邻两块板底部紧密接触(通常设计间隙为 1cm),实际施工时如果两板之间的间隙较大,可在缝内塞入麻绳、细竹杆等棍状物形成底模,当两板间的间隙较小时,则可填入砂浆作为底模。

由于大铰缝的两板下缘有预留钢筋(图 2.8-2 中的 N13,此钢筋在预制梁板时紧贴横板上竖起),在浇筑混凝土之前,应将其扳离构件表面,并使之与相邻板的预留钢筋进行连接(可焊接或绑扎),再将梁板顶部的预留钢筋(图 2.8-2 中的 N10)扳平后与相邻构件的预留钢筋进行连接,而小铰缝则仅由梁板顶部的预留钢筋(图 2.8-3 中的 N8)扳平后与相邻构件的预留钢筋进行连接。然后用水将缝内冲洗干净并使其充分湿润后,即可浇筑铰缝内混凝土。

由于铰缝空间较小,混凝土应严格控制集料粒径和拌合物的和易性,浇筑中用人工插捣器捣实。此项混凝土施工一般与桥面铺装混凝土层同时进行。

2.8.2　装配式 T 梁和小箱梁的横向联系施工

装配式 T 梁和小箱梁包括翼缘板间的纵向湿接缝和梁间的横隔梁两种形式。

1. 纵向湿接缝施工

图 2.8-4 为标准跨径 20m 装配式钢筋混凝土简支 T 梁翼缘板钢筋布置图,图 2.8-5 为标准跨径 25m 装配式预应力混凝土小箱梁翼缘板纵向湿接缝钢筋布置图。

装配式 T 梁和小箱梁翼缘板间设置纵向湿接缝的目的主要是减轻预制梁板自重和翼缘板横向的整体性。

纵向湿接缝施工通常在整跨梁板全部安装完毕后进行,其主要工序包括翼缘板侧边接缝处混凝土的凿毛与清洗,翼缘板预留钢筋的调整,湿接缝连接钢筋的布置,底部模板的制作与安装,混凝土浇筑与养生等。

①翼缘板侧边接缝处混凝土的凿毛与清洗:主要是为了确保现浇湿接缝的混凝土与预制梁板混凝土间的黏结,可按施工缝处理方式进行凿毛与清洗。

②翼缘板预留钢筋的调整:由于梁板架设过程中,翼缘板预留钢筋可能因为各种原因产生弯曲、变形等,需要进行调整。

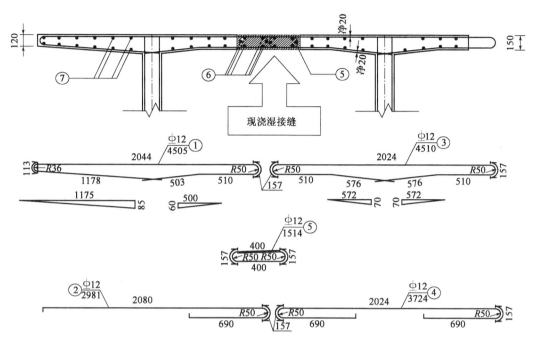

图 2.8-4 20m 钢筋混凝土简支 T 梁翼缘板钢筋布置图(尺寸单位:mm)

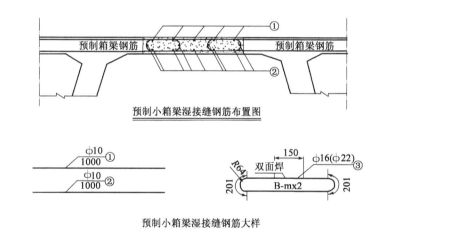

图 2.8-5 25m 预应力混凝土预制小箱梁翼缘板纵向湿接缝钢筋布置图(尺寸单位:mm)

③湿接缝连接钢筋的布置:将加工好的湿接缝连接钢筋按施工图纸的要求进行布置,并与预留钢筋进行连接,如图 2.8-6a)所示。

④底部模板的制作与安装:湿接缝底面模板通常采用木模,并采用在梁板顶面的横向钢筋和与模板连接的挂钩将其悬挂起来,挂钩穿过待浇筑混凝土处应设置直径相当的 PVC 管防止挂钩与混凝土的粘连。通过在横向钢筋两端打入楔形木块的方法将模板紧贴在翼缘板底面,如图 2.8-6a)所示。

⑤混凝土浇筑与养生：按设计要求，进行混凝土浇筑[图2.8-6b)]与养生。其要求与梁板浇筑时基本相同。待强度达到设计要求后，即可拆模。

a)湿接缝连接钢筋和模板悬挂系统　　　　　　　b)混凝土浇筑

图2.8-6　纵向湿接缝施工

2. 横隔梁施工

有些T梁和小箱梁，除了翼缘板之间的纵向湿接缝之外，设计时还会设置端横隔梁和若干中横隔梁，如图2.8-7所示。在翼缘板纵向湿接缝浇筑时，应同时进行横隔梁湿接缝浇筑。

图2.8-7　横隔梁

施工时，必须按规范和设计的相关要求进行，以保证工程质量。

2.9 桥面系施工

2.9.1 铺装层施工

1. 水泥混凝土桥面铺装

水泥混凝土桥面铺装直接承受车辆轮压的作用,既是保护层,又是受力层,因此必须有足够的强度和良好的整体性,以及抗冲击与耐疲劳的特性,同时还应具有防水性及对温度的适应性。

水泥混凝土桥面铺装的厚度不宜小于80mm,对于高速公路和一级公路的桥面铺装层还应适当增加厚度,有条件时,可采用钢纤维混凝土或钢筋混凝土。水泥混凝土桥面铺装有两种铺设方法:一种是全桥面铺装防水混凝土,其厚度一般为6~8cm;另一种是在桥面铺装上再设置7cm厚的防水混凝土。防水混凝土铺筑完成后,须及时覆盖和养护,并在混凝土达到设计强度后才能通车。

施工除了混凝土工作的基本要求,在浇筑桥面水泥混凝土前还应使预制桥面板表面粗糙,并清洗干净,按设计要求铺设纵向接缝钢筋网或桥面钢筋网(图2.9-1),然后浇筑,其做面应采取防滑措施,做面宜分两次进行,第二次抹平后,沿横坡方向拉毛或采用机具压槽,拉毛和压槽深度应为1~2mm。

图2.9-1 桥面钢筋网

2. 沥青混凝土桥面铺装

沥青混凝土桥面铺装宜由黏层、防水层、保护层及沥青面层组成。采用沥青混凝土铺筑时,为防止沥青混凝土中的粗骨料损坏防水层,宜在防水层上先铺一层沥青砂作保护层。沥青混凝土铺装的典型结构如下。

①单层式:50mm中粒式沥青混凝土。

②双层式:上面层30mm(40mm)细粒式或中粒式沥青混凝土;下面层40mm(50mm、60mm、70mm)中粒式沥青混凝土。

③三层式:上面层30mm(40mm)细粒式或中粒式沥青混凝土;中面层40mm(50mm)中粒式沥青混凝土;下面层50mm(60mm、70mm)粗粒式沥青碎石。

高速公路、一级公路上桥梁的沥青混凝土桥面铺装宜采用性能较好的改性沥青混凝土。沥青混合料的级配类型宜与相邻桥头引道上沥青表面的混合料的级配相同,以便与桥头部分连续施工。

在施工前应对桥面进行检查,桥面应平整、粗糙、干燥、整洁。桥面横坡应符合要求,铺筑前应洒布黏层沥青,石油沥青洒布量为0.3~0.5L/m^2。

2.9.2 护栏施工

按设计要求,在预留的钢筋上将护栏的钢筋布置完好,如图2.9-2所示。安装好模板后,即可进行护栏混凝土浇筑,如图 2.9-3 所示。

图 2.9-2 护栏钢筋布置

图 2.9-3 护栏混凝土浇筑

2.9.3 伸缩装置施工

伸缩装置根据实际使用需要,分对接式(异形钢式)[图 2.9-4a)]、梳齿板式(钢制支承式)[图 2.9-4b)]、橡胶组合剪切式[图 2.9-4c)]、模数支承式[图 2.9-4d)]、无缝式五大类。

a)异形钢式

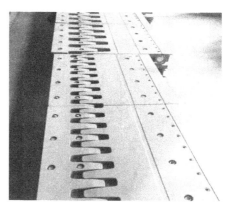

b)梳齿板式

c)橡胶组合剪切式

d)模数支承式

图 2.9-4 第 1~4 类伸缩装置

伸缩装置的规格、性能应符合设计要求,并应符合现行《公路桥梁伸缩装置》(JT/T 327)的规定。

1. 第1~4类伸缩装置安装施工

第1~4类伸缩装置的结构示意图如图2.9-5所示,其施工工艺流程如图2.9-6所示。

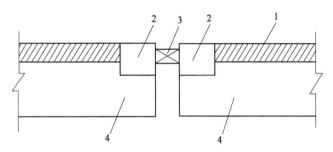

图2.9-5　第1~4类伸缩装置的结构示意图
1-桥面铺装;2-伸缩装置的锚固系统;3-伸缩装置的伸缩体;4-梁(板)体

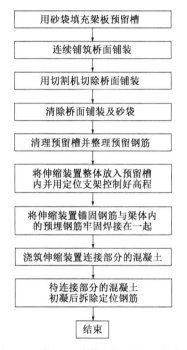

图2.9-6　第1~4类伸缩装置施工工艺流程

伸缩装置宜在桥面铺装完成后,采取反开槽的方式进行安装;当采取先安装再铺装桥面的方式时,应采取有效措施对安装好的伸缩装置进行妥善保护。

采取反开槽的方式安装伸缩装置时,预留槽口的尺寸应符合设计规定,锚固钢筋的位置应准确。伸缩装置安装前应将预留槽口清理干净。

伸缩装置安装前,应按照现场的实际气温调整其定位值。安装固定后,两侧过渡段的混凝土宜在接缝伸缩开放状态下进行浇筑,浇筑时应采取措施防止已定位固定的构件移位,并应在浇筑后及时养护,养护时间应不少于7d。

梳齿板式伸缩装置安装时,应采取措施防止产生梳齿不平、扭曲和变形等现象,并应对梳齿间隙的偏差进行控制。在气温最高时,梳齿的横向间隙应不大于5mm,齿板的间隙应不小于15mm。

2. 第5类伸缩装置施工

第5类伸缩(无缝式)装置的结构示意图如图2.9-7所示,其施工工艺流程如图2.9-8所示。

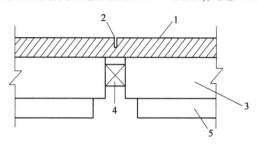

图2.9-7　第5类伸缩装置的结构示意图
1-桥面铺装;2-锯缝;3-桥面整体化混凝土;4-伸缩体;5-梁(板)体

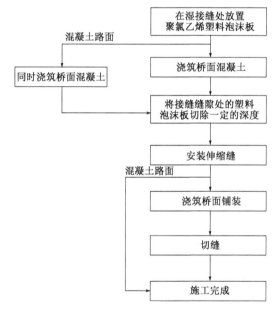

图2.9-8　第5类伸缩装置施工工艺流程

1. 梁板预制过程中的模板、钢筋、混凝土等工作的注意事项有哪些?
2. 先张法预应力混凝土构件的施工工艺流程和主要工作是什么?
3. 后张法预应力混凝土构件的施工工艺流程和主要工作是什么?
4. 预制构件出坑、存放和运输的注意事项有哪些?
5. 预制构件安装方法及适用情况是什么?

模块 3
梁式桥上部结构就地浇筑法施工

 内容概要

本模块介绍梁式桥上部结构就地浇筑法的施工工艺和施工内容等,主要包括就地浇筑法专项施工方案,地基处理,支架的形式选择、设计计算、搭设、预压与检验,模板安装、钢筋骨架制作和预应力孔道布置,混凝土浇筑,预应力工程和支架的卸落、拆除等。

 学习目标

能按照专项施工方案要求参与或组织梁式桥上部结构就地浇筑法施工工作。

 重点学习任务

【1】熟悉就地浇筑法专项施工方案;
【2】熟悉连续梁桥上部结构就地浇筑法施工的工艺流程;
【3】掌握梁式桥上部结构就地浇筑法施工的方法和现场施工管理要点。

 主要活动设计

【1】阅读就地浇筑法专项施工方案;
【2】观看就地浇筑法施工相关视频和图片资料;
【3】参观就地浇筑法施工现场。

就地浇筑法施工是一种古老的施工方法,它是在桥孔位置搭设支架,并在支架上安装模板,绑扎及安装钢筋骨架,预留孔道,并在现场浇筑混凝土与施加预应力的施工方法。由于施工需用大量的模板支架,以前一般仅在小跨径桥或交通不便的边远地区采用。随着桥跨结构形式的发展,出现了一些变宽的异形桥、弯桥等复杂的混凝土结构,加之近年来临时钢构件和万能杆件系统的大量应用,在其他施工方法都比较困难时,或经过比较,施工方便、费用较低时,也常在中、大跨径桥梁中采用就地浇筑法施工。

就地浇筑法施工的特点:
①桥梁的整体性好,施工平稳、可靠,不需大型起重设备;
②施工中无体系转换;

③预应力混凝土连续梁桥可以采用强大预应力体系,使结构构造简化,方便施工;

④需要使用大量施工支架,跨河桥梁搭设支架影响河道的通航与排洪,施工期间支架可能受到洪水和漂浮物的威胁;

⑤施工工期长、费用高,需要有较大的施工场地,施工管理复杂。

就地浇筑法施工可按图 3.0-1 所示施工工艺流程组织现场各项施工内容。

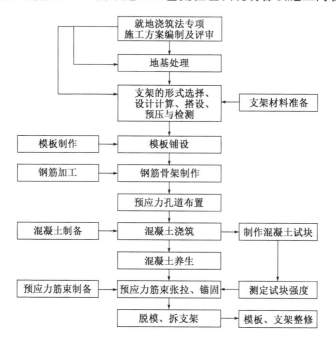

图 3.0-1 就地浇筑法施工工艺流程

3.1 就地浇筑法专项施工方案

就地浇筑法
专项施工方案

在桥梁施工准备阶段,除了编制实施性施工组织设计之外,当项目内有桥梁采用就地浇筑法施工时,必须根据相关规定要求编制就地浇筑法专项施工方案。

就地浇筑法专项施工方案中,应根据桥梁规模、现场条件等要素,选定合理的支架形式,并根据施工阶段的计算荷载,验算支架各组成构件的内力、变形、稳定性和地基承载力等,并制订一系列施工安全和工程顺利进行的技术手段和管理方法。

3.2 地基处理

应用就地浇筑法进行上部结构施工时,必须对搭设支架范围内的地基进行硬化处理,确保地基有足够的承载力承受上部结构施工时的所有荷载作用且不产生不均匀沉降。

当采用梁(柱)式支架时,各支点的基础应设在可靠的地基上,当地基沉降过大或承载力不能满足要求时,宜设置桩基或采取其他有效措施进行处理。

当采用满布式支架时,地基应平整并有防排水措施;满布式支架位于坡地上时,宜将地基的坡面挖成台阶;在软弱地基上设置满布式支架时,应采取措施对地基进行加固处理,使其承载力满足施工要求。

满布式支架地基处理可按以下三步进行。

1. 清表

清除桥跨间搭设支架范围内的表层松散土。

2. 基层铺筑

对清表后的地基进行整平、压实后,即可进行基层铺筑。基层铺筑通常采用碎石层,厚度可根据专项方案要求确认。

3. 面层浇筑

浇筑面层混凝土。

3.3 支架的形式选择、设计计算、搭设、预压与检测

3.3.1 支架的形式选择

根据现场施工条件及桥下通行要求,就地浇筑法施工所用的支架可以选择满布式支架[图3.3-1a)]、梁(柱)式支架[图3.3-1b)]等形式。

梁式桥梁(板)的现场浇筑可采用满布式支架或梁(柱)式支架。现浇支架除应满足本书2.2.2小节的规定外,尚应符合下列规定。

①支架应稳定、牢固;对弯、坡、斜桥,其支架的设置应适应梁体相应几何线形的变化,且应采取有效措施保证支架的稳定性。

②对梁式桥现浇支架,应根据支架的类型和结构形式、地基的沉降量和承载能力,以及荷载大小等因素,按规范相关规定确定是否采取预压措施。

③梁式桥跨越需要维持正常通行(航)的道路(水域)时,对其现浇支架应采取防碰撞的安全措施,并应设置必要的交通导流标志,保证施工安全和交通安全。

a)满布式支架

b)梁(柱)式支架

图 3.3-1　常用支架

1. 满布式支架

满布式支架常用于陆地或不通航的河道,或桥墩不高、桥位处水位不深的桥梁,可根据支架所需跨径的大小等条件,采用排架式、人字撑式或八字撑式,支架材料可选择竹、木、型钢、钢管等材料。

现阶段满布式支架多采用盘扣式钢管支架,如图3.3-2所示。盘扣式钢管支架主要由底座、带盘扣的竖向钢管(立杆)、横杆、斜杆和顶托组成。竖向钢管底部设带有钢垫板的可调底座,竖向钢管以插入式进行接长,各竖向钢管均设有盘扣,用以设置横杆、斜杆,顶部设顶托,可通过调节顶托的高度进行模板高程的调整和脱模。

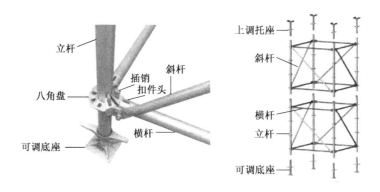

图 3.3-2　盘扣式钢管支架

2. 梁(柱)式支架

梁(柱)式支架多用于桥下有通车、通航或泄洪等需求或桥墩高度较高的桥梁上部结构施工。

梁(柱)式支架可采用以贝雷片拼装而成的桁架架设在桥墩或桥墩边的支架上,可通过设置于支架顶部的卸架装置(木楔、砂筒等)进行整体卸架。支架可设置在墩台上的预埋件或承台上方。

为减小梁(柱)式支架中贝雷桁架的跨径和受力,可根据实际情况,在墩间设置多个以钢管、万能杆件等材料制作的竖向支架。墩间的竖向支架下方的地基必须经过处理,必要时可设置扩大基础或桩基础等形式以确保承载能力和减小支架的沉降。

3.3.2 支架的设计计算

支架形式确定后,即可进行支架的设计与计算。

1. 确定荷载

支架设计时,首先应确定支架上的设计荷载。设计荷载及组合可参考本书 2.2.2 小节和表 2.2-2。

2. 选择材料

支架设计时,应根据选定的支架形式,选择标准化、系列化和通用化的钢构件,小型桥梁或局部构件可适当选用木支架。

3. 计算参数

应对选定支架构件按适当的方式进行组装后的支架进行计算,确保支架下方地基承载力、支架构件的强度、刚度和稳定等满足施工要求,并绘制支架设计图、编制支架拱设计方案供施工用。

3.3.3 支架的搭设

支架应按专项施工方案的设计图纸及相关要求进行搭设和安装。

1. 盘扣式支架搭设

首先,在已经过硬化处理后的地基表面,按规定的纵横间隔要求放样,确定竖杆的位置;逐个安放可调底座和第一节竖向钢管,安装第一层横杆(俗称扫地杆),并调节底座,使所有第一层横杆处于同一个平面上。然后,接长竖向钢管,安装第二层横杆和一二层之间的斜杆;第二层横杆全部安装完成后,即可安装以后各层的长竖向钢管、横杆和斜杆,直至达到设计要求的高度。最后,安装顶部横杆和可调顶托。图 3.3-3 为盘扣式支架搭设现场。

图 3.3-3 盘扣式支架搭设现场

2. 梁(柱)式支架搭设

梁(柱)式支架通常是利用安置于桥墩台的承台的立柱或固定在墩台上的预埋件架设桁架梁。当桥梁跨径较大时,也可在墩间设置多个以钢管、万能杆件等材料制件的竖向支架。图3.3-4为梁(柱)式支架搭设现场。

图3.3-4 梁(柱)式支架搭设现场

利用起重机将组拼好的单片或多片桁架安装到已设置好的立柱顶或预埋件上的卸架设备上,用横向联结件将多片桁架进行联结,并在桁架上铺设钢横梁作为分配梁。分配梁上可安装底模和翼缘板模板支架。

支架搭设过程中的注意事项:立柱应竖直,节点连接应可靠;高支架应设置足够的斜向连接、扣件或缆风绳,横向稳定应有保证措施;支架在安装完成后,应对其平面位置、顶部高程、节点连接及纵、横向稳定性进行全面检查,符合要求后,方可进行下一工序。

支架应结合模板的安装一并考虑设置预拱度和卸落装置,并应符合下列规定。

①设置的预拱度应包括结构本身需要的预拱度和施工需要的预拱度两部分。

②施工预拱度应考虑下列因素:模板、支架承受施工荷载引起的弹性变形;受载后由于杆件接头的挤压和卸落装置压缩而产生的非弹性变形;支架地基在受载后的沉降变形。

③专用支架应按要求进行模板的卸落;自行设计的普通支架应在适当部位设置相应的木楔、木马、砂筒或千斤顶等卸落模板的装置,并应根据结构形式、承受的荷载大小确定卸落量。

3.3.4 支架的预压与检测

支架宜根据其结构形式、所用材料和地基情况的不同,在施工前确定是否对其进行预压,并应符合下列规定。

①对位于刚性地基上的刚度较大且非弹性变形可确定控制在一定范围内的支架,在经计算并通过一定审核程序,确认其满足强度、刚度和稳定性等要求的前提下,可不预压;但在施工过程中应对支架的材料和安装施工质量采取严格的管控措施。

②对位于软土地基或软硬不均地基上的支架,宜通过预压的方式,消除地基的不均匀沉降和支架的非弹性变形。

③对支架进行预压时,预压荷载宜为支架所承受荷载的1.05~1.10倍,预压荷载的分布宜模拟需承受的结构荷载及施工荷载。预压时,可采用砂袋预压[图3.3-5a)]或水袋预压

[图3.3-5b)]等方法进行分级施压。

a)砂袋预压

b)水袋预压

图3.3-5 支架预压

④对采用定型钢管脚手架作为承重杆件的满布式支架进行预压时,可按现行《钢管满堂支架预压技术规程》(JGJ/T 194)的规定执行。

支架预压过程中应观察支架的现场状况,测量支架在分级预压荷载作用下的沉降值,必要时可对支架构件进行应力检测。每级预压荷载施加完成,待沉降稳定后,记录支架沉降值,这样分级预压测量至最大预压荷载后,即可实施卸载,最后测量卸载后支架的沉降回复值。支架沉降回复值也就是支架和地基的弹性变形,未回复部分为支架和地基的非弹性变形。

根据支架的弹性变形值,即可按照结构底面的线形和高程通过顶托调整支架高度的方式来设置预拱度。

3.4 模板安装、钢筋骨架制作、预应力孔道布置

支架预压结束后,根据预压结果调整预拱度后,即可安装模板;并根据施工图纸要求,在模板上拼装制作钢筋骨架;预应力孔道按施工图纸要求进行布置和固定;如图3.4-1所示。

图3.4-1 模板安装、钢筋骨架制作、预应力孔道布置

3.5 混凝土浇筑

梁式桥现浇施工时,梁体混凝土在顺桥向宜从低处向高处进行浇筑,在横桥向宜对称进行浇筑。混凝土浇筑过程中,应对支架的变形、位移、节点和卸架设备的压缩及支架地基的沉降等进行监测,如发现超过预警值的变形、变位,应及时采取措施予以处理。

3.6 预应力工程

构件混凝土浇筑完成,养护时间达到规定要求后,即可进行穿筋作业(此项工作也可在预应力孔道布置时进行),并按施工图设计文件的规定要求进行预应力筋的张拉、锚固、压浆与封锚工作(可参照后张法梁预应力工作)。

3.7 支架的卸落、拆除

支架的拆除期限和拆除程序等应根据结构物特点、模板部位和混凝土所应达到的强度要求确定,并应严格按其相应的施工图纸设计的要求进行。

钢筋混凝土结构的支架,应在混凝土强度能承受其自重荷载及其他可能的叠加荷载时,方可拆除。对预应力混凝土结构支架应在结构建立预应力后方可拆除。

支架拆除前,应先进行模板的卸落,通过调节支架上的顶托或其他卸落设置,在横向同时、在纵向对称均衡卸落,待全部底模脱落构件表面后即可拆除支架。支架的拆除应遵循后支先拆、先支后拆的原则顺序进行。支架拆除时,不得损伤混凝土结构。

1. 就地浇筑法的专项施工方案是什么?
2. 就地浇筑法的施工工艺流程是什么?
3. 就地浇筑法中支架工作的注意事项有哪些?
4. 就地浇筑法中混凝土浇筑的注意事项有哪些?

梁式桥上部结构悬臂法施工

内容概要

本模块介绍梁式桥上部结构悬臂法施工,主要包括悬臂浇筑法施工和悬臂拼装法施工。

学习目标

【1】能按照悬臂浇筑法专项施工方案的要求参与或组织 0 号块支架搭设与检测,0 号块施工,墩梁临时固结设施安装,挂篮组装、移动和拆除工作,悬臂段浇筑,合龙段浇筑等工作;

【2】能描述悬臂拼装法施工的工艺流程和施工要点。

重点学习任务

【1】熟悉悬臂浇筑法的专项施工方案;
【2】掌握悬臂浇筑法施工的工艺流程;
【3】掌握悬臂浇筑法施工各关键工作的施工方法和要点;
【4】了解梁式桥上部结构悬臂拼装法施工的工艺流程和施工要点。

主要活动设计

【1】阅读悬臂浇筑法施工的专项施工方案;
【2】观看悬臂浇筑法施工的模拟视频和图片资料;
【3】参观悬臂浇筑法施工的工地现场。

悬臂法施工建造预应力混凝土梁桥时,不需要在河中搭设支架,而直接从已建墩台顶部逐段向跨径方向延伸施工,每延伸一段就施加预应力使其与已建部分联结成整体,如图 4.0-1 所示。如果将悬伸的梁体与墩柱体做成刚性固结,这样构成了能最大限度发挥悬臂施工优越性的预应力混凝土 T 形刚架桥。鉴于悬臂施工时梁体的受力状态,与桥梁建成后使用荷载下的受力状态基本一致,即施工中所施加的预应力,也是使用荷载下所需预应力的一部分,这就既节省了施工中的额外耗费,又简化了工序,使得这类桥型在设计与施工上达到完满的协调和统一。

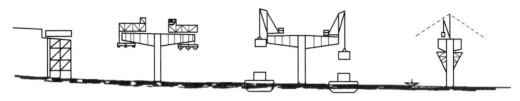

图 4.0-1 悬臂法施工

用悬臂法施工来建造悬臂梁桥,要比建造 T 形刚架桥复杂一些。因为在施工中需要采取临时措施使梁体与墩柱保持固结,而待梁体自身达到稳定状态时,又要恢复梁体与墩柱的铰接性质,对此尚需调整所施加的预应力以适应这种体系的转换。

鉴于悬臂法施工不受桥高、河深等影响,适应性强,目前不仅用于悬臂体系桥梁的施工,而且广泛应用于大跨径预应力混凝土连续梁桥、连续刚架桥、混凝土斜拉桥及钢筋混凝土拱桥的施工。

按照梁体的制作方式,悬臂法施工又可分为悬臂浇筑法施工和悬臂拼装法施工两类。

4.1 悬臂浇筑法施工

悬臂浇筑法(Cast-in-Place Cantilever Method)施工系利用悬吊式的活动脚手架(Movable Suspended Scaffolding,或称挂篮)在墩柱两侧对称平衡地浇筑梁段混凝土(每段长 2~5m),每浇筑完一对梁段,待达到规定强度后就张拉预应力筋并锚固,然后向前移动挂篮,进行一下梁段的施工,直到悬臂端为止。

悬臂浇筑法施工的主要优点:不需要占地很大的预制场地;逐段浇筑,易于调整和控制梁段的位置,且整体性好;不需要大型机械设备;主要作业在设有顶棚、养生设备等的挂篮内进行,可以做到施工不受气候条件影响;不需搭设支架,便于水上施工;各段施工属严密的重复作业,需要施工人员少,技术熟练快,工作效率高等。主要缺点:梁体部分不能与墩柱平行施工,施工周期较长,而且悬臂浇筑的混凝土加载龄期短,混凝土收缩和徐变影响较大。

最常采用悬臂浇筑法施工的桥梁跨径为 50~120m。

悬臂浇筑一般采用由快凝水泥配制的 C40~C60 混凝土。在自然条件下,浇筑后 30~36h 混凝土强度就可达到 30MPa 左右(接近标准强度的 75%),这样可以加快挂篮的移位。目前每段施工周期为 7~10d,视工作量、设备、气温等条件而异。

针对连续梁桥悬臂浇筑法施工,施工单位必须根据规定要求,编制专项施工方案,并对施工中应用的临时结构(0 号块支架、挂篮结构、墩梁临时固结、现浇段施工支架等)和施工过程中结构的稳定性等进行设计与验算。

悬臂浇筑法专项施工方案

悬臂浇筑法施工动画

4.1.1 悬臂浇筑法施工工艺流程

悬臂浇筑法的施工顺序为：0号块施工→墩梁临时固结→悬臂浇筑（挂篮安装、预压、悬臂段浇筑）→合龙段施工→成桥。其工艺流程如图4.1-1所示。

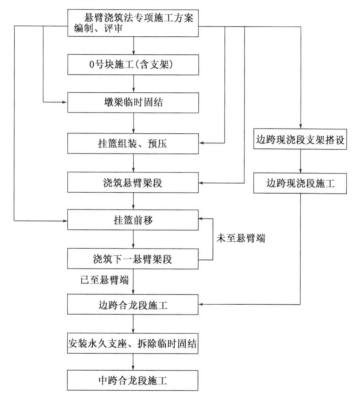

图4.1-1 悬臂浇筑法施工工艺流程

4.1.2 0号块施工

0号块施工可根据评审确认后的悬臂浇筑法专项施工方案中制订的分项工程施工工艺流程进行施工。0号块的施工工艺流程如图4.1-2所示。

1. 0号块支架的搭设与预压

按专项施工方案中0号块支架的设计方案进行支架的搭设，底模和侧模的安装，再按专项施工方案规定的形式和程序对支架进行预压和检测。

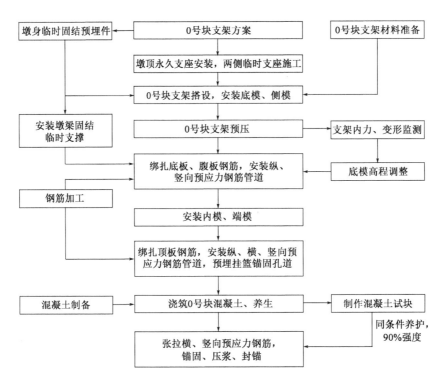

图 4.1-2 0 号块的施工工艺流程

2. 完成 0 号块施工

根据支架预压检测结果,调整底模高程后,即可按 0 号块施工工艺流程,完成模板安装、钢筋骨架制作、孔道预留、混凝土浇筑和预应力工作。

4.1.3 墩梁临时固结

0 号块浇筑完成后,为了承受悬臂施工过程中可能出现的不平衡力矩,就需要采取措施使墩顶的 0 号块与桥墩临时固结起来。常见的墩梁临时固结措施有以下四种。

(1)墩顶临时支座配预应力筋

图 4.1-3 为我国天津狮子林桥(跨度为 24m + 45m + 24m 的三孔悬臂梁桥)0 号块与桥墩的临时固结构造。在浇筑 0 号块之前,在墩顶靠两侧先浇筑 C50 的混凝土楔形垫块,待 0 号块达到设计强度的 75% 以上时,在桥墩两侧各用 10 根 φ32mm 预应力筋从节段顶部张拉固定。这样就使拼装过程中出现的不平衡力矩完全由临时的混凝土垫块和预应力筋共同承受。张拉力的大小以悬拼时梁墩间不出现拉应力为度(每根钢筋的张拉力为 210kN)。待全部节段拼装完毕后,即可拆卸临时固结措施,使悬臂梁的永久支架发生作用,这样就使施工过程中的 T 形刚架受力图式转化为悬臂梁的受力图式。这种体系转换是施工中的重要环节,在拟定预应力筋张拉顺序时必须满足各阶段内力变化的需要,应该通过计算事先加以确定。

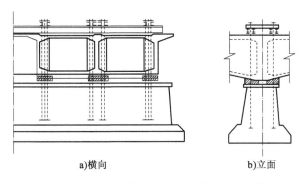

图 4.1-3 天津狮子林桥 0 号块与桥墩的临时固结构造

(2)墩旁支架

墩旁支架[图 4.1-4a)]：当桥不高，水又不深而易于搭设临时支架时的支架式固结措施。在此情况下，拼装中的不平衡力矩完全靠梁段的自重来保持稳定。

(3)墩旁立柱

墩旁立柱[图 4.1-4b)]：利用临时立柱和预应力筋来锚固上下部结构的构造。预应力筋的下端埋固在基础承台内，上端在箱梁底板上张拉并锚固，借以使立柱在施工过程中始终受压，以维持稳定。

(4)墩顶托架

墩顶托架[图 4.1-4c)]：桥高水深的情况下，也可在围建于墩身上部的三角形撑架上施作梁段的临时支承，并可使用砂筒作为悬臂拼装完毕后转换体系的卸架设备。

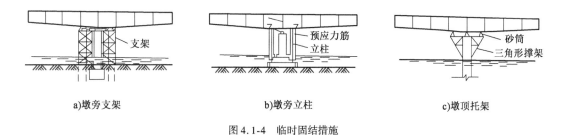

a)墩旁支架　　　　　　b)墩旁立柱　　　　　　c)墩顶托架

图 4.1-4 临时固结措施

4.1.4 悬臂浇筑

悬臂浇筑的主要工作内容：在 0 号块上拼装挂篮，并对挂篮进行预压检查，调整预拱度，随后可进行 1 号块的各项施工(模板、钢筋、混凝土、预应力等)；1 号块施工完成后，挂篮前移，按上述步骤依次对称进行下一箱梁节段浇筑施工，直到需悬臂浇筑的梁段全部完成。

利用挂篮进行 1 号块施工的工艺流程如图 4.1-5 所示。

1. 挂篮

图 4.1-6 为挂篮结构简图，它由承重结构、行走系统、锚固系统、悬吊系统、底模架和工作平台等部分组成。挂篮的承重结构可用万能杆件或贝雷钢架拼成，或采取专门设计的结构，它除了要能承受梁段自重和施工荷载，还要求自重轻、刚度大、变形小、稳定性好、行走方便等。

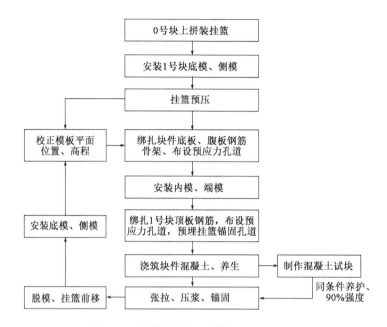

图 4.1-5　利用挂篮进行 1 号块施工的工艺流程

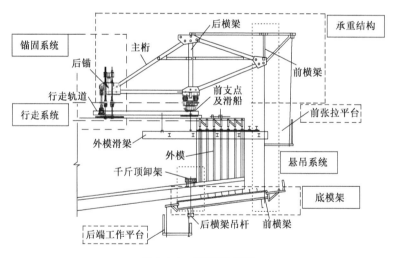

图 4.1-6　挂篮结构简图

图 4.1-7 为我国重庆长江大桥施工中采用的斜拉式挂篮结构简图,其承重结构由箱形截面钢梁和钢带拉杆组成,行走系统采用聚四氟乙烯滑板。这种挂篮结构的用钢量比万能杆件节省了 1/3,使用也方便,取得了良好的效果。

2. 1 号块施工步骤

在 0 号块上拼装 1 号块挂篮→挂篮预压(第一次使用)→观测、卸载→调整预拱度→底板及腹板钢筋加工、安装→底板及腹板预应力管道铺设→芯模安装→顶板钢筋加工、安装→顶板预应力管道安装→对称浇筑 1 号块混凝土、养护→张拉本节段的纵向、横向钢束及上一节段的竖向精轧螺纹钢筋、封锚、压浆。挂篮前移,按上述第二步依次对称施工箱梁节段,直至合龙段。

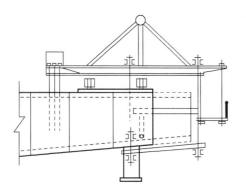 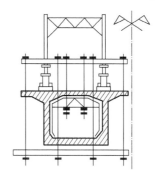

图 4.1-7　斜拉式挂篮结构简图

4.1.5　合龙段施工

合龙段施工分边跨合龙段施工和中跨合龙段施工两部分。

1. 边跨合龙段施工的内容与顺序

安装边跨合龙段吊模→安装合龙段劲性骨架→立模、绑扎钢筋、安装预应力管道及芯模→浇筑边跨合龙段混凝土、养护→张拉合龙段纵向、横向、竖向预应力→压浆→拆除边跨直线段及合龙段施工支架→边跨箱梁落架。

2. 中跨合龙段施工的内容与顺序

安装中跨合龙段吊模→安装合龙段劲性骨架→立模、绑扎钢筋、安装预应力管道及芯模→浇筑中跨合龙段混凝土、养护→张拉合龙段纵向、横向、竖向预应力→压浆→拆除中跨合龙段施工支架。

4.1.6　成桥

边跨、中跨合龙段浇筑完成达到规定强度后,即可进行以下步骤:拆除主墩固结、临时支架→落梁→浇筑背墙混凝土→拆除全桥的施工荷载→桥面及栏杆施工、安装附属设施→全面成桥。

4.2　悬臂拼装法施工

悬臂拼装法(Balance Cantilever Erection Method)施工是在工厂或桥位附近将梁体沿轴线划分成适当长度的节段进行预制,然后用船或平车从水上或从已建成部分桥上运至架设地点,并用活动起重机等起吊后向墩柱两侧对称均衡地拼装就位,张拉预应力筋,重复这些工序直至拼装完悬臂梁全部节段,最后合龙成桥。

悬臂拼装法可用于变截面连续梁桥、等截面连续梁桥、大跨度拱桥、斜拉桥等多种桥梁形式的施工。

悬臂拼装法施工的主要优点:梁体节段的预制和下部结构的施工可同时进行,拼装成桥的速度较现浇的快,可显著缩短工期;节段在预制场内集中制作,质量较易保证;梁体塑性变形小,可减少预应力损失,施工不受气候影响等。主要缺点:需要占地较大的预制场地;为了移运和安装需要大型机械设备;如不用湿接缝,则节段安装的位置不易调整等。

悬臂拼装法施工的主要工作内容包括节段预制和悬臂拼装两部分。

4.2.1 节段预制

预制节段的长度取决于运输、吊装设备的能力,实践中已采用的节段长度为 1.4~6.0m,节段重量为 140~1700kN。但从桥跨结构和安装设备统一来考虑,节段的最佳尺寸应使重量在 350~600kN 范围内。

预制节段要求尺寸准确,特别是拼装接缝要密贴,预留孔道的对接要顺畅。为此,通常采用间隔浇筑法来预制节段,使得先完成节段的端面成为浇筑相邻节段时的端模,如图 4.2-1 所示(图中数字表示浇筑次序)。在浇筑相邻节段之前,应在先浇节段端面上涂刷隔离剂,以便分离出坑。在预制好的节段上应精确测量各节段相对高程,在接缝处作出对准标志,以便拼装时易于控制节段位置,保证接缝密贴,外形准确。

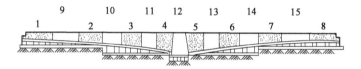

图 4.2-1 间隔浇筑法

现阶段悬臂拼装法的节段预制也可采用长线法和短线法。具体情况可参照本书 5.3 节。

4.2.2 悬臂拼装

预制节段的悬臂拼装可根据现场布置和设备条件采用不同的方法来实现。当靠岸边的桥跨不高且可在陆地或便桥上施工时,可采用自行式起重机、门式起重机来拼装。对于河中桥孔,也可采用水上浮式起重机进行安装。如果桥墩很高或水流湍急而不便在陆上或水上施工时,就可利用各种起重机进行高空悬臂拼装。

图 4.2-2a)表示用沿轨道移动的伸臂起重机进行悬臂拼装,预制节段用船运至桥下。国外用此法曾拼装了长 6m、重 1700kN 的箱形节段。

图 4.2-2b)表示用拼拆式活动起重机进行悬臂拼装。起重机的承重结构与悬臂浇筑法中挂篮的相仿,不过在起重机就位固定后,起重平车沿承重梁顶面的轨道纵向移动,以便拼装时调整位置。

图 4.2-2c)表示用缆索起重机进行悬臂拼装,此法适用于起重机跨度不太大,节段重量也较轻的场合。

在无法用浮运设备运送节段至桥下而需要从桥的一岸出发修建多孔大跨径预应力混凝土桥梁时,还可以采用特制的自行式的悬臂——闸门式起重机进行悬臂拼装施工。图 4.2-3 为这种起重机在施工过程中的两种主要位置。

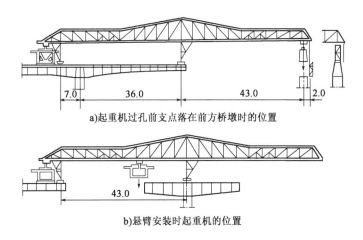

a) 伸臂起重机悬臂拼装

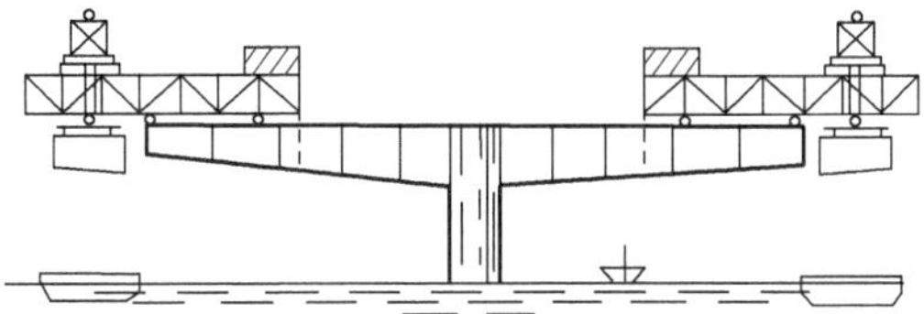

b) 拼拆式活动起重机悬臂拼装

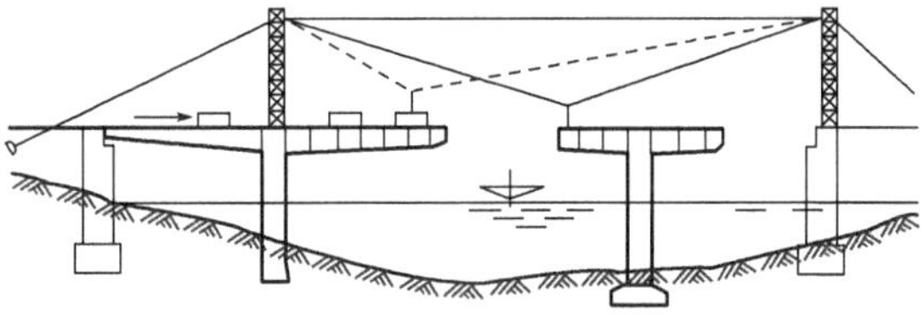

c) 缆索起重机悬臂拼装

图 4.2-2　高空悬臂拼装

a) 起重机过孔前支点落在前方桥墩时的位置

b) 悬臂安装时起重机的位置

图 4.2-3　闸门式起重机在施工过程中的两种主要位置（尺寸单位：m）

悬臂拼装时，预制节段间的接缝分湿接缝、干接缝和胶接缝等几种形式（图4.2-4）。

1. 湿接缝

需要将伸出钢筋焊接后灌混凝土的湿接缝[图4.2-4a)]，通常仅用于拼装与墩柱连接的第一对节段、合龙段节段和支架上拼装的岸边孔桥跨结构。湿接缝的施工费时，但它能有利于调整节段的拼装位置和增强接头的整体性。

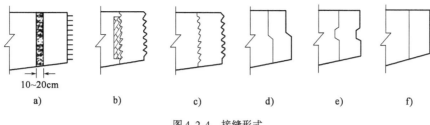

图 4.2-4 接缝形式

2. 干接缝

密贴的平面或齿形干接缝可以简化拼装工作,早期曾有采用,但由于接缝渗水会降低装配结构的运营质量和耐久性,桥梁建造完成后整体受力性能和抗震性能存在严重缺陷,新建节段预制拼装桥梁将不再使用干接形式。

图 4.2-4b) 表示半干接缝的构造,已拼节段的顶板和底板作为拼接安装节段的支托,而在腹板端面上有形成骨架的伸出钢筋,待浇筑混凝土后,节段结合成整体。这种接缝可用来在拼装过程中调整悬臂的平面和立面位置。悬臂拼装的经验指出,在每一拼装悬臂内设置一个半干接缝来调整悬臂位置是合理的。

3. 胶接缝

现阶段在悬臂拼装中采用最为广泛的是应用环氧树脂等胶结材料使相邻节段黏结的胶接缝[图 4.2-4c)、d)、e)和f)]。胶接缝能消除水分对接头的有害作用,因而能提高结构的耐久性,除此以外,胶接缝还比干接缝具有较大的抗剪能力。胶接缝可以做成平面型[图 4.2-4f)]、多齿型[图 4.2-4c)]、单阶型[图 4.2-4d)]和单齿型[图 4.2-4e)]等形式。齿型和单阶型的胶接缝用于节段间摩阻力和黏结力不足以抵抗梁体剪力的情况。单阶型的胶接缝在施工中拼接最为方便。

4.2.3 合龙段施工

采用悬臂拼装法施工的连续梁桥,合龙段多采用湿接缝进行纵向连接。其施工方法可参照本书 4.1.5 小节。

思考题

1. 悬臂浇筑法的专项施工方案是什么?
2. 悬臂浇筑法的施工工艺流程是什么?
3. 悬臂浇筑法中 0 号块施工、墩梁临时固结、悬臂浇筑、合龙段施工等各阶段的注意事项有哪些?
4. 悬臂拼装法的施工工艺流程、主要工作及注意事项有哪些?

梁式桥上部结构其他施工方法

  内容概要

本模块介绍梁式桥上部结构的其他施工方法,主要包括先简支后连续法、移动模架逐跨现浇法、节段预制拼装法、顶推法和转体法等。

  学习目标

【1】能按照施工组织设计文件的要求,参与或组织连续梁桥上部结构先简支后连续法施工;
【2】能按照专项施工方案要求参与移动模架逐跨现浇法施工;
【3】能按照专项施工方案要求参与节段预制拼装法施工;
【4】能按照专项施工方案要求参与顶推法施工;
【5】能按照专项施工方案要求参与转体法施工。

  重点学习任务

【1】掌握梁式桥上部结构先简支后连续法的施工工艺流程和关键工序;
【2】熟悉梁式桥上部结构移动模架逐跨现浇法的施工工艺流程、关键工序与主要设备;
【3】熟悉梁式桥上部结构节段预制拼装法的施工工艺流程、关键工序(节段预制、节段拼装)与主要设备;
【4】了解熟悉梁式桥上部结构顶推法的施工工艺流程、关键工序与主要设备;
【5】了解熟悉梁式桥上部结构转体法的施工工艺流程、关键工序与主要设备。

  主要活动设计

【1】阅读先简支后连续法的施工组织文件;
【2】阅读移动模架逐跨现浇法、节段预制拼装法、顶推法、转体法的专项施工方案;
【3】观看移动模架逐跨现浇法、节段预制拼装法、顶推法、转体法施工的模拟视频和图片资料;
【4】参观施工的工地现场(有条件时)。

梁式桥上部结构施工时,还可以根据设计文件要求,采用先简支后连续法、移动模架逐跨现浇法、节段预制拼装法、顶堆法、转体法等其他方法。

5.1 先简支后连续法施工

先简支后连续法施工是指按照简支梁的预制安装法将梁板架设在墩顶的临时支座上,待梁板的横向接缝施工完成后,在墩顶用湿接缝的形式将梁板进行纵向连接,然后在墩顶负弯矩区段布置预应力筋束(图5.1-1、图5.1-2)施加预应力,再将临时支座更换成永久支座而将桥梁由简支体系转换成连续梁体系的施工方法,适用于多跨中小跨径的连续梁施工。

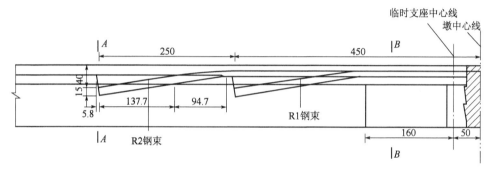

图5.1-1 预应力筋束布置立面图(尺寸单位:cm)

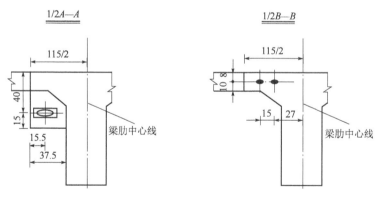

图5.1-2 预应力筋束布置截面图(尺寸单位:cm)

先简支后连续结构(图5.1-3)特点:结构由预制梁板和现浇段共同组成,先预制安装,后现浇连续;结构在施工中,存在由临时支座(简支)变成单排永久支座(连续)的转换过程;结构在体系转换后,在恒载与活载的作用下,受力特征为连续梁。

5.1.1 施工工艺流程

先简支后连续法施工工艺流程如图5.1-4所示。

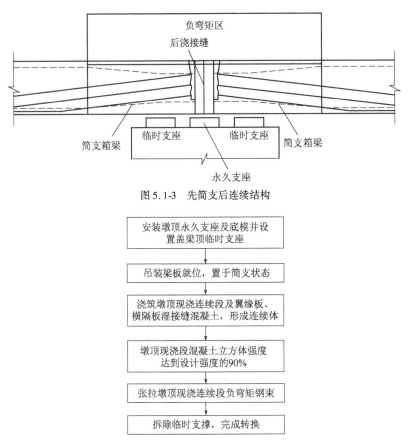

图 5.1-3　先简支后连续结构

图 5.1-4　先简支后连续法施工工艺流程

5.1.2　施工关键工序

1. 临时支座安装

梁板安装前,先安装临时支座,然后将梁板安装在临时支座上。临时支座采用钢制圆柱形砂筒(图 5.1-5),其高程和永久支座顶面平齐。预制梁板严格按标线控制落梁,左右偏差控制在 ±2mm 以内。

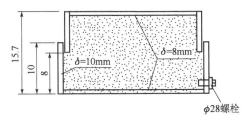

图 5.1-5　临时支座立面图(尺寸单位:cm)

2. 墩顶现浇连续段施工

梁板安装好后,安装永久支座和连续段现浇混凝土的底模,永久支座和底模间用砂浆密封严防漏浆,并报监理工程师验收认可。

两梁端部伸出的预留纵向钢筋,按设计和规范要求焊接或采用套筒压接。焊接时应左右、上下对称进行,以免焊接温度引起梁板端部变位。湿接缝处的预应力束道与预制梁板的对应束道顺接,确保连接可靠,不漏浆;最后进行墩顶现浇连续段湿接缝混凝土浇筑。

3. 墩顶负弯矩区预应力施工

墩顶现浇连续段混凝土强度达到一定值后,拆侧模,并及时养生。待连续接头混凝土强度达到设计要求后,对称分级张拉梁顶的负弯矩预应力筋,顺序为从外侧向内侧,张拉结束后及时压浆养生。

4. 体 系 转 换

浆液强度大于35MPa时,拆除临时支座,让永久支座受力,完成体系转换,操作时做到逐孔对称、均匀、同步、平稳。体系转换后,永久支座与墩顶密贴,同时清除梁上黄沙、砂浆底模等杂物。

5.2 移动模架逐跨现浇法施工

移动模架逐跨现浇法施工动画

移动模架逐跨现浇法(Span by Span Method with Stepping Formwork)施工是指利用移动模架(Move Support System)作为工作平台逐孔浇筑桥梁上部结构的施工方法,适用于滩涂、峡谷高墩身、城市高架桥等场地的多跨连续梁或简支梁的现场浇筑施工。

移动模架逐跨现浇法的主要特点:施工时地面不需搭支架,不影响通航或桥下陆路交通,施工安全可靠;施工环境好,质量易保证,模架可重复使用;机械化、自动化程度高,上下部结构平行作业,缩短工期;施工中接头可根据施工条件设在桥梁受力较小的部位;一次性设备投资较大,施工技术操作较复杂;宜在跨径 30~50m 的大中经济跨径的长桥上应用。

5.2.1 移动模架

移动模架相当于一个现场的桥梁预制工厂,是一种自带模板,利用承台或墩柱作为支承,可完成由移动支架到浇筑成型等一系列工作的施工机械。移动模架主要由支腿机构、承重梁、内外模板、主梁提升机构等组成,可根据导梁布置的位置分为上导梁移动模架[图5.2-1a)]和下导梁移动模架[图5.2-1b)]两种形式。

1. 上导梁移动模架

上导梁移动模架由安置于待浇筑跨桥墩上的前、中支腿,安置于已浇筑桥梁上的后支腿,以及主梁、主梁移动系统和悬挂模板系统等组成。

2. 下导梁移动模架

下导梁移动模架由安置于待浇筑跨桥墩边的前、中支架(有落地支架、牛腿支架和套头支架等多种形式),安置于已浇筑桥梁上的后悬吊梁,以及墩柱两侧主梁、主梁移动系统和模板系统等组成。

a)上导梁移动模架

b)下导梁移动模架

图 5.2-1　移动模架

5.2.2　移动模架逐跨现浇法施工工艺流程

利用移动模架逐跨现浇法进行桥梁上部结构施工时,其施工工艺流程如图 5.2-2 所示。

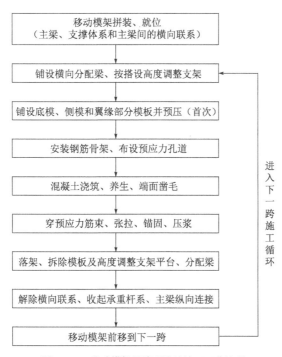

图 5.2-2　移动模架逐跨现浇法施工工艺流程

上导梁移动模架和下导梁移动模架因结构形式不同,拼装和就位方法有所不同。上导梁移动模架可在拟施工桥跨后方的道路或已架设桥梁上进行桁架构件的组装,组装完毕后向前推进,将前支腿安放于待浇筑孔前方的桥墩上,中支腿安放于待浇筑后方的结构物上即可;下导梁移动模架组装时,先搭设支架,然后在支架上安装主梁(导梁)和其他模架组件。

移动模架宜采用定型产品,模架的功能、承载能力、长度、模板的尺寸及支承系统等,应与所施工的预应力混凝土连续梁的各项要求相适应,设计制造厂家应提供模架的产品出厂质量合格证书及操作手册等相关技术文件。当采用非定型模架用于中小跨径梁、板的施工时,应对模架进行专门的设计计算,并应进行荷载试验,确认其能保证施工的安全和质量后方可投入使用。

5.3 节段预制拼装法施工

节段预制拼装法施工视频

节段预制拼装法(Segmental Precast Erection Method)施工是将桥梁沿纵向划分为若干节段,在工厂(或预制场地)预制后将其运至桥位进行组装,施加预应力使之成为整体桥梁结构的一种桥梁建造技术。

节段预制拼装法施工的主要施工内容为节段预制、节段转运存放和拼接组装。

5.3.1 节段预制

可根据工程实际条件综合考虑采用长线法或短线法进行节段预制。节段预制前应熟悉设计图纸及有关文件,制订施工工艺,对各环节进行质量控制,使成品节段符合设计及施工全过程的要求。同时,还应建立精密的平面控制网和高程控制网。

1. 预制场地

预制场地的布置应便于节段移运、堆放、养护及装车等要求,并符合下列规定:
①场地应平整、坚实,应设有排水和养护系统;
②预制台座及场内道路应有足够的承载力承受结构自重及施工荷载。

预制场地内的测量控制点应远离热源、振动源,并具有良好的通视条件。预制场内应设靶标及测量塔,并应有备用的测量控制点。

2. 模板系统

模板应采用钢模板,模板系统应委托专业厂家设计、制造,并配置液压千斤顶与顶伸螺杆装置。模板系统包括底模、侧模、固定端模和内模,其总体结构示意图如图5.3-1所示。

模板的安装顺序:底模安装、侧模安装、(吊入钢筋骨架)、内模安装。由于固定端模的位置是固定的,每次安装模板时,测量校核其平面位置、水平度及垂直度即可。墩顶块和每跨起始梁段预制时,两端均需端模(固定端模和移动端模),其他梁段的端模为固定端模和匹配梁段的端面。固定端模板及工作平台如图5.3-2所示。底模板和底模小车如图5.3-3所示。侧模板如图5.3-4所示。内模板和内模支架如图5.3-5、图5.3-6所示。

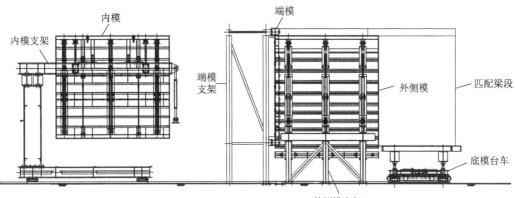

图 5.3-1　模板系统总体结构示意图

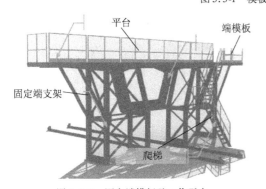

图 5.3-2　固定端模板及工作平台

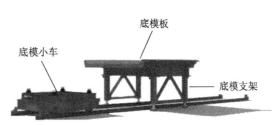

图 5.3-3　底模板和底模小车

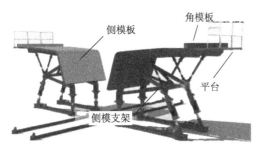

图 5.3-4　侧模板

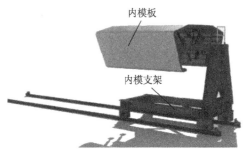

图 5.3-5　内模板及内模支架（一）

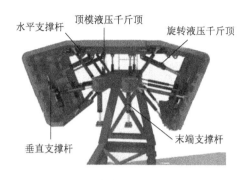

图 5.3-6 内模板及内模支架(二)

3. 钢筋工作

钢筋加工及安装的工艺流程:钢筋下料→钢筋调直→钢筋弯曲→底板底层钢筋绑扎→腹板箍筋绑扎→安装底板波纹管、底板钢筋骨架吊环和底板预埋管件定位架→底板顶层绑扎→顶板底层钢筋绑扎→安装顶板钢筋骨架吊环和顶板预埋管件定位架→顶板顶层钢筋→垫块绑扎→波纹管堵头安装→质量检查→钢筋骨架吊装→钢筋骨架入模→保护层检查。

钢筋骨架制作通常在固定的钢筋模架上进行,如图 5.3-7 所示。钢筋骨架制作完成后利用起重机移动到底模上。

图 5.3-7 钢筋骨架制作

4. 混凝土工程

节段混凝土的强度应满足设计要求,其拌制、运输、浇筑和养生等工作应满足规范和设计要求。

(1)节段混凝土浇筑的规定

①混凝土下料均均匀,并按一定厚度、顺序和方向分层浇筑,分层厚度不宜大于 300mm;混凝土入模温度不宜超过 32℃。

②侧模及底模上宜按需要设置附着式振捣器;混凝土应振捣密实;对腹板部位的混凝土,可采用插入式振捣器,但应避免碰及管道、钢筋、模板、混凝土剪力键及预埋件。

③浇筑过程中应严格控制混凝土坍落度;混凝土的浇筑时间不应超过混凝土的初凝时间。

(2)节段混凝土养护的规定

①根据环境温度、水泥品种、外加剂、施工进度要求及对混凝土性能的要求,制订养护方案。

②采用自然养护时,应每天记录环境温度与天气状况。

③采用蒸汽养护时,应符合下列要求:

a. 静停时间不应小于2h,且不宜多于6h(从节段混凝土全部浇筑完毕后开始计时);

b. 加热应均匀;

c. 升温、降温速度控制值应符合表5.3-1的要求;

升温、降温速率控制值　　　　表5.3-1

表面系数/m^{-1}	升温速率/(℃/h)	降温速率/(℃/h)
≥6	15	10
<6	10	5

d. 恒温阶段蒸汽养护温度宜控制在55～65℃之间;

e. 在恒温状态应保持90%～100%的相对湿度;

f. 预制节段在养护中,应进行温度测量,当外界与节段表面温度差不大于15℃时,方可拆除养护设施,并应采用喷湿方式进行养护;

g. 混凝土配合比试验应与蒸汽养护温度控制的试验同步进行。

(3)节段脱模的规定

①脱模时间应符合设计要求。当设计无要求时,在混凝土抗压强度符合设计强度标准值的75%的要求后,方可拆除内外模板。当需要横向预应力张拉时,内外模板的拆除应在横向预应力张拉后进行。

②脱模或移动节段时,均应防止伤及梁体棱角及剪力键。

③节段脱模后应及时检查验收,节段预制质量应符合规范或设计要求。

5. 长线预制法

长线预制法是指节段浇筑时,除每跨起始节段采用一端固定端模,一端活动端模进行浇筑外,其余节段则采用一端为固定端模,另一端为已浇的前一节段作为匹配梁段进行浇筑,确保相邻节段匹配接缝的拼接精度。当新浇节段初步养生、拆模后,移动模板系统,以新浇节段作为匹配梁段,完成下一节段的预制,并依此循环完成整跨节段的预制后,转运至存放场地,浇筑场地重新开始浇筑新一跨各节段。

长线预制法的主要施工工艺流程如图5.3-8所示。

采用长线预制法进行节段浇筑时,应注意以下两个方面。

①制梁台座。长线预制法制梁台座平面示意图如图5.3-9所示。

②线形控制。长线预制法的线形控制主要通过调节滑道的高程实现一整跨线形的调节。

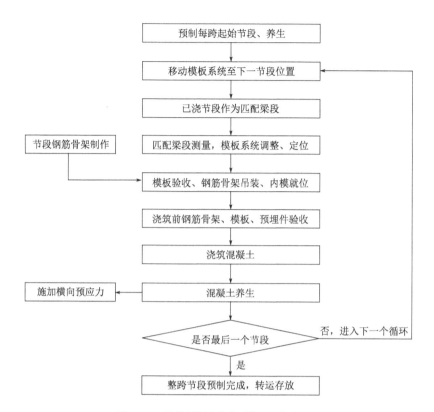

图 5.3-8　长线预制法的主要施工工艺流程

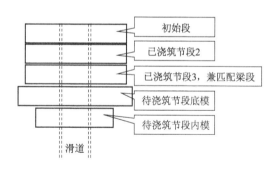

图 5.3-9　长线预制法制梁台座平面示意图

6. 短线预制法

所谓短线预制法,是指节段浇筑时,除每跨起始节段采用一端固定端模,一端活动端模进行浇筑外,其余节段则采用一端为固定端模,另一端为已浇的前一节段作为匹配梁段进行浇筑,确保了相邻节段匹配接缝的拼接精度。当新浇节段初步养生、拆模后,匹配梁段即运走存放,而把新浇节段转移到该位置上作为新匹配梁段,完成下一节段的预制,并依此循环完成整跨节段的预制。

短线预制法的主要施工工艺流程如图 5.3-10 所示。

采用短线预制法进行梁体节段浇筑时,应注意以下几点。

(1)制梁台座

制梁台座主要由内模停放处(固定端模)、现浇节段、匹配梁段、底模小车及滑道五大块组成,制梁台座设计平面图及效果模型如图 5.3-11 所示。

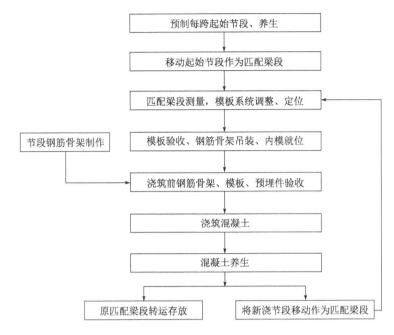

图 5.3-10 短线预制法的主要施工工艺流程

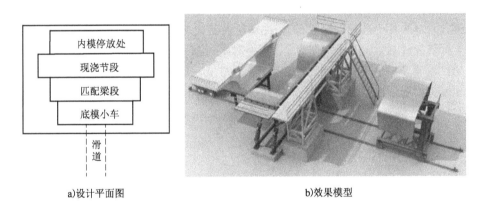

a) 设计平面图　　　　　　　　b) 效果模型

图 5.3-11 制梁台座设计平面图及效果模型

(2) 线形控制

首先以测量塔为基准在制梁台座上建立施工测量控制基线及横纵向控制基准点(均设于固定端模上,并经常校核),然后在测量塔上的测量控制点采用全站仪、精密水准仪、经鉴定的钢尺控制测量预制节段端线、横纵轴线和几何尺寸,精确控制预制节段平面位置及高程。

每个预制节段的线形需要不断地调整和校正,因后一节段安装的线形控制是依赖于前一节段接缝线形控制的,故施工测量必须非常精确,测量的微小差错可能对最后拼装完成的结构产生很大影响。底模设置为可调整形式,以适应桥面竖曲线和预制节段预拱度变化。

为满足设计要求的几何尺寸及线形,在每个节段上设立控制测点,这些控制测点用于每个匹配梁段的定位及决定每个刚浇筑好节段的实际浇筑位置,每个节段布置六个控制测点。测量塔测量控制点及测量塔校核控制点的基础采用桩基,确保其稳定性。

节段预制施工测量控制平面布置示意图如图 5.3-12 所示,图中小圆点($A \sim F, A1 \sim F1$)为节段预制、拼装控制测点(用刻有十字丝的圆钢或螺钉头制作,节段混凝土浇筑完成后,但未初凝前埋设),中圆点为固定端模校核点,大圆点为测量控制点。

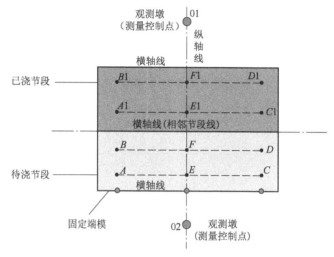

图 5.3-12 节段预制施工测量控制平面布置示意图

施工测量计算采用专业的控制软件,平曲线段及竖曲线段箱梁采取分段计算,首先将大桥采用的绝对坐标转换成制梁台座相对坐标,建立相对坐标系,以便于预制箱梁放样,严密计算曲线要素及每个预制节段六个控制测点的三维坐标(相对坐标及挠度值),精密控制预制节段线形及轴线。在预制节段上标出梁号、中轴线及横轴线。现场控制测点布置图如图 5.3-13 所示。

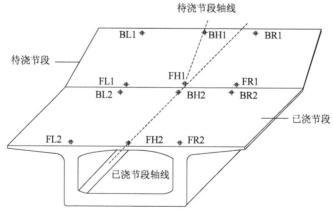

图 5.3-13 现场控制测点布置图

5.3.2 节段转运存放

当匹配梁段完成匹配任务,混凝土强度达到设计要求后,即可进行节段转运及节段存放。匹配梁段转运时,先利用布置在底模上的千斤顶将其与新浇节段分离,再利用运行小车通过牵引系统将其牵引至合适的位置,最后利用搬动机、门式起重机等移动起吊装置吊运至储存区存放,移动、吊放节段应匀速、缓慢。

1. 节段转运

(1)场内运输

节段转运起吊采用专用吊具,各节段的吊点位置严格按设计的要求布置。

(2)场外运输

节段进行场外运输时,应根据运输道路条件、节段质量、节段尺寸等因素选择合适的场外运输设备。运输路线的选择应合理,所经过的桥梁应能满足运输要求,车辆行驶应缓慢匀速。采用船舶运输时,应事先与气象、港监、水务等相关部门联系。节段在运输过程中应采取保护固定措施,并应符合下列要求:

①节段支承点的设计应避免运输设备振动对节段造成的不利影响;

②应根据运输路线上的最大纵横坡,设置纵横向限位装置。

2. 节段存放

节段可多层叠放,最高不要超过三层。为避免在堆放过程中产生过大的拉应力使节段损伤,支点采用条形支垫形式。

节段堆放规则:

①节段堆放时底面应放置均布支承垫块,均布支承垫块可采用橡胶垫板或其他能使节段堆放时匀布承重的弹性材料;

②预制节段堆放尽量遵循由下至上节段重量递减、腹板厚度递减的原则;

③节段应满足设计规定的存放时间,当设计无要求时,不得少于14d。

节段堆放参考图如图5.3-14所示。

图 5.3-14　节段堆放参考图

一般情况下,由于先堆放的节段在安装时需先安装,防止节段在出运时上、下层反复倒腾,节段按每相邻两节段堆放一次,即一节段在作为匹配梁段施工完下一节段时,吊到修整台座上临时存放和修整,待下一相邻节段作为匹配梁段施工完成后,先将下一相邻节段吊至堆放区台座上进行堆放,然后再将修整台座的节段吊至其上面进行堆放,从而减少节段在出运时的倒运。

所有节段每次移位时,均应在内侧设置清楚的唯一的耐久的标识。标识主要包括:节段的方向、区间编号、孔跨编号、节段编号及浇筑时间五大部分。

5.3.3 拼接组装

1. 节段出场前清理检查

所有节段出场前均需由专人清理检查,经监理工程师确认合格后才能运输到拼装现场,主要检查内容包括:

①预应力孔道位置及畅通情况,锚垫板型号及表面水泥浆清理情况;
②预埋件规格、型号、位置及表面清理、防腐处理情况;
③节段混凝土缺陷修复情况;
④匹配面隔离剂及杂物清理情况;
⑤箱室内垃圾、箱梁外表面污染清理情况。

2. 节段拼装方法

采用架桥机进行节段拼装前,应根据整跨桥梁的设计重量和现场条件选定架桥机。在确定承载主梁的最大承载力时,应充分考虑施工荷载的作用。常见的节段拼装根据使用设备的不同,有悬臂节段拼装和逐跨节段拼装两种方式。

节段拼装作业前,应编制专项施工方案,明确各项工序的技术要求、措施与应急预案,做好拼装前的各项准备工作,并应作技术、质量、安全和文明施工交底。

节段和提升装置的总重量必须在起重设备的安全起重范围内。节段的提升应缓慢、匀速,提升速度宜限制在 2m/min 内。

(1)悬臂节段拼装

此悬臂节段拼装利用平衡悬臂起重机(图 5.3-15)进行预制节段的悬臂对称拼装,与变截面连续梁桥施工方法中的悬臂拼装法基本类似。主要施工工艺流程如图 5.3-16 所示。

图 5.3-15 平衡悬臂起重机

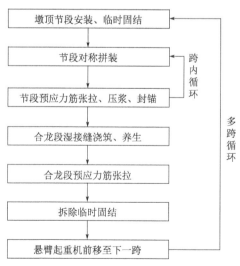

图 5.3-16 悬臂节段拼装施工工艺流程

(2)逐跨节段拼装

逐跨节段拼装就是利用悬吊式钢桁架(图5.3-17)或下承式钢桁架(图5.3-18)等架桥设备,将整跨节段安装就位后,在合龙段浇筑湿接缝后,用预应力筋进行整体连接的施工方法。主要施工工艺流程如图5.3-19所示。

图5.3-17 悬吊式钢桁架

图5.3-18 下承式钢桁架

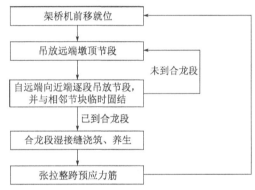

图5.3-19 逐跨节段拼装施工工艺流程

(3)注意事项

采用上行式架桥机提升或旋转节段时,应暂时封闭作业影响范围内的道路交通。开放交通时,节段底部最低点应满足净空要求。

上行式架桥机承载主梁的前后悬臂段起吊节段时,应保证提升卷扬机的位置处于架桥机的安全范围内。

节段之间应设置防止碰撞的垫块。

采用上行式架桥机拼装节段时,节段应错层悬挂。错层的节段个数及节段的纵向间距应满足拼装工艺的要求。

采用下行式架桥机拼装节段时,应采取有效措施抵抗支承倾斜时节段重力对装载车产生的水平分力。

3. 节段拼装

拼装节段时,应对第一节段的空间位置进行临时定位、固定,拼接前宜进行试拼装,试拼装的节段质量应符合出场条件的要求。

应根据施工地区的常年温度变化、使用环境等情况,通过试验选用合适的胶黏剂。胶黏剂进场后应进行力学性能及作用性能的抽检,其各项性能应满足结构设计与节段拼装施工的要求。

胶黏剂的涂抹厚度不宜超过3mm,其有效工作时间应按成孔拼装要求确定,不宜小于1h。胶黏剂应采用机械拌和,涂抹方式应根据胶黏剂的产品特性确定。在冬季低温条件下使用胶黏剂时应采取保温措施。

胶黏剂应涂抹均匀,覆盖整修匹配面。施加临时预应力时,胶黏剂应在梁体的全断面挤出。应对孔道口做好防护,严禁胶黏剂进入预应力孔道。每个节段拼装完成后应适时通孔。

节段的拼装、临时预应力张拉、节段的固定及胶黏剂挤出后的清除工作都应在胶黏剂失去和易性之前完成。

当拼装涂抹作业下方开放交通时,必须在车道上方设置防胶黏剂滴落的设施。

4. 预应力施工

预应力筋用锚具、夹具和连接器应符合现行《预应力筋用锚具、夹具和连接器》(GB/T 14370)中Ⅰ类锚夹具的要求。

节段内预埋的波纹管或抽拔管应与匹配节段的各预留孔接顺,并宜穿入加强芯棒。抽拔管应贯穿整个节段并伸入匹配节段的预留孔内,伸入长度不宜小于200mm。应根据混凝土强度确定抽拔管的拔出时机。

为保证节段拼装后孔道的密封性,宜在孔道口设弹性密封圈。

临时预应力筋的布置、张拉力应符合设计要求,并应满足多次张拉的作业要求。当设计对张拉力无要求时,匹配面的混凝土压力不得小于0.3MPa。临时预应力筋在结构永久预应力施工完成后方可拆除。临时预应力筋宜采用粗钢筋作为张拉材料,并应拧紧张拉螺母。施工过程中发现张拉材料、锚具有损伤或有疑问时,必须立即予以调换。

纵向预应力孔道宜采用真空压浆,抽真空时的负压不应小于0.06MPa。

采用体外预应力应满足下列规定:

①体外预应力筋、PE护套及建筑脂、建筑结构膏、热收缩套等材料的各项技术性能应符合设计要求和国家现行有关标准的规定;

②预埋锚垫板、转向器、预留孔及减小摩阻的垫板应定位准确;

③外露的预应力筋和锚具应按设计要求进行防护处理。

5. 支承转换和结构体系转换

支承转换的顺序应通过计算确定。

当架桥机不具备支承转换的功能时,可通过事先设置在下部结构顶部的临时千斤顶顶升节段完成支承转换。

根据桥梁结构设计体系形式,支承结构可采用永久支座、临时支座或千斤顶,并符合下列规定:

①支承转换前应使梁底与支座接触,但不应使支座受压;

②连续梁的中支点宜采用临时支座。

当拼装后的整跨梁体的三维位置不符合设计要求时,应进行调整。

当采用上行式架桥机时,在支承转换过程全部完成后,方可拆除节段在架桥机上的固定装置。

当节段架设形成连续梁后,需进行结构体系转换。应根据设计规定,制订详细的结构体系转换施工工艺。

现浇混凝土湿接头施工前应准确放置永久支座,并在湿接头的强度达到设计要求后进行相关的预应力张拉;设计无要求时,张拉强度不得低于其设计强度的75%。

在一联内所有纵向预应力及横向预应力张拉完成后,方可将临时支座更换为永久支座。每联连续箱梁或每跨简支箱梁完成后,应及时进行检查验收,其质量标准应符合规范或设计要求。

6. 节段施工过程中的测量控制

施工前,应制订节段预制与现场拼装所使用的测量方法、精度要求,并应确定平面和高程测点的位置。整个施工过程中应具有完善的测量复核系统,并应定期进行检测复核。

采用短线法施工时,其高程及轴线的测量精度应达到0.5mm;采用长线法施工时,节段施工测量精度应小于5mm。

模板安装完成后应对轴线、空间位置、模内尺寸进行检查验收。

短线法施工时,每片节段预制完成后,应及时进行测量复核工作,并应根据测量结果确定后续节段的调整数据。

应根据设计图纸准确定位每跨内第一节段的平面位置及高程,每个节段拼装完成后,应及时检查节段的高程与轴线,并及时调整。纠偏时,应对该跨内的所有已拼装完成的节段共同调整,严禁对单个节段进行强制纠偏调整。

5.4 顶推法施工

预应力混凝土连续梁顶推法(Incremental Launching Method)施工的构思,源自钢桥架设中普遍采用的纵向拖拉法施工,如图5.4-1所示。但由于混凝土结构自重大,滑道设备过于庞大,而且配置承受施工中变号内力的预应力筋也比较复杂,因而这种方法未能很早实现。

随着预应力混凝土技术的发展和高强低摩阻滑道材料(聚四氟乙烯塑料,如图5.4-2所示)的问世,至20世纪60年代初,西德首创用此法架设预应力混凝土桥梁获得成功。目前,顶推法施工已作为架设连续梁桥的先进工艺,在世界各国得到了广泛的应用。

图5.4-1 钢桁架梁桥纵向拖拉法施工

图5.4-2 聚四氟乙烯塑料

预应力混凝土连续梁顶推法施工具有如下特点：

①梁段集中在桥台后机械化程度较高的小型预制场内制作，占用场地小，不受气候影响，施工质量易保证；

②用现浇法制作梁段时，非预应力筋连续通过接缝，结构整体性好；

顶推法施工动画

③顶推设备简单，不需要大型起重机械就能无支架建造大跨径连续梁桥，桥愈长经济效益愈好；

④施工平稳、安全、无噪声，需用劳动力少，劳动强度低；

⑤施工是周期性重复作业，操作技术易于熟练掌握，施工管理方便，工程进度易于控制。

采用顶推法施工的不足：一般采用等高度连续梁，会增加结构耗用材料的数量，梁高较大会增加桥头引道土方量，且不利于美观；顶推施工中需要设置导梁，顶推过程受力和梁体使用阶段受力不同，梁体顶推就位后，要调整各截面预应力筋的数量；此外，顶推法施工的连续梁跨度也受到一定的限制。

5.4.1 顶推法施工工艺流程

顶推法施工的基本工序：在桥台后面的引道或刚性好的临时支架上设置制梁场，集中制作（现浇或预制装配）一般为等高度的箱形梁段（10～30m 一段）；待有 2～3 段后，在上、下翼板内施加能承受施工中变号内力的预应力；然后用水平千斤顶等顶推设备将支承在聚四氟乙烯板与不锈钢板滑道上的箱梁向前推移，推出一段再接长一段，这样周期性地反复操作直至最终位置，进而调整预应力（通常是卸除支点区段底部和跨中区段顶部的部分预应力筋，并且增加和张拉一部分支点区段顶部和跨中区段底部的预应力筋），以满足后加恒载和活载内力的需要；最后，将滑道支承移置成永久支座，至此施工完毕。顶推法施工场景如图 5.4-3 所示。

图 5.4-3　顶推法施工场景

由于聚四氟乙烯板与不锈钢板间的摩擦系数为 0.02～0.05，故对于重力即使达 100000kN 的梁，也只需 5000kN 以下的力即可推出。

5.4.2 顶推方法

顶推方法有单向顶推、双向顶推、单点顶推和多点顶推等。顶推设备只设在一岸桥台处。在顶推中为了减少悬臂负弯矩,一般要在梁的前端安装一节长度为顶推跨径0.6~0.7倍的钢导梁,导梁应自重轻而刚度大。单向顶推最适宜建造跨度为40~60m的多跨连续梁桥。当跨度更大时,就需在桥墩间设置临时支墩,国外已用顶推法修建了跨度达168m的桥梁。至于顶推速度,当水平千斤顶行程为1m时,一个顶推循环需10~15min。国外最大速度已达到16m/h。

对于特别长的多联多跨桥梁也可以应用多点顶推的方法使每联单独顶推就位。在此情况下,在墩顶上均可放置顶推装置,且梁的前后端都应安装导梁。

顶推施工中采用的主要设备是千斤顶和滑道。根据不同的传力方式,顶推工艺又有推头式或拉杆式两种。

推头式顶推工艺:顶推装置设置在桥台上,利用竖向千斤顶将梁顶起后,就启动水平千斤顶推动竖向千斤顶(推头),由于推头与梁底间橡胶垫板(或粗齿垫板)的摩擦力显著大于推头与桥台间滑板的摩擦力,这样就能使梁向前移动。一个行程推完后,降下竖向千斤顶使梁落在支承垫板上,水平千斤顶退回,然后又重复上一循环将梁推进。推头式顶推工艺的主要特点是在顶推循环中必须有竖向千斤顶顶起和放落的工序。

拉杆式顶推工艺:水平千斤顶通过传力架固定在桥墩(台)顶部靠近主梁的外侧,装配式的拉杆用连接器接长后与埋固在箱梁腹板上的锚固器相连接,驱动水平千斤顶后活塞杆拉动拉杆,使梁借助梁底滑板装置向前滑移,水平千斤顶每走完一个行程后,就卸下一节拉杆,然后回油使活塞杆退回,再连接拉杆并进行下一顶推循环。也可以用穿心式水平千斤顶来拉梁前进,在此情况下,拉杆的一端固定在梁的锚固器上,另一端穿过水平千斤顶后用夹具锚固在活塞杆尾端,水平千斤顶每走完一个行程,活塞杆退回,夹具自动放松然后重新用夹具锚固拉杆并进行下一顶推循环。拉杆式顶推工艺的主要优点是在顶推过程中不需要用竖向千斤顶作反复顶梁和落梁的工序,这就简化了操作并加快了推进速度。

必须注意,在顶推过程中要严格控制梁体两侧千斤顶同步运行。为了防止梁体在平面内发生偏移(特别在单点顶推的场合),通常在墩顶在梁体旁边可设置横向导向装置。

顶推法常用的滑道装置由设置在墩顶的混凝土滑台、铬钢板和滑板组成。滑板则由上层氯丁橡胶板和下层聚四氟乙烯板镶制而成,橡胶板与梁体接触使摩擦力增大,而聚四氟乙烯板与铬钢板接触使摩擦力减至最小,借此就可使梁体滑移前进,当滑板从铬钢板的一侧滑移到另一侧时必须停止前进而用竖向千斤顶将梁顶起。将滑板移至原来位置,然后使竖向千斤顶回油将梁落在滑板上,即可重复顶推过程。国内常利用接下和喂入滑板的方式使梁连续滑移,这样可节省竖向千斤顶的操作工序,加快顶进速度,但应注意滑板进出口处要做成顺畅的弧面,不然容易损坏昂贵的滑板。利用封闭形铬钢带进行自动连续滑移的滑道装置,滑板位置固定而三层封闭形铬钢带(每层厚1mm)则不断沿板面滑移,最外层铬钢带的外表面上有4mm厚的硫化橡胶,这种装置构思新颖,效果好,但结构较复杂。

采用顶推法施工,每一节段从制梁开始到顶推完毕,一个循环需6~8d;全梁顶推完毕后,即可调整、张拉和锚固部分预应力筋,进行灌浆、封端、安装永久支座,主体工程即告完成。

5.5 转体法施工

梁式桥转体法
施工视频

桥梁转体法(Construction by Swing Method)施工是20世纪40年代以后发展起来的一种架桥工艺。它是在河流的两岸或适当的位置,利用地形或使用简便的支架先将半桥预制完成之后,以桥梁结构的桥墩(台)本身为转动体,用一些机具设备,分别将两个半桥转体到桥位轴线位置后再浇筑合龙段成桥。

梁式桥的转体法施工多采用有平衡重的平面转体。

有平衡重转体法施工的特点是转体重量大,施工关键是转体。要把数百吨至万吨的转动体系顺利、稳妥地转到设计位置,主要靠正确的转体设计、制作灵活可靠的转体装置、布设牵引驱动系统等几项措施来实现。图5.5-1为转体施工现场。

图5.5-1 转体施工现场

5.5.1 转动体系的构造

转动体系主要由底盘、上盘、桥墩及桥梁上部结构组成。底盘和上盘都是基础承台的一部分,底盘和上盘之间设有能使其互相间灵活转动的转体装置。

常用转体装置有两种:第一种是以聚四氟乙烯滑板构成的环道平面承重转体装置,第二种是以球面铰辅以轨道板和钢滚轮的轴心承重转体装置。

1. 聚四氟乙烯滑板环道

聚四氟乙烯滑板环道由设在底盘和上转盘间的转盘轴心和环形滑道组成。

(1)转盘轴心

转盘轴心由混凝土轴座、钢轴心和轴帽等组成。轴座是一个直径1.0m左右的钢筋混凝土矮墩(混凝土强度等级为C25),它不但对固定钢轴心起着定位作用,而且对上转盘起支承作用。合金钢轴心直径为0.1m,长0.8m,下端0.6m固定在混凝土轴座内,上端露出0.2m车光镀铬,外套10mm厚的聚四氟乙烯管,然后,在轴座顶面铺聚四氟乙烯板,在聚四氟乙烯板上放置直径为0.5m的不锈钢板,再套上外钢套。钢套顶端封固,下缘与钢板焊牢,浇筑混凝土轴帽,凝固脱模后轴帽即可绕钢轴心旋转自如。

(2)环形滑道

环形滑道是一个以轴心为圆心,直径为7~8m的圆环形混凝土滑道,宽0.5m,上、下滑道高度约0.5m。下环道混凝土表面要既平整又粗糙,以利于铺放80mm宽的环形聚四氟乙烯板。上环道底面嵌设宽100mm的镀铬钢板。

上转盘用扇形预制板把轴帽和上环道连成一体,并浇上转盘混凝土形成。

2. 球面铰辅以轨道板和钢滚轮

球面铰(图5.5-2)辅以轨道板和钢滚轮是一种以铰为轴心承重的转体装置,特点是整个转动体系的重心必须落在轴心铰上。球面铰既起定位作用,又承受全部转体重力,钢滚轮只起稳定保险作用。

球面铰可以分为半球形钢筋混凝土铰、球缺形钢筋混凝土铰、球缺形钢铰。前两种由于直径较大,故能承受较大的转体重力。

5.5.2 有平衡重平面转体施工工艺流程

有平衡重平面转体施工的主要工艺流程如图5.5-3所示。

图5.5-2 球面铰

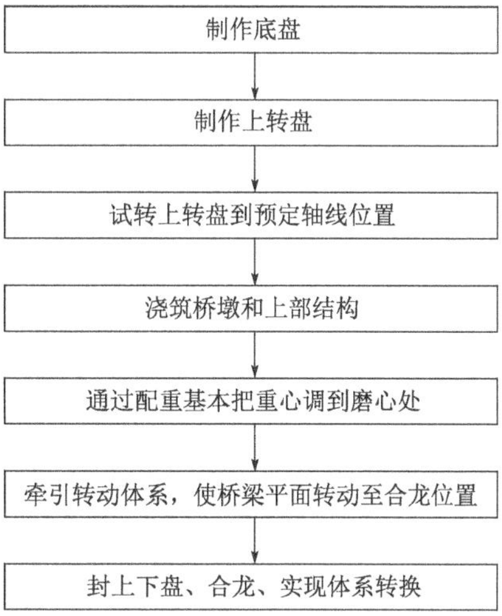

图5.5-3 有平衡重平面转体施工的主要工艺流程

1. 制作底盘(以球缺形钢铰为例)

底盘设有轴心(磨心)和环形轨道板,轴心起定位和承重作用。磨心顶面上的球缺形钢铰及上盖要加工精细,使接触面达70%以上。钢铰与钢管焊接时,焊缝交错间断并辅以降温,防止变形。轴心定位要反复核对,轨道板要求高差为±1mm。注意:板底与混凝土接触应密实。

2. 制作上转盘

在轨道板上按设计位置放好承重滚轮,滚轮下面垫有2~3mm厚的小薄铁片,此铁片当上盘一旦转动后即可取出,这样便可在滚轮与轨道板间形成一个2~3mm的间隙。这个间隙是保证转动体系的重力作用在磨心上而不是滚轮上的一个重要措施。它还可用来判断滚轮与轨道板接触的松紧程度,以调整重心。

滚轮通过小木盒保护定位后,可用砂模或木模作底模,在滚轮支架顶板面涂以黄油,在钢球铰上涂以二硫化钼作润滑剂,盖好上铰盖并焊上锚筋,绑扎上盘钢筋,预留灌封盘混凝土的孔洞,即可浇筑上盘混凝土。

3. 试转上转盘到预定轴线位置

布置牵引系统的锚碇及滑轮,试转上盘要求主牵引绳基本在一个平面内。上转盘混凝土强度达到设计要求后,在上转盘前方或后方配临时平衡重,把上盘重心调到轴心处,最后牵引上转盘到上部结构的轴线位置。试转一方面可以检查、试验整个转动牵引系统,另一方面也是正式开始上部结构施工前的一道工序。为了使牵引系统能够供正式转体时使用,布置转向轮时应使其连线通过轴心且与轴心距离相等,使正式转体时的牵引力也是一对平行力偶。

4. 浇筑桥墩和上部结构

可利用两岸地形搭设支架浇筑桥墩和上部结构,当混凝土强度达到设计要求后,即可进行预应力筋的张拉。张拉结束后可脱模,拆除支架。

5. 配重调整重心

当上部结构全部悬空之后,通过配重方式调整重力,使上转盘以上部分结构形成一个悬空的平衡体系支承在轴心铰上。让转动体系悬空静置一天,观测各部变形有无异常,并检查牵引体系等,均确认无误后,即可开始转体。

6. 转体合龙

把第一次试转时的牵引绳(图5.5-4)按相反的方向重新穿索、收紧,即可开始正式转体。为使转体平稳,控制角速度为0.5°/min。当快要合龙时,为防止转体超过轴线位置,采用简易的反向收紧绳索系统,用手拉葫芦拉紧后慢慢放松,并在滚轮前以微量松动木楔的方法徐徐就位。

图5.5-4 转体施工的牵引绳

轴线对中以后,接着进行梁体高程调整,最后的合龙高程应该考虑桥面荷载及混凝土收缩、徐变等因素产生的挠度,留够预拱度。

7. 封上下盘、合龙

封盘混凝土的坍落度宜选用 17～20cm，且各边应宽出 20cm，要求灌注的混凝土应从四周溢流，上下盘间密实，达到设计要求强度后即可选择夜间气温较低时浇封合龙段接头混凝土，待其达到设计要求后，施加预应力，实现桥梁体系的转化，完成上部结构的施工。上部结构施工完成后，即可进行常规的桥面系施工。

1. 移动模架法施工的主要工作内容有哪些？
2. 节段预制拼装法的主要工作内容有哪些？
3. 顶推法施工的主要工作内容有哪些？
4. 转体法施工的主要工作内容有哪些？

模块 6 拱桥施工
CHAPTER SIX

📖 内容概要

本模块介绍拱桥的主要施工方法,主要包括拱桥有支架就地浇筑(砌筑)法施工,拱桥无支架就地浇筑法施工,拱桥缆索吊装法施工,拱桥转体法施工和系杆拱桥施工。

📖 学习目标

【1】能按专项施工方案参与或组织拱桥有支架施工;
【2】能按专项施工方案参与或组织拱桥无支架施工;
【3】能按专项施工方案参与或组织系杆拱桥施工。

📖 重点学习任务

【1】熟悉拱桥有支架施工的专项施工方案、施工工艺流程和拱架、主拱圈的施工方法;
【2】熟悉拱桥无支架施工的施工工艺流程和主拱圈的施工方法;
【3】熟悉系杆拱桥施工的专项施工方案、施工工艺流程、主拱圈和纵系梁的施工方法。

📖 主要活动设计

【1】阅读拱桥有支架施工、无支架施工、系杆拱桥施工的专项施工方案;
【2】观看拱桥施工的相关视频和图片资料;
【3】参观拱桥施工现场(有条件时)。

拱桥的施工方法与拱桥的结构形式密切相关,一般可分为有支架施工和无支架施工。其中无支架施工方法包括缆索吊装、转体施工、劲性骨架、悬臂浇筑和悬臂拼装,以及由以上一种或几种施工方法的组合。

6.1 拱桥有支架就地浇筑（砌筑）法施工

6.1.1 拱架

1. 拱架的类型

拱架的种类很多，按其使用材料可分为木拱架、钢拱架、竹拱架、钢木组合拱架及土牛胎拱架等，按其结构形式可分为立柱式、撑架式、桁架式、组合式等。拱架是拱桥有支架施工必不可少的辅助结构，在整个施工期间，用以支承全部或部分拱圈和拱上建筑的重力，并保证拱圈的形状符合设计要求。因此，要求拱架具有足够的强度、刚度和稳定性。

拱桥施工工艺

（1）满布立柱式拱架

现阶段拱桥施工采用的满布立柱式拱架（图6.1-1）多与梁桥就地浇筑法用的满布式支架类似。整个拱架由立杆、横向联系、斜撑和顶托组成。顶部按拱圈形状做成曲线形，上设顶托用以调节模板高度和脱模。这种支架的立柱数目很多，只适合桥不太高、跨度不大、洪水期漂浮物少且无通航要求的拱桥施工时采用。

图6.1-1 满布立柱式拱架

（2）撑架式拱架

撑架式拱架（图6.1-2）的上部与满布立柱式拱架相同，其下部是用少数框架式支架加斜撑来代替众多数目的立柱，因此材料用量相对较少。这种拱架的构造并不复杂，而且能在桥孔下留出适当的空间，减小洪水及漂流物的威胁，并在一定程度上满足通航的要求。因此，它是实际中采用较多的一种拱架形式。

（3）三铰桁式拱架

三铰桁式拱架由两片对称弓形桁架在拱顶处拼装而成，其两端直接支承在墩台所挑出的牛腿或紧贴墩台的临时排架上，跨中一般不另设支架。

图 6.1-2 撑架式拱架

这种拱架不受洪水、漂流物的影响,在施工期间能维持通航。适用于墩高、水深、流急或要求通航的河流。与满布立柱式拱架相比,材料用量少,可重复使用,损耗率低,但对材料规格和质量要求较高,同时要求有较高的制作水平和架设能力。由于在拱铰处结合较弱,因此,除在结构构造上须加强纵横向联系外,还需设置抗风缆索,以加强拱架的整体稳定性。在施工中应注意对称均匀浇筑混凝土,并加强观测。

(4)钢拱架

钢拱架(图 6.1-3)一般采用桁架式,由单片拱形桁架构成。拱片之间的距离可为 0.4m 或 1.9m。它们可以被拼接成三铰、两铰或无铰拱架。当跨径小于 80m 时多用三铰拱架,跨径大于 80m 但小于 100m 时多用两铰拱架,跨径大于 100m 时多用无铰拱架。由于钢拱架多用在大跨径拱桥的建造上,它本身具有很大的重量,因此在安装时,还需借助临时墩和起吊设备,将它分为若干节段后再拼装而成。施工时再拆除临时墩与钢拱架的联系,施工完毕后,又借助临时墩逐段将它拆除。

图 6.1-3 钢拱架

2. 拱架的计算

拱架的计算和其他结构物的计算一样,在正确选择合理计算图式的基础上,首先要求出各杆件的内力,然后根据所求得的内力选择截面或验算预先假定的截面的应力。为了保证拱圈的形状能符合设计要求,拱架还必须有足够的刚度,因此,应对拱架的受弯构件进行挠度验算。

(1)拱架的计算荷载

①拱架自重:因与圬工砌体重量相比,木拱架自重显得很小,在满布式拱架的计算中可以忽略不计。对于三铰拱式拱架,可按 2.5~3.5kN/m 计算。

②拱圈圬工重量:可视为可变荷载,要考虑砌筑位置的影响。其荷载强度视拱圈的施工方法而定。

③施工人员及机具设备的重量:一般可按 2kPa 计算。对单根杆件,还需用一个 1.50kN 的集中荷载验算。

④横向风力:横向风压可按现行《公路桥涵设计通用规范》(JTG D60)确定。迎风面积以拱架的轮廓面积乘以 0.4~0.5,受风力作用下的稳定系数应不小于 1.3。

(2)预拱度的计算与设置

对于拱式结构,预拱度的设置显得比梁式桥更为重要。这是由于拱桥的拱轴线变化将大大影响结构的受力性能,故需格外加以重视。

拱桥施工时,预拱度的大小应根据不同的施工方法,并分别考虑下列因素进行估算。

①满布式拱架施工的拱桥。

a. 主拱圈及拱上建筑自重产生的拱顶弹性下沉 δ_{u1}。计算公式如下:

$$\delta_{u1} = \frac{\left(\frac{l}{2}\right)^2 + f^2}{f} \cdot \frac{\sigma}{E} \tag{6.1-1}$$

$$\sigma = \frac{H_g}{A\cos\varphi_m}$$

式中:l——主拱圈计算跨径(m);

f——主拱圈计算矢高(m);

E——主拱圈受压弹性模量(MPa);

H_g——主拱圈及拱上建筑自重产生的水平推力(kN);

σ——主拱圈及拱上建筑自重产生的平均压应力(MPa);

φ_m——拱顶与拱脚连线与跨径的夹角(°);

A——主拱圈截面面积(m^2),变截面拱可取平均截面面积。

b. 主拱圈由于温度变化产生的拱顶弹性变形 δ_{u2}。计算公式如下:

$$\delta_{u2} = \frac{\left(\frac{l}{2}\right)^2 + f^2}{f}\alpha(t_1 - t_2) \tag{6.1-2}$$

式中:α——主拱圈材料线膨胀系数($℃^{-1}$);

t_1——年平均温度(℃);

t_2——封拱时的温度(℃)。

当 $t_1 - t_2 > 0$ 时,拱顶上挠;反之,拱顶下沉。

c. 混凝土拱圈由混凝土收缩和徐变引起的拱顶下沉 δ_{u3}。

由 δ_{u2} 计算公式计算。整体施工的主拱圈,可按温度降低15℃所产生的下沉值计算;分段施工的主拱圈,可按温度降低 5~15℃所产生的下沉值计算。

d. 墩、台水平位移产生的拱顶下沉 δ_{u4}。计算公式如下:

$$\delta_{u4} = \frac{l}{4f} \cdot \Delta l \qquad (6.1\text{-}3)$$

式中:Δl——主拱圈拱脚相对分离的水平位移值(m)。

e. 满布式拱架本身引起的拱顶下沉。

a)弹性下沉 δ_{s1}。计算公式如下:

$$\delta_{s1} = \frac{\sigma h}{E} \qquad (6.1\text{-}4)$$

式中:σ——拱架立柱受载后的压应力(MPa);

h——立柱高度(m);

E——立柱材料的弹性模量(MPa)。

b)非弹性下沉 δ_{s2}。

非弹性变形各类缝隙压密量可按下列估计:顺木纹相接,每条接缝变形取 2mm;横木纹相接时取 3mm;顺木纹与横木纹材料相接取 2.5mm;木料与金属或木料与圬工相接取 2mm。对于扣件式钢管拱架,扣件沿立柱滑动或相对转动可引起拱架的非弹性变形,可根据经验估算。

c)砂筒的非弹性压缩量 δ_{s3}。

卸架用砂筒的非弹性压缩量可按经验估算:一般 200kN 压力筒取 4mm,400kN 压力筒取 6mm,筒内未预先压实取 10mm。

d)支架基础受载后的非弹性下沉 δ_{s4}。

支架基础受载后的非弹性下沉可按下列值估算:枕梁在砂类土上取 5~10mm,枕梁在黏土上取 10~20mm,打入砂土的桩取 5mm,打入黏土的桩取 10mm。

拱顶的预拱度根据上述各种下沉量,按可能产生的各项数值相加后得到,施工时应根据以上计算值并结合实践经验进行调整。一般情况下,有支架施工的拱桥,当无可靠资料时,预拱度可按 $\frac{l}{600} \sim \frac{l}{800}$ 估算。

②无支架施工的拱桥。

对于无支架施工的拱桥主拱圈拱顶产生的弹性与非弹性下沉,满布式拱架施工的拱桥提到的前四种情况依然适用。此外,无支架施工拱桥预拱度设置还要考虑以下两种情况:

a. 施工过程中裸拱变形(如接合点压密等),拱顶下沉可按 $\frac{l}{1000}$ 估算;

b. 对于无支架施工的拱桥,满布式拱架施工的拱桥提到的前四种情况可估算为 $\frac{l^2}{4000f} \sim \frac{l^2}{6000f}$,当墩台可能有水平位移时取较大值,当墩台无水平位移时取较小值。

预拱度的设置,在拱顶外的其余各点可近似地按二次抛物线分配,即

$$\delta_x = \delta\left(1 - \frac{4x^2}{l^2}\right) \qquad (6.1\text{-}5)$$

对无支架施工或早期脱架施工的悬链线拱,宜按拱顶新矢高为 $f + \delta$,用拱轴系数降低一

级或半级的方式设置预拱度。这可从以下两方面解释。

a. 悬链线拱的形状取决于拱轴系数 m，m 值越大，拱轴线在拱脚处越陡。而拱轴线与荷载压力线的偏离越大，则主拱的受力越不利。

b. 由施工实践证明，裸拱圈的挠度曲线呈 M 形，即拱顶下挠而在两边 $\frac{l}{8}$ 处上升。如果仍然按抛物线布设分配预拱度，则会使 $\frac{l}{8}$ 处的拱轴线偏离设计拱轴线更远。如按新矢高 $f+\delta$ 和降低一级（或半级）拱轴系数进行主拱圈施工放样，待裸拱圈产生 M 变形后，刚好符合（或接近）设计拱轴线。

3. 拱架的卸落

拱圈砌筑（或现浇混凝土）完毕，待达到一定强度后即可拆除拱架。

如果施工情况正常，在拱圈合龙后，拱架应保留的最短时间与跨径大小、施工期间的气温、养护的方式等因素有关。对于石拱桥，一般跨径在 20m 以内时为 20d；跨径大于 20m 时为 30d；对于混凝土拱桥，按设计强度要求，经混凝土块试压强度的具体情况确定。因施工要求必须提早拆除拱架时，应适当提高砂浆（或混凝土）强度等级或采取其他措施。

为保证拱架能按设计要求均匀落下，必须采用专门的卸架设备。常用的卸架设备有木楔、砂筒和千斤顶等。

木楔有简单木楔和组合木楔等不同构造。简单木楔由两块 1:6~1:10 斜面的硬木组成，通过轻轻敲击木楔小头，便可将木楔取出使拱架下落。组合式木楔由三块楔形木和一根拉紧螺栓组成，卸落时只需拧松螺栓，木楔下降，拱架即可降落。

砂筒一般采用钢板制成，筒内装以干砂，上部插入活塞。卸落时靠砂子从砂筒下部泄砂孔流出，因此，要求筒内砂子要干燥、清洁。

为了保证拱圈（或拱上建筑已完成的整个上部结构）逐渐均匀地降落，以便使拱架所支承的桥跨结构重量逐渐转移给拱圈自身来承担，拱架不能突然卸除，而应该按照一定的卸架程序进行。

卸架程序：对于满布式拱架的中小跨径拱桥，可从拱顶开始，逐次向拱脚对称卸落；对于大跨径的悬链线拱圈，为了避免拱圈发生 M 形的变形，也有从两边 $\frac{l}{4}$ 处逐次对称地向拱脚和拱顶均衡地卸落。卸架的时间宜在白天气温较高时进行。

多孔连续拱桥施工时，还应考虑相邻孔间的影响。若桥墩设计容许承受单孔施工荷载，就可以单孔卸架。否则，应多孔同时卸落拱架，以避免桥墩不能承受单向推力而产生过大的位移，甚至引起严重的施工事故。

6.1.2 主拱圈的施工

1. 主拱圈的砌筑施工

在支架上砌筑或就地浇筑施工上承式拱桥一般分三个阶段进行。第一阶段施工主拱圈或拱肋混凝土，第二阶段施工拱上建筑，第三阶段施工桥面系。

在拱架上砌筑的拱桥主要有石拱桥和混凝土预制块拱桥。石拱桥按其材料规格分有粗料石拱桥、块石拱桥和浆砌片石拱桥等。

(1) 主拱圈放样与备料

粗料石主拱圈的拱石要按照主拱圈的设计尺寸加工成楔形。为了能合理划分拱石,保证结构尺寸准确,通常需要在样台上将主拱圈按1:1的比例放出大样,然后用木板或锌铁皮在样台上按分块大小制成样板,进行编号,以利加工。

在划分拱石时需注意:左右两批拱石间的砌缝横贯主拱圈全部宽度,并垂直于主拱圈中轴,成为贯通的辐射缝。上下两层拱石的砌缝为断续的弧形缝,前后拱石间的砌缝则为断续的、与主拱圈纵轴平行的平面缝。两相邻拱石的砌缝必须错开,其距离应不小于100mm,以利于主拱圈传力和具有较好的整体性。拱石划分与放样如图6.1-4所示。

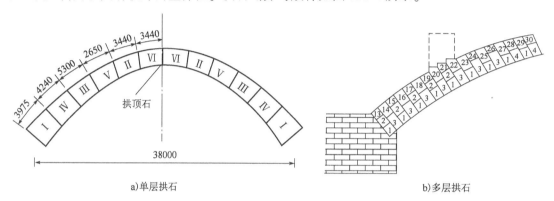

图 6.1-4 拱石划分与放样(尺寸单位:mm)

拱石分块的大小依加工能力和运输条件而定。对拱石加工的尺寸规格与误差要求,以及砂浆、小石子混凝土配合比和使用的规定,可按有关设计、施工规范办理。

(2) 主拱圈的砌筑

① 连续砌筑。

跨径小于16m的拱桥,当采用满布式拱架施工时,可以从两拱脚同时向拱顶按顺序砌筑,在拱顶合龙;跨径小于10m的拱桥,当采用拱式拱架时,应在砌筑拱脚的同时,预压拱顶及拱跨 $\frac{l}{4}$ 部位。

预加压力砌筑是在砌筑前在拱架上预加一定重力,以防止或减少拱架弹性和非弹性下沉的砌筑方法,它可以有效地预防主拱圈产生不正常的变形和开裂。预压物可采用拱石,随撤随砌,也可采用砂袋等其他材料。

砌筑主拱圈时,常在拱顶留一龙口,最后在拱顶合龙。为防止主拱圈因温度变化而产生过大的附加应力,主拱圈合龙应在设计要求的温度范围内进行。设计无规定时,主拱圈的合龙温度宜选取气温在5~15℃时进行。

② 分段砌筑。

当跨径大于或等于16m时,应分段砌筑。分段长度应以能使拱架受力对称、均匀和变形小为原则,拱式拱架宜设置在拱架受力反弯点、拱架节点、拱顶及拱脚处;满堂式拱架宜设置在拱顶、$\frac{l}{4}$、拱脚及拱架节点等处。各段的接缝面应与拱轴线垂直。

分段砌筑时,各段间可留空缝,空缝宽 3~4cm。在空缝处砌石要规则,为保持砌筑过程中不改变空缝形状和尺寸,同时也为拱石传力,空缝可用铁条或水泥砂浆预制块作为垫块,待各段拱石砌完后填塞空缝。填塞空缝应在两半跨对称进行,各空缝同时填塞,或从拱脚依次向拱顶填塞。因用力夯填空缝砂浆可使主拱圈拱起,故此法宜在小跨径拱中使用。当采用填塞空缝砂浆使拱合龙时,应注意选择最后填塞空缝的合龙温度。为加快施工,并使拱架受力均匀,各段亦可交叉、平行砌筑。

砌筑大跨径主拱圈时,在拱脚至 $\frac{l}{4}$ 段,当其倾斜角大于拱石与模板间的摩擦角时,拱段下端必须设置端模板并用撑木支撑(称为闭合楔)。闭合楔应设置在拱架挠度转折点处,宽约 1.0m。砌筑闭合楔时,必须拆除三角架,可分 2~3 次进行,先拆一部分,随即用拱石填砌,一般先在桥宽的中部填砌,然后拆第二部分。每次所拆闭合楔支撑必须在前一部分填砌的圬工砌缝砂浆充分凝固后进行。

③分环分段砌筑。

对于较大跨径的拱桥,当主拱圈较厚、由三层以上拱石组成时,可将主拱圈分成几环砌筑,砌一环合龙一环。当下环砌筑完并养护数日后,砌缝砂浆达到一定强度时,再砌筑上环。

上下环间拱石应犬牙交错,每环可分段砌筑。当跨径大于 25m 时,每段长度一般不超过 8m,段间可设置空缝或闭合楔。对于分段较多和分环砌筑的主拱圈,为使拱架受力对称、均匀,可在拱跨的 $\frac{l}{4}$、$\frac{3l}{4}$ 处或在几处同时砌筑合龙。

④多跨连拱的拱圈砌筑。

多跨连拱的主拱圈砌筑应考虑与邻孔施工的对称均匀,以免桥墩承受过大的单向推力。因此,当为拱式拱架时,应适当安排各孔的砌筑程序;当采用满布式支架时,应适当安排各孔拱架的卸落程序。

2. 主拱圈的就地浇筑施工

在支架上就地浇筑拱桥的施工同拱桥的砌筑施工基本相同,即浇筑主拱圈或拱肋混凝土→浇筑拱上立柱、联系梁及横梁等→浇筑桥面系。在施工时还需注意的是,后一阶段混凝土浇筑应在前一阶段混凝土强度达到设计要求后进行。主拱圈或拱肋的施工拱架,可在主拱圈混凝土强度达到设计强度的 70% 以上,拱上建筑施工前拆除,但应对拆架后的主拱圈进行稳定性验算。

在浇筑主拱圈混凝土时,立柱的底座应与主拱圈或拱肋同时浇筑,钢筋混凝土拱桥应预留与立柱的联系钢筋。

主拱圈混凝土的浇筑方法同砌筑施工,也分为连续浇筑法、分段浇筑法和分环分段浇筑法。施工方案主要根据桥梁跨径来选择。

(1)连续浇筑

跨径在 16m 以下的混凝土拱圈或拱肋,主拱高度比较小,全桥的混凝土数量也较少,因此,主拱圈可以从两拱脚开始向拱顶方向对称连续浇筑,在拱架混凝土初凝前完成全部浇筑。如预计不能在限定时间内完成,则应在拱脚预留一个隔缝并最后浇筑隔缝混凝土。

(2) 分段浇筑

当跨径大于或等于 16m 时,为避免先浇筑的混凝土因拱架下沉而开裂,并为减小混凝土的收缩力,而沿拱跨方向分段浇筑,各段之间留有间隔槽。这样,在拱架下沉时,主拱圈各节段有相对活动的余地,从而避免主拱圈开裂。

拱段分段长度一般为 6~15m,分段点应适当预留间隔槽。如预计时间间隔较小且采取分段间隔浇筑时,也可减少或不设间隔槽。间隔槽的位置应避开横撑、隔板、吊杆及刚架节点等处。间隔槽的宽度一般为 50~100cm,以便于施工操作和钢筋连接。为缩短主拱圈合龙和拱架拆除的时间,间隔槽内的混凝土可采用比主拱圈高一等级的半干硬性混凝土。各段的接缝面应与拱轴线垂直。

拱段的浇筑程序应符合设计规定,在拱顶两侧对称进行,以使拱架变形保持均匀和最小。

间隔槽混凝土在主拱圈各段混凝土浇筑完成且强度达到设计强度的 75% 以上时方可进行浇筑,浇筑顺序可从拱脚向拱顶对称进行,在拱顶浇筑间隔槽使拱合龙。拱的合龙温度应符合设计要求,一般应接近当地的年平均温度或在 5~15℃ 之间为宜。为加速施工进程,间隔槽混凝土可采用比主拱圈混凝土高一级的半干硬性混凝土。

(3) 分环分段浇筑

大跨径钢筋混凝土主拱圈为减轻拱架负荷,一般采用分环分段的浇筑方法。分段的方法与上述相同,分环的方法一般有两种:

① 分成两环浇筑,先分段浇筑底板(第一环),然后分段浇筑腹板、横隔板及顶板混凝土(第二环);

② 分成三环浇筑,先分段浇筑底板(第一环),然后分段浇筑腹板和横隔板(第二环),最后分段浇筑顶板(第三环)。

分环分段浇筑时,拱圈或拱肋的合龙方法有两种:一种是采取分环填充间隔槽合龙;另外一种是全拱圈(或拱肋)浇筑完成后一次性填充间隔槽合龙。采取分环填充间隔槽合龙时,已合龙的环层可与拱架共同作用,承担后浇混凝土的重量。采用一次性填充间隔槽合龙时,主拱圈(或拱肋)必须一环一环地分段浇筑,待最后一环混凝土浇筑完成后,一次性填充各环间隔槽完成主拱圈(或拱肋)的合龙。采用这种合龙方法的上下环间隔槽位置应该互相对应和贯通,其宽度一般为 2m 左右,有钢筋接头的间隔槽宽度一般为 4m 左右。

分环浇筑,由于各环混凝土龄期不同,混凝土的收缩和温差影响在环面间会产生剪力和结构的内应力,容易造成环间裂缝。因此,其浇筑程序、养护时间和各环间的结合必须通过计算确定。

(4) 拱肋横向联系的浇筑

各拱肋同时浇筑时,拱肋间横向联系与浇筑拱肋同时施工,并同时卸落拱架;各拱肋不是同时浇筑和卸架时,应在各拱肋卸架后再浇筑肋间横向联系。拱上立柱的底座应与拱圈(或拱肋)同时浇筑,柱脚接头钢筋,肋间横向联系接头钢筋及中承、下承式拱桥拉杆的接头钢筋(或钢丝束的穿孔等),应在浇筑拱肋混凝土时设计预留位。

(5) 主拱圈(或拱肋)钢筋的绑扎

① 拱脚接头钢筋预埋。

钢筋混凝土无铰拱的主拱圈(或拱肋)的主钢筋一般需要伸入墩台内,因此在浇筑墩台混凝土时,应按设计要求的位置和深度将钢筋头预埋入混凝土中。为便于埋入,主钢筋端部可断开,但应按有关规定使各钢筋接头错开。

②钢筋接头布置。

为适应主拱圈(或拱肋)在浇筑过程中的变形,主拱圈(或拱肋)的主钢筋或钢筋骨架一般不使用通长钢筋,而在适当位置的间隔缝中设置钢筋接头,且最后浇筑的间隔缝处必须设置钢筋接头。

③钢筋绑扎顺序。

分环浇筑主拱圈(或拱肋)时,钢筋可分环绑扎。分环绑扎时,各种预埋钢筋应予以临时固定,并在混凝土浇筑前进行检查和校正。

6.1.3 拱上建筑施工

当主拱圈达到一定强度后,即可进行拱上建筑的施工。拱上建筑的施工,应对称均衡地进行,避免使主拱圈产生过大的不均匀变形。

实腹式拱上建筑施工应从拱脚向拱顶对称地进行,当侧墙砌完后,再填筑拱腹填料。空腹式拱一般是在腹拱墩或立柱完成后,卸落主拱圈的拱架,然后,对称均衡地进行腹拱或横梁、联系梁及桥面的施工。较大跨径拱桥的拱上建筑砌筑,应按设计文件规定进行。

6.2 拱桥无支架就地浇筑法施工

当拱桥位于深水、深谷、通航河道或限于工期必须在汛期进行拱肋施工时,宜采用无支架就地浇筑法施工。

在拱桥的无支架就地浇筑法施工中,常用的方法主要有劲性骨架施工法和悬臂施工法两种。悬臂施工法包括塔架斜拉索法和斜吊式悬浇法等。

6.2.1 劲性骨架施工法

劲性骨架施工法分为劲性钢骨架法和钢管混凝土劲性骨架法。

1. 劲性钢骨架法

采用劲性钢骨架(图 6.2-1)施工的拱桥,一般选用角钢、槽钢、工字钢和钢管等制作成空间桁架,同时作为拱圈的受力劲性钢骨架。在施工时先将节段骨架按设计尺寸制作、安装就位并合龙,然后在骨架内、外立模板逐段浇筑混凝土,当骨架全部被混凝土包裹后,就形成了钢筋混凝土拱圈(或拱肋)。施工中浇筑混凝土前应按设计的混凝土重力对劲性骨架进行预压,以防止钢筋骨架浇筑混凝土时产生变形,破坏已浇筑的混凝土和钢骨架的结合。

拱桥劲性骨架法施工视频

为确保施工的安全、质量及预拱度、混凝土应力的控制,事先应进行加载程序设计并准确计算和分析结构的稳定安全度,施工中可采用时监控系统,及时进行变形和应力监控,实现现场全过程结构分析,使拱圈(或拱肋)的应力和拱轴线的变形、稳定安全度等都在允许范围内。混凝土浇筑应在拱圈两侧对称进行。

图 6.2-1　劲性钢骨架

2. 钢管混凝土劲性骨架法

钢管混凝土劲性骨架法：先分段制作钢骨架，然后经安装形成钢管拱，再浇筑管内混凝土，待钢管内的混凝土达到一定强度后形成钢管混凝土劲性骨架(图6.2-2)，在其上悬挂模板，按一定浇筑程序分环浇筑拱圈混凝土直至形成设计拱圈截面。先浇筑的混凝土凝结后又可作为承重结构的一部分与劲性骨架共同承受后浇筑各部分混凝土的重量，从而降低了钢材的用量，减小了骨架的变形。因此这是一种比劲性钢骨架法更优越的方法。

图 6.2-2　钢管混凝土劲性骨架

钢管混凝土劲性骨架法施工过程中结构的稳定性是工程安全的关键所在。施工前应对混凝土浇筑各阶段，钢管混凝土劲性骨架及分环浇筑的拱圈面内、面外稳定性进行详细分析，提出改善和提高结构稳定安全度的措施。

6.2.2　塔架斜拉索法

塔架斜拉索法(图6.2-3)是国外采用最早、最多的大跨径钢筋混凝土拱桥无支架施工的方法。这种方法的要点：在拱脚墩、台处安装临时的钢或钢筋混凝土塔架,用斜拉索(或斜拉粗钢筋)一端扣住拱圈节段,另一端锚固在台后的锚碇上。用设在已浇筑完的拱段上的悬臂挂篮逐段悬臂浇筑拱圈(或拱肋)混凝土,整个拱圈混凝土的浇筑应从两拱脚开始对称地进行,逐节向跨中悬臂推进,直至拱顶合龙。塔架的高度和受力应由拱的跨径和矢跨比等确定。斜拉索可用预应力钢绞线或钢丝束,其断面和长度由拱段的长度和位置确定。

图 6.2-3　塔架斜拉索法

塔架斜拉索法一般采用悬浇法施工,也可用悬拼法施工。在拱圈混凝土灌注完毕以后,即在拱顶安装调整应力的液压千斤顶,然后放松拉杆,灌注拱上立柱和桥面系。

6.2.3　斜吊式悬浇法

斜吊式悬浇法使用专用挂篮,并斜吊钢筋将拱圈、拱上立柱和预应力混凝土桥面板等一起向前同时浇筑,使之边浇筑边形成桁架,利用已浇筑段的上部作为拱圈的斜吊点将其固定。斜吊杆的力通过布置在桥面上的明索传至岸边地锚上(也可利用岸边桥台作地锚)。具体方法如下。

①引孔完成之后,在桥面板上设置临时明索,并在吊架上浇筑第一段拱圈。待该段混凝土达到要求强度之后,在其上设置预应力明索,并撤去吊架,直接系吊于斜吊杆上,然后在其前端安装悬臂挂篮。

②用挂篮逐段悬臂浇筑拱圈,在挂篮通过拱上立柱位置后立刻浇筑拱上立柱及立柱间的桥面板,然后用挂篮继续向前浇筑,直至通过下一个立柱的位置,再安装前两个立柱之间桥面板上的临时明索及斜吊杆,并浇筑新的桥面板。如此往复,每当挂篮前移一步,都要将桥面临时明索收紧一次。

这样,一边用斜吊钢筋形成桁架,一边向前悬臂浇筑,直至拱顶附近,撤去挂篮,再用吊架浇筑拱顶合龙混凝土。

当拱圈为箱形截面时,每段拱圈施工应按箱形截面拱圈的施工顺序进行浇筑。

为加快施工进度,拱上桥面板混凝土宜采用活动支架逐孔浇筑。采用斜吊式悬浇法浇筑大跨径拱桥时,个别施工误差对整体工程的影响很大。对施工质量、材料规格和强度及混凝土的浇筑等必须进行严格的检查和控制,尤其应重视斜吊杆预应力筋的拉力控制,斜吊钢筋的锚固,地锚的地基反力的稳定及预拱度、混凝土应力的控制等。

拱肋除第一段用斜吊支架现浇混凝土外,其余各段均用挂篮现浇施工。斜吊杆可以用钢丝束或预应力粗钢筋,架设过程中作用于斜吊杆的力是通过布置在桥面板上的临时拉杆传至岸边的地锚上(也可利用岸边桥墩作地锚)。

斜吊式悬浇法施工主要步骤如图6.2-4所示。

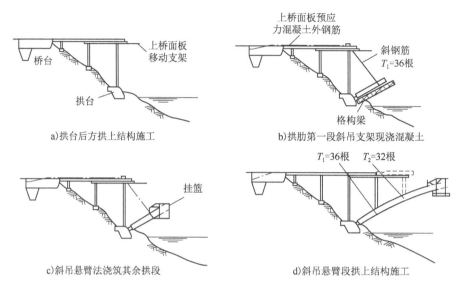

图 6.2-4　斜吊式悬浇法施工主要步骤

6.3　拱桥缆索吊装法施工

拱桥缆索吊装法
施工动画

缆索吊装法施工(图6.3-1)是使用最为广泛的拱桥无支架施工方案之一。采用缆索吊装法施工装配式钢筋混凝土肋拱桥的施工工序:在预制场预制拱肋(箱)和拱上结构→将预制拱肋和拱上结构通过平车等运输设备移运至缆索吊装位置→将分段预制的拱肋吊运至安装位置,利用扣索对分段拱肋进行临时固定→吊运合龙段拱肋,对各段拱肋进行轴线调整,主拱圈合龙→拱上建筑施工。

6.3.1　拱肋的预制方法

拱肋的预制方法分立式预制和卧式预制两种。立式预制的特点:起吊安全、方便;底模可采用土牛拱胎,节省木料;当采用密排浇筑时,占用场地也较少。卧式预制的特点:可节省木料;拱肋的形状及尺寸较易控制;浇筑混凝土时操作也方便;拱肋起吊时要经历由卧式转为立式的阶段,容易损坏。卧式预制又可分为单片预制和多片叠制两种。

图 6.3-1 缆索吊装法施工

6.3.2 拱肋的安装

拱肋安装的一般顺序：边段拱肋吊装及悬挂→次边段拱肋吊装及悬挂→中段拱肋吊装及拱肋合龙。在边段、次边段拱肋吊运就位后，需施加扣索进行临时固定。在合理安排拱肋的吊装顺序方面，需按下列原则进行。

①单孔桥跨常由拱肋合龙的横向稳定方案决定吊装拱肋顺序。

②多孔桥跨应尽可能在每孔内多合龙几片拱肋后再推进，一般不少于两片拱肋。但合龙的拱肋片数不能超过桥墩强度和稳定性所允许的单向推力。

③对于高桥墩，还应以桥墩的墩顶位移值控制单向推力，位移值应小于 $l/400$。

④对于设有制动墩的桥跨，可以以制动墩为界分孔吊装，先合龙的拱肋可提前进行拱肋接头、横系梁等的安装工作。

⑤采用缆索吊装法时，为便于拱肋的起吊，拱肋起吊位置的桥孔一般安排在最后吊装；必要时，该孔最后几根拱肋可在两肋之间用"穿孔"的方法起吊。吊装时，为减少主索的横向移动次数，可将每个主索位置下的拱肋全部吊装完毕后再移动主索。

⑥为减少扣索往返拖拉次数，可按吊装推进方向，顺序地进行吊装。

6.3.3 拱肋的合龙

拱肋的合龙方式有单基肋合龙、悬挂多段边段或次边段拱肋后单肋合龙、双基肋合龙、留索单肋合龙等。当拱肋跨度大于 80m 或横向稳定安全系数小于 4 时，应采用双基肋合龙松索成拱的方式，即当第一根拱肋合龙并校正拱轴线、楔紧拱肋接头缝后，稍松扣索和起重索，压紧接头缝，但不卸掉扣索，待第二根拱肋合龙并将两根拱肋横向连接、固定和拉好风缆后，再同时松卸两根拱肋的扣索和起重索。

拱肋合龙后的松索过程必须注意下列事项。

①松索前应校正拱轴线及各接头高程，使之符合要求。

②每次松索均应采用仪器观测，控制各接头高程，防止拱肋各接头高程发生非对称变形而

导致拱肋失稳或开裂。

③松索应按照拱脚段扣索、次段扣索、起重索的先后顺序进行,并按比例定长、对称、均匀松卸。

④每次松索量宜小,各接头高程变化不宜超过1cm。松索至扣索和起重索基本不受力时,用钢板嵌塞接头缝隙,压紧接头缝,拧紧接头螺栓,同时,用风缆调整拱肋轴线。调整拱肋轴线时,除应观测各接头高程外,还应兼测拱顶及$l/8$跨点处的高程,使其在允许偏差之内。

⑤接头处部件电焊后,方可松索成拱。

6.3.4　拱肋稳定措施

在缆索吊装法施工的过程中,为保证拱肋有足够的纵、横向稳定性,除要满足计算要求外,在构造、施工上都必须采取一些措施。

一般的横向稳定措施为设置风缆和在拱肋之间设置横向联系装置。

横向稳定风缆在边段拱肋就位时可用以调整和固定拱肋中线;在拱肋合龙时可用以约束接头的横向偏移;在拱肋成拱以后相当于一个弹性支承,可减小拱肋自由长度,增大拱肋的横向稳定;当拱肋在外力作用下产生位移时,也可起到约束作用。

当设计选择的拱肋宽度小于单肋合龙所需要的最小宽度时,为满足拱肋横向稳定的要求,可采用双基肋合龙或多基肋合龙的形式。对较大跨径的拱桥尤宜采用双基肋合龙或多基肋合龙,基肋与基肋之间必须紧随拱肋的拼装以及时增加横向联系(或临时连接)。拱肋横向联系方式通常有木夹板、木剪刀撑和钢筋拉杆等。

在拱轴系数过大、拱肋截面尺寸太小、刚度不足等个别情况下,有时需采用加强拱肋纵向稳定的施工措施。当拱肋接头处可能发生上冒变形时,可在其下方设置下拉索以控制变形;当拱肋截面尺寸太小、刚度不足时,可在拱肋底弧等分点上用钢丝绳进行多点张拉。

6.4　拱桥转体法施工

拱桥转体法
施工动画

桥梁转体法施工是20世纪40年代以后发展起来的一种架桥工艺。它是在河流的两岸或适当的位置,利用地形或使用简便的支架先将半桥预制完成之后,以桥梁结构的桥墩(台)本身为转动体,用一些机具设备,分别将两个半桥转体到桥位轴线位置后再浇筑合龙段成桥。

转体的方法可分为平面转体、竖向转体或平竖结合转体三种。

平面转体又可分为有平衡重平面转体和无平衡重平面转体两种。

6.4.1　有平衡重平面转体施工

有平衡重平面转体施工的特点是转体重量大,施工关键是转体。要把数百吨重的转动体系顺利、稳妥地转到设计位置,主要靠正确的转体设计、制作灵活可靠的转体装置、布设牵引驱动系统等几项措施来实现。

1. 转动体系的构造

转动体系主要由底盘、上盘、背墙、桥体上部结构、拉杆(或拉索)组成。底盘和上盘都是桥台基础的一部分,底盘和上盘之间设有能使其互相间灵活转动的转体装置。背墙一般就是桥台的前墙,它不但是转动体系的平衡重,而且是转体阶段桥体上部拉杆的锚碇反力墙。拉杆一般是拱桥(桁架拱、刚架拱)的上弦杆,或是临时设置的体外拉杆钢筋(或扣索钢丝绳)。

2. 转体装置

转体装置与梁桥转体施工基本相同。

3. 拱桥的转体施工

有平衡重平面转体拱桥的主要施工工艺流程如图6.4-1所示。

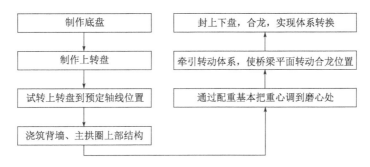

图6.4-1　有平衡重平面转体拱桥的主要施工工艺流程

6.4.2　无平衡重平面转体施工

无平衡重平面转体施工(图6.4-2)是把有平衡重平面转体施工中的拱圈扣索锚在两岸的岩体中或利用边跨的自重构成平衡体,从而节省了庞大的平衡重。但也由于锚碇的要求,此施工方法仅适宜在山区地质条件好或跨越深谷急流处建造大跨桥梁时选用。

1. 构造

拱桥无平衡重平面转体施工具有锚固、转动、位控三大体系。

(1)锚固体系

锚固体系由锚碇、尾索、平撑、锚梁(或锚块)及立柱组成。锚碇设在引道或边坡岩石中,锚梁(或锚块)支承于立柱上,两个方向的平撑及尾索形成三角形稳定体,使锚块和上转轴为一确定的固定点。拱箱转至任意角度,由锚固体系平衡拱箱扣索力。

(2)转动体系

转动体系由上转动构造、下转动构造、拱箱及扣索组成。

上转动构造由埋入锚梁(或锚块)中的轴套、转轴和环套组成,索一端与环套连接,另一端与拱箱顶端连接,转轴在轴套与环套间均可转动。

图 6.4-2　无平衡重平面转体施工

下转动构造由下转盘、下环道与下转轴组成。拱箱通过拱座铰支承在转盘上,马蹄形的转盘中部卡套在下转轴上,并支承在下环道上。转盘下设有安装了许多聚四氟乙烯小板块的千岛走板,千岛走板可在下环道上沿下转轴作弧形滑动,转盘与转轴的接触面涂有聚四氟乙烯粉黄油,以使拱箱转动。

扣索常采用 $\phi 32\mathrm{mm}$ 精轧螺纹钢筋,扣索将拱箱顶部与上转轴连接,从而构成转动体系,在拱箱顶端张拉扣索,拱箱即可离架转动。

(3)位控体系

位控体系由系在拱箱顶端扣点的缆风索与无级调速自控卷扬机、光电测角装置、控制台组成,用以控制在转动过程中转动体的转动速度和位置。

2. 施工工艺流程

(1)转动体系施工

①设置下转轴、转盘及环道。

②设置拱座及预制拱箱(或拱肋),预制前需搭设必要的支架、模板。

③设置立柱。

④安装锚梁、上转轴、轴套、环套。

⑤安装扣索。

这一部分的施工主要保证转轴、转盘、轴套、环套的制作安装精度及环道水平高差的精度,并要做好安装完毕到转体前的防护工作。

(2)锚碇系统施工

①制作桥位中线上的开口地锚。

②设置斜向洞锚。

③安装轴向、斜向平撑。

④尾索张拉。

⑤扣索张拉。

其中,锚碇部分的施工应绝对可靠,以确保安全。尾索张拉在锚块端进行,扣索张拉在拱顶段拱箱内进行。张拉时,要按设计要求分级、对称、均衡地加力,要密切注意锚碇和拱箱的变形、位移和裂缝,发现异常现象时应仔细分析研究,处理后再进行下一工序,直至拱箱张拉脱架。

(3) 转体施工

正式转体前应再次对桥体各部分进行系统全面的检查,检查合格后方可转体。拱箱的转体是靠上、下转轴事先预留偏心值形成的转动力矩来实现的,启动时放松外缆风索,转到距桥位中线约60°时开始收紧内缆风索,索力逐渐增大,但应控制在20kN以下,再转不动则应以千斤顶在桥台上顶推马蹄形下转盘。为了使缆风索受力角度合理,可设置两个转向滑轮。缆风索走速在启动时宜选用0.5~0.6m/min。一般行走时宜选用0.8~1.0m/min。

(4) 合龙卸扣施工

转体就位时,拱顶合龙端的高差通过张紧扣索提升拱顶、放松扣索降低拱顶来调整到设计位置。封拱宜在低温时进行。先用八对钢楔楔紧拱顶、焊接主筋、预埋铁件,然后先封桥台拱座混凝土,再浇封拱顶接头混凝土。当混凝土达到70%的设计强度后,即可卸扣索,卸索应对称、分级进行。

6.4.3 拱桥竖向转体施工

当桥位处无水或水很少时,可以将拱肋在桥位拼装成半跨,然后用扒杆起吊安装。当桥位处水较深时,可以在桥位附近拼装成半跨,浮运至桥位中线位置,再用扒杆起吊安装。三峡莲沱大桥属基本无水安装,浙江新安江大桥和江西瓷都大桥均采用船舶浮运至拱轴线位置起吊安装。以下简要介绍三峡莲沱大桥竖向转体的施工方法。

三峡莲沱大桥全长341.9m,桥面宽18.5m,主桥跨径为48.3m+114m+48.3m的三跨钢管混凝土系杆拱桥。中跨为中承式无铰拱;两边跨为上承式,一端固定,另一端铰支拱。拱肋断面为哑铃形,由直径为1.2m的上、下钢管和腹板构成,拱肋高为3m。两拱肋之间设有钢管混凝土横斜撑联系。半跨拱肋的拼装就在桥位中线位置立架安装。

1. 钢管拱肋竖转扒杆吊装

钢管拱肋竖转扒杆吊装的工作内容:将中拱分成两个半拱在地面胎架上焊接完成,经过对焊接质量、几何尺寸、拱轴线形等验收合格后,由竖在两个主墩顶部的两副扒杆分别将其拉起,在空中对接合龙。

由于两边拱处地形较高,故边拱拱肋直接由起重机在胎架上就位拼装。扒杆吊装系统设计的主要工作:起吊及平衡系统的计算;扒杆的计算;扒杆背索及主地锚的计算;设置拱脚旋转装置等。

拱肋在竖转吊装过程中需绕拱脚旋转。旋转装置采用厚度为36mm的钢板在工厂进行配对冲压而成,这样使两个弧形钢板较密贴。在两弧形钢板之间涂上黄油,以减小摩擦力。

2. 钢管拱肋竖转吊装

(1) 竖转吊装的工序

安装拱肋胎架,安装拱脚旋转装置,安装地锚,安装扒杆及背索,拼装钢管拱肋,安装起吊及平衡系统,起吊三斗坪侧半拱、起吊宜昌侧半拱,拱肋合龙,拱肋高程调整,焊接合龙接头,拆除扒杆,封固拱脚。

(2) 扒杆安装

为便于安装,扒杆分段接长,立柱钢管以 9m 左右为一节,两节之间用法兰连接。安装时先在地面将两根立柱拼装好,用起重机将其底部吊于墩顶扒杆底座上,并用临时轴销锁定,待另一端安装完扒杆顶部横梁后,由起重机抬起扒杆头至一定高度,再改用扒杆背索的卷扬机收紧钢丝绳将扒杆竖起。

(3) 拱肋吊装

拱肋起吊采用两台 200kN 同步慢速卷扬机,待拱肋脱离胎架 10cm 左右,停机检查各部运转是否正常,并根据对扒杆的受力与变形、钢丝绳的行走、卷扬机的电流变化等情况的观测结果,判断能否正常起吊。当一切正常时,即进行拱肋竖向转体吊装。拱肋吊装完成后,进行拱肋轴线调整和跨中拱肋接头的焊接,完成拱肋吊装合龙。

6.5 系杆拱桥施工

拱桥按照承载形式,又可以分为下承式、中承式和上承式,如图 6.5-1 所示。已建的绝大多数的系杆拱桥都是中承式和下承式。上承式拱桥因拱脚处存在水平推力,对地基要求非常高;中承式拱桥的拱脚处也有水平推力,但设计时采用边跨半拱的形式削减和消除水平推力;而下承式拱桥采用纵系梁承受拱脚处的水平推力,对外无水平推力。

a) 下承式拱桥

b) 中承式拱桥

c) 上承式拱桥

图 6.5-1 拱桥的形式

6.5.1 系杆拱桥的组成

系杆拱桥是指由拱肋、纵系梁(也称系杆)、吊杆和桥面板等协同工作的组合结构桥梁,以系杆承受拱脚水平推力为特征,立面主要由拱肋、纵系梁和吊杆三部分组成,横向有风撑(确保拱肋横向联系)、横梁(端横梁、中横梁)等。系杆拱桥的基本组成如图 6.5-2 所示。

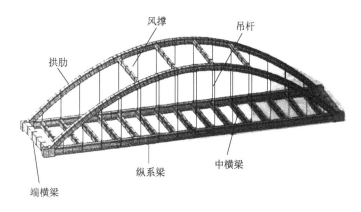

图 6.5-2 系杆拱桥的基本组成

1. 拱肋

系杆拱桥的常见的拱肋形式有钢管混凝土拱肋和钢筋混凝土拱肋两种类型。拱肋主要承受压力。

2. 纵系梁

纵系梁通过吊杆与主拱圈(拱肋)连接,并在拱脚段与主拱圈(拱肋)直接连接成整体。纵系梁多采用预应力混凝土结构,主要承受弯矩和拉力。

3. 吊杆

吊杆将纵系梁吊起并固定在主拱圈(拱肋)上,多采用预应力高强钢束,也有的采用预应力混凝土拉杆。吊杆主要承受拉力。

4. 风撑

风撑为主拱圈(拱肋)的横向联系结构,其形式一般与主拱圈(拱肋)的结构形式相配套,通常布置在拱顶及拱顶附近,确保主拱圈(拱肋)的稳定性。

5. 横梁

横梁架设在左右纵系梁之间,作为纵系梁的横向联系,也可作为桥面板的支承梁,根据结构形式不同有端横梁和中横梁两种。横梁通常采用预应力混凝土梁,其安装位置与吊杆位置一致,主要承受弯矩。

6. 桥面板

桥面板铺设在横梁上作为行车道板,通常为钢筋混凝土预制构件。

6.5.2 系杆拱桥的施工

系杆拱桥
施工动画

系杆拱桥的施工,首先必须编制专项施工方案。在方案里,需要确定系杆拱桥各主要构件的施工方法和临时措施,并验算施工过程构件和临时结构的承载力和安全性。

根据桥梁所处环境的不同,系杆拱桥的施工有先梁后拱和先拱后梁两种形式。一般的系杆拱桥多采用先梁后拱,当桥下有较高的通行(航)要求或无法进行纵系梁的施工时,可采用先拱后梁。

1. 纵系梁的施工

纵系梁施工可采用就地浇筑法和预制安装法,具体方法的确定由施工图设计文件规定。

(1)纵系梁的就地浇筑法施工

纵系梁的就地浇筑在先梁后拱中一般采用整体浇筑法,在先拱后梁中可用分段浇筑法。

纵系梁整体浇筑法通常利用支架法进行,部分系杆拱桥的纵系梁与桥面板可同时进行浇筑,具体过程和要求与梁式桥的就地浇筑法基本一致。

分段浇筑法多采用挂篮进行逐段对称浇筑。

(2)纵系梁的预制安装法施工

根据施工设计文件对纵系梁进行分段预制,预制方法如梁式桥构件预制。

2. 拱肋施工

系杆拱桥钢筋混凝土拱肋可采用节段预制拼装和整体现浇,系杆拱桥钢管混凝土拱肋可采用钢管节段安装和管内混凝土浇筑。

(1)钢筋混凝土拱肋节段预制拼装施工

根据施工图纸设计资料,在适合的预制场地,将钢筋混凝土拱肋分段进行预制。预制完成后的拱肋节段运到桥梁施工现场后,在支架上将拱肋节段安装到位,调整拱肋轴线线形后,浇筑湿接缝接头。待接头混凝土强度达到规定要求后,即可进行后续施工内容。

拱肋前的风撑与拱肋同步拼装。

(2)钢筋混凝土拱肋整体现浇施工

搭设拱肋支架,在支架上布置模板、钢筋骨架,并浇筑拱肋混凝土。拱肋前的风撑与拱肋同步浇筑。

(3)钢管混凝土拱肋施工

① 钢管拱肋的制造与拼装。

钢管拱肋的制造应采用符合设计及相关标准的材料,在工厂内进行。制造加工前应根据设计文件编制制造工艺、绘制加工图和拼装图等,制造完成后应在厂内进行不少于三个节段的试拼装。

钢管拱肋加工时,应设置泵送混凝土压注孔、防倒流截止阀、排气孔及吊点、扣点和节点板等。

钢管拱肋与纵梁系连接的拱脚段采用现浇方式进行。其余钢管拱肋节段的连接应使结构处于无应力状态下进行施焊。合龙口的焊接或栓接应选择在环境温度相对稳定的时段内尽快完成。在成拱过程中,可同时安装横向联结系。

②混凝土浇筑。

钢管混凝土的浇筑一般采用泵送顶升压注施工,混凝土的输送泵的性能应能满足顶升压注施工的需要,混凝土应具有低含气量、大流动性、收缩补偿、延后初凝和早强等性能,其配合比应经试验确定。

输送泵设于两岸拱脚,由拱脚至拱顶对称、均衡压注混凝土。压注应连续进行,不得中断,直至拱顶端的溢流管排出正常混凝土时方可停止。压注时应考虑上、下游拱肋的对称性和均衡性,并应将施工时间控制在混凝土初凝时间内。混凝土压注完成后,应及时关闭设于压注口的倒流截止阀。

3. 吊杆安装

主拱圈(拱肋)和纵系梁施工完成后,可安装吊杆。

吊杆应采用符合设计规定的产品,安装时应顺直、无扭转;防护层应完整无破损。

吊杆上端与拱肋相连,下部与纵系梁相接,其每一阶段的张拉力值应符合设计规定。吊杆的上下锚头应采取防排水、防腐蚀及防老化的措施。吊杆应进行防护,确保处于无磨蚀或低腐蚀的工作环境。

4. 横梁安装和桥面板铺设

吊杆安装完成且张拉力达到设计要求后,即可进行横梁安装和桥面板铺设。

1. 拱桥有支架施工的主要工作内容及注意事项有哪些?
2. 拱桥无支架施工的主要工作内容及注意事项有哪些?
3. 系杆拱桥施工的主要工作内容及注意事项有哪些?

模块 7
CHAPTER SEVEN
斜拉桥施工

 内容概要

本模块介绍斜拉桥的施工方法,主要包括索塔及基础施工、主梁施工、拉索施工和施工控制。

 学习目标

能按照斜拉桥施工组织设计和专项施工方案参与或组织索塔及基础施工、主梁施工和拉索施工等工作。

 重点学习任务

【1】熟悉斜拉桥的施工工艺流程;
【2】熟悉斜拉桥索塔及基础、主梁和拉索的施工方法。

 主要活动设计

【1】阅读斜拉桥的施工组织设计和专项施工方案;
【2】观看斜拉桥施工的相关视频和图片资料;
【3】参观斜拉桥施工的工地现场(有条件时)。

斜拉桥施工动画

斜拉桥(图 7.0-1)是由索塔、主梁、拉索三种基本构件组成的缆索承重结构体系,一般表现为柔性的受力特点。张紧的拉索形成主梁的弹性支承和对主梁产生的轴向力可以减小主梁高度,从而跨越更大的跨径。

斜拉桥施工的主要工作包括:索塔及基础施工、主梁施工和拉索施工三大内容。其施工工艺流程如图 7.0-2 所示。

图 7.0-1　斜拉桥

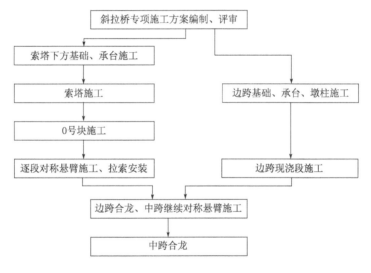

图 7.0-2　斜拉桥的施工工艺流程

7.1　索塔及基础施工

索塔有钢索塔和混凝土索塔两种。相对而言,钢索塔具有造价昂贵、施工精度要求高、抗震性好、维护要求高等特点;混凝土索塔则有价格低廉、整体刚度大、施工简便、成桥后一般无须养护和维修的特点。现代斜拉桥一般采用混凝土索塔。我国已修建的斜拉桥均采用混凝土索塔。

7.1.1 钢索塔施工

钢索塔一般采用预制拼装的施工方法,分为工厂分段预制加工和现场起吊安装两个大的施工阶段。

索塔的钢构件在工厂制造时应进行试拼装,试拼装合格后方可启运,并应根据不同的运输方式对钢构件进行必要的临时加固和保护。节段钢构件安装的吊点、导向件及临时匹配件宜在厂内制造时设置。

安装施工前,应根据高空作业的特点制订专项施工方案,并编制详细的节段钢构件吊装施工工艺,核对各节段构件的编号和起吊重力。在吊装前应对节段钢构件起吊的稳定性进行验算,并对各关键部位进行临时加固后试吊,确认无误方可正式起吊安装。

钢索塔节段的起吊安装应充分考虑气候的影响,宜选择在6级风力以下且天气条件较好时进行,保证施工安全。

钢索塔节段拼装多采用高强度螺栓连接方式,具体操作工艺及要求可参看相关规范。

斜拉桥混凝土索塔专项施工方案

对钢索塔节段安装的精确定位控制测量,宜选择在日落后4h至日出前2h且温度场较为稳定的时段进行。

钢索塔的防锈蚀措施,可以采用耐候钢材,也可采用喷锌层。国内外绝大部分钢塔仍采用油漆涂料,一般可使用保持的年限为10年。油漆涂料常采用二层底漆、二层面漆,其中三层由加工厂涂装,最后一道面漆由施工安装单位最终完成。

7.1.2 混凝土索塔施工

混凝土索塔通常由基础、承台、下塔柱、下横梁、中塔柱、上横梁、上塔柱拉索锚固区段及塔顶建筑等几部分组成,如图7.1-1所示。

混凝土索塔的施工方法可根据结构特点、施工环境和设备能力等综合确定,一般可采用支架法、滑模法、爬模法分节段施工。

安装施工前,应根据高空作业的特点制订专项施工方案。塔柱节段施工长度,可根据索塔结构形式、钢筋定尺长度和施工条件等因素确定,常用的施工节段大小划分为1~6m不等。塔柱模板系统应具有足够的强度、刚度和稳定性,且进行抗风稳定性验算。

塔座(索塔底部与承台顶面的连接段)及塔柱实心段施工时,应控制好模板的平面位置和倾斜度,按大体积混凝土施工要求采取降低水化热和温度控制的措施,并采取适当措施缩短塔座与承台、塔柱与塔座之间浇筑混凝土的间隔时间,间歇期宜不大于15d。

索塔塔柱施工时,通常设置型钢制作的劲性骨架。劲性骨架在加工厂加工,在现场分段超前拼接,精确定位。劲性骨架安装定位后,可供测量放样、立模、钢筋绑扎、拉索钢套管定位用,也可

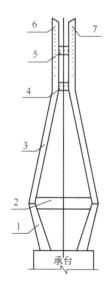

图7.1-1 斜拉桥索塔立面图
1-下塔柱;2-下横梁;3-中塔柱;4-中横梁;5-上横梁;6-上塔柱;7-拉索套筒

供施工受力用。劲性骨架在倾斜塔柱中,其功能作用很大,设计者应结合构件受力需要而设置。当塔柱为内倾或外倾布置时,应考虑每隔一定的高度设置受压支架(塔柱内倾)或受拉拉杆(塔柱外倾)来保证斜塔柱的受力、变形和稳定性,如图7.1-2所示。

图7.1-2 斜拉桥塔柱施工

混凝土索塔的下横梁、上横梁一般采用支架法现浇,一般为预应力混凝土结构。在高空中进行大跨度、大断面现浇高强度等级预应力混凝土横梁,其难度很大。施工时要考虑到模板支撑系统及连接间隙的变形、弹性变形、支承不均匀沉降变形,混凝土梁、柱与钢支撑不同的线膨胀系数影响,日照温差对混凝土钢的不同时间差效应等产生的不均匀变形的影响,以及相应的变形调节措施。

索塔混凝土的输送可采用提升法,有条件时应采用商品泵送混凝土工艺,一次泵送混凝土高度可达200m以上。

7.1.3 拉索锚固区塔柱施工

拉索在塔顶部的锚固形式主要有交叉锚固(图7.1-3)、钢锚梁(箱)锚固(图7.1-4)和预应力箱形锚固(图7.1-5)等。交叉锚固多用于实体式索塔,拉索在索塔的相对侧进行锚固。钢锚梁锚固和箱形锚固则用于空心索塔。

1. 交叉锚固施工

交叉锚固的施工工序:立劲性骨架、绑扎钢筋→拉索钢套管的制作与定位→立模、浇筑混凝土。

(1)立劲性骨架、绑扎钢筋

为了满足施工时固定钢筋、拉索锚箱定位及调模等诸多方面的需要,一般在索塔锚固段中设有劲性骨架,底节预埋段和变幅段施工因与现场高程有关,常现场加工,而其余标准段用预制拼装。

钢筋绑扎按照先竖向主筋后箍筋的方式进行,安装误差须符合施工规范的有关规定。

142 桥梁工程施工

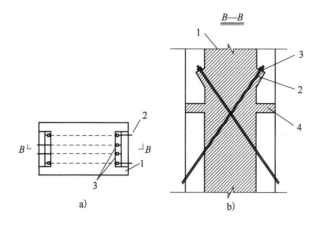

图 7.1-3 交叉锚固
1-索塔;2-拉索;3-锚具;4-横隔板

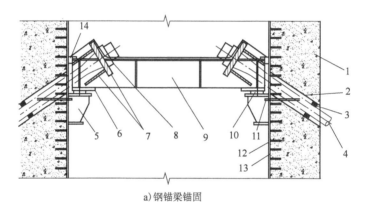

a) 钢锚梁锚固

b) 钢锚箱锚固

图 7.1-4 钢锚梁(箱)锚固
1-索塔;2-钢套管;3-减振装置;4-拉索;5-牛腿;6-支撑垫板;7-拉索承重板;8-拉索锚头;9-钢锚梁;10-弧形钢板支座;11-牛腿锚固螺栓;12-护壁板;13-剪力钉;14-限拉垫板;15-侧拉板;16-横隔板;17-拉索锚头支撑单元;18-锚箱对接螺栓连接板

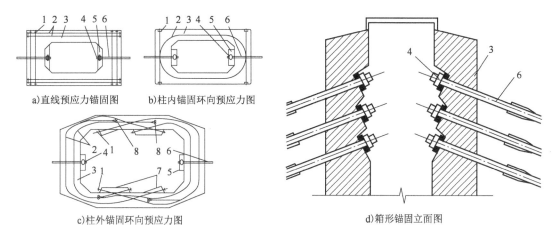

图 7.1-5 预应力箱形锚固

1-预应力束锚头;2-预应力束;3-塔体;4-拉索锚具;5-拉索锚固齿块;6-拉索;7-预应力锚固齿块;8-预应力束埋置锚固端

(2) 拉索钢套管的制作及定位

一般预先按设计要求准备锚板和钢管等材料,然后下料,修复角度,将钢管焊接在锚板上。要确保钢管与锚板圆孔同心,锚固面与钢筋垂直。

拉索钢套管定位一般测定钢套管上、下口的设点位置,使其符合设计要求。安装精度要求:高程允许偏差 ±10mm,轴线允许偏差 ±5mm。最后将钢套管与劲性骨架牢固焊接。

(3) 立模、浇筑混凝土

立模时应注意使拉索套筒的下口贴合紧密,消除模板接头间的不平整现象。在调模过程中,应注意保护套筒,不宜采用装有套筒的劲性骨架调模,以免造成套筒移位,然后紧固连接螺杆,固定模板。

按设计要求浇筑节段混凝土,振捣设备不能触碰劲性骨架、钢筋骨架和预埋钢套筒。

2. 钢锚箱锚固施工

钢锚箱为箱形结构,主要由侧面拉板、端部承压板、腹板、锚板、锚垫板、横隔板、连接板和加劲肋等构件组成,采用"零件→组件→单元→整体→预拼装"的流程制作。为确保钢锚箱的制作安装精度,必须选择有资质的专业钢结构加工厂在厂内进行制作,制作完成后在工厂风进行预拼装。

(1) 首节钢锚箱安装

为确保首节钢锚箱安装时的精确定位,在首节钢锚箱底设置四个高度可调的承重装置来调整其高度和平整度,平面上通过四只具有三向作用的移镐来调整。调整好以后采用焊接方式将锚箱固定,最后浇筑钢锚箱底部混凝土,即完成首节锚箱定位安装。注意事项:测量定位应选择在气温比较稳定的时段进行。

(2) 标准节段钢锚箱安装

首节钢锚箱安装就位,混凝土浇筑完成并达到设计强度后,即可安装后续标准节段钢锚箱。吊装已将索导管安装进预留导管孔内并临时固定的标准节段锚箱,接近已安装锚箱顶面 2~8cm 上方处停止下放,确认端面情况后再慢速落钩,在锚箱四角螺栓孔内插打定位销钉,检查端面接触率满足要求后进行高强螺栓连接施工。同时安装索导管,拉索钢套管与钢锚箱采用凸缘连接。

拉索钢套管安装完毕并且钢锚箱安装精度满足要求后,封堵拉索钢套管端口,并将拉索钢套管与预留管道之间的空隙采用无收缩水泥浆进行填充。

按此方法循环施工,直至所有钢锚箱施工完毕。

(3)混凝土施工

接长钢套管并定位,按常规工艺绑扎节段钢筋,合模后完成混凝土浇筑。按标准节段高度循环完成钢锚箱安装和塔柱混凝土施工。施工中,控制钢锚箱始终高出混凝土面一定距离,但不超过12m或设计要求。

3. 钢锚梁锚固施工

钢锚梁锚固施工除横梁施工部分外,其余和交叉锚固施工基本相似,其施工工序为立劲性骨架、绑扎钢筋→套筒安装、定位→立模→浇筑混凝土→安装横梁。

钢横梁应按桥梁钢结构的加工要求在加工厂内完成,并经严格验收合格后可出厂。

4. 预应力箱形锚固施工

拉索平面预应力箱形锚固段为空心柱,其施工工序为立劲性骨架→绑扎钢筋→套筒安装→套筒定位→安装预应力管道及钢束→模板安装→混凝土浇筑养生→施工加预应力→压浆。

7.1.4　索塔施工测量控制

索塔在施工过程中受施工偏差、混凝土收缩、徐变、基础沉降、风荷载、温度变化等因素影响,其几何尺寸及平面位置可能发生变化,对结构受力产生不利影响。因此,在索塔施工的全过程中,应采取严格的施工测量控制措施进行定位指导和监控。除了应保证各部位的几何尺寸正确,还应该进行索塔局部测量系统与全桥总体测量系统接轨。

索塔局部测量常采用全站仪三维坐标法或天顶法进行。测量控制的时间一般应选择夜晚22:00~早上7:00日照之前,以减少日照对索塔造成的变形影响。此外,随着索塔高度不断地升高,也应选择在风力较小的时机进行测量,并对日照和风力影响予以修正。

7.1.5　索塔基础施工

斜拉桥索塔基础常采用的形式有扩大基础、沉井或沉箱基础、管柱基础和桩基础。扩大基础仅限于索塔地基为岩层时采用,沉井基础、桩基础多用于较深的江河海湾且浅层地基较差的情况。

7.2　主梁施工

斜拉桥主梁施工方法与梁式桥大致相同,一般有以下四种。

7.2.1 支架法

支架法通常用于桥塔附近的 0 号块和边跨现浇段,包括利用桥塔承台搭设钢支架,或在临时支墩间设托梁或劲性骨架现浇,或在临时支墩上架设预制梁段等几种施工方法。其特点是施工最简单方便,能确保结构满足设计线形,但仅适用于桥下净空低、搭设支架不影响桥下交通的情况。

7.2.2 悬臂法

可以采用在支架上修建边跨,中跨悬臂施工的单悬臂法;也可以采用对称平衡施工的双悬臂法。悬臂法一般分为悬臂拼装法和悬臂浇筑法两种。

悬臂拼装法一般是先在塔柱区现浇一段放置起吊设备的起始梁段,然后用各种起吊设备从塔柱两侧依次对称安装节段,每安装一对节段,就安装拉索施加拉力,使悬臂不断伸长直至合龙。

对于中小跨径斜拉桥,当构件重量不大时,也可采用缆索吊装,并利用已浇好的塔柱兼作安装索塔,利用缆索吊进行主梁拼装。

悬臂浇筑法是从塔柱两侧用挂篮对称逐段就地浇筑混凝土。我国大部分混凝土斜拉桥主梁都是采用悬臂浇筑法施工的。

斜拉桥与其他梁桥相比,主梁高跨比很小,梁体十分纤细,抗弯能力差。当采用悬臂法施工时,如果仍采用应用于梁式桥的传统的挂篮施工方法,由于挂篮重量大,梁、塔和拉索将由施工内力控制设计,很不经济,有时还很难过关。所以考虑施工方法,必须充分利用斜拉桥结构本身特点,在施工阶段就充分发挥拉索的效用,尽量减轻施工荷载,使结构在施工阶段和运营阶段的受力状态基本一致。

斜拉桥主梁在施工过程中要求采取临时固结措施,以抵抗两侧梁体的荷载不同产生的倾覆力矩,一般临时固结分为加临时支座并锚固主梁和设临时支承两种方式。

斜拉桥 0 号块专项施工方案　　　　斜拉桥主梁悬臂浇筑法专项施工方案

7.2.3 顶推法

顶推法的特点是施工时需在跨间设置若干临时支墩,顶推过程中主梁要反复承受正、负弯矩。此法较适用于桥下净空较低、修建临时支墩造价不大、支墩不影响桥下交通、抗压与抗拉能力相同能承受正负弯矩的钢斜拉桥主梁的施工。对混凝土斜拉桥主梁而言,一般在拉索张拉前顶推主梁,临时支墩间距超过主梁负担自重弯矩能力时,为满足施工需要,要设置临时预应力束,在经济上不合算。

7.2.4 平转法

平转法是分别在两岸或一岸顺河流方向的矮支架上现浇主梁,并在岸上完成所有的安装工序(落架、张拉、调索等),然后以墩、塔为圆心,整体旋转到桥位合龙。平转法适用于桥址地形平坦,墩身较矮和结构体系适合整体转动的中小跨径斜拉桥。

7.3 拉索施工

7.3.1 拉索的制作和防护

拉索及其附件应符合设计规定,为保证拉索的质量,拉索不宜在现场施工制作,要走工厂化和半工厂化的道路,并对拉索进行跟踪检验,进场后应进行质量验收。平行钢丝拉索应符合现行《斜拉桥用热挤聚乙烯高强钢丝拉索》(GB/T 18365)的要求,成品拉索在出厂前应做放索试验,同时应做 1.2~1.4 倍设计索力的超张拉检验,检验后冷铸锚板的内缩值宜不大于 5mm;钢绞线拉索采用的钢绞线、锚具等应分别符合现行《预应力混凝土用钢绞线》(GB/T 5224)和《预应力筋用锚具、夹具和连接器》(GB/T 14370)的要求,镀锌或环氧涂层钢绞线拉索应分别符合相应产品标准的要求。

成品拉索和钢绞线应缠绕成盘进行运输,在起吊、运输和存放时应采取措施防止其产生破损、变形或腐蚀。

拉索的防护分为临时防护和永久防护。临时防护为从出厂到开始永久防护的一段时间。永久防护为拉索钢材下料到桥梁建成的长期使用期间,分为内防护和外防护。内防护是直接防止拉索锈蚀,外防护是保护内防护材料不致流出、老化等。

7.3.2 拉索安装

进行拉索的安装施工前,应按设计要求及拉索结构的不同制订相应的专项施工方案和施工工艺。安装前应全面检查预埋拉索导管的位置是否准确,发现问题应及时采取措施予以处理,同时将导管内可能有的杂物清理干净。

拉索的安装施工应按设计和施工控制的要求进行,在安装和张拉拉索时应采用专门设计制作的施工平台及其他辅助设施进行操作,保证施工安全。

放索可根据拉索的不同卷盘方式,分为立式转盘放索和水平转盘放索。挂索是将拉索的两端,分别穿入梁上和塔上预留的索孔,并初步固定在索孔端面的锚板上。不同的拉索,不同的锚具,不同的斜拉桥设计,要求采用不同的挂索和张拉方式。拉索塔部安装方法分为吊点法、起重机安装法和分步牵引法。拉索梁部安装方法分为吊点法和拉杆接长法。

配装拉锚式锚具的拉索可以借助卷扬机,直接将锚具拉出索孔后用螺母固定。

当拉索长度超过百米,质量超过 5t,直接用卷扬机将锚具拉出洞口就有困难。这时,可以将张拉用的连接杆先接装在拉索锚具上,用卷扬机拉至连接杆露出洞口,即可完成挂索。对于更长更重的拉索,由于卷扬机的牵引力有限,连接杆的长度就要相应加大。

对于大跨和特大跨的斜拉桥,拉索的制作宜和挂索协调进行。要时刻注意上一阶段挂索的情况,根据反馈的信息,对下一阶段拉索的长度作出是否需要调整的决定。

7.3.3　拉索张拉与索力测定

张拉拉索用的千斤顶、油泵等机具及测力设备应按相关规范要求进行配套校验;为施工配备的张拉机具,其能力应大于最大拉索所需要的张拉力。

拉索可在塔端或梁端单端进行张拉,张拉时应在索塔顺桥向两侧及横桥向两侧对称同步进行。同步张拉时不同步索力之间的差值不得超出设计和施工控制的规定;两侧不对称或设计拉力不同的拉索,应按设计规定的索力分级同步张拉,各千斤顶同步之差不得大于油表读数的最小分格。

拉索的张拉顺序、级次数和量值应符合设计和施工控制的规定;张拉宜以测定的索力或油压表量值为值,以延伸量作为校核;对大跨度斜拉桥,宜采用无应力索长和索力双控的方法,且以索长控制为主,以索力作为校核。

要在施工中准确控制索力,首先必须掌握测定索力的技术。索力测定方法有压力表测定千斤顶液压法、压力传感器法、振动频率法及逆磁致伸缩效应法等。

(1)压力表测定千斤顶液压法是用千斤顶张拉拉索时,通过精密的压力表进行测定油缸的液压,从中计算出索力。这种方法简便、容易实现,是最有效的测量索力的方法之一。但是由于受压力表自身的一些特性或人为读数偏差等因素的影响,张拉用千斤顶比较笨重,测一根索力费时较长,因此在现实工作中测得的拉索索力仅供参考。

(2)压力传感器法是在拉索固定锚头与桥体混凝土之间加上垫板与承压环,根据承压环受到拉索所有的压力产生的形变算出拉索索力。压力传感器法也可采用光纤应变传感器。此法能适应恶劣的环境,且结构好,灵敏度高,可对于已安装好的锚索就不能使用,使用范围太过狭小。

(3)振动频率法是利用拉索索力与频率的关系来测定索力。其特点是简单、快速、经济,但在测量过程中受桥面的坡度与一些外界条件(如阻尼垫、温度、环境振动、拾振器安装位置)的制约造成测试结果不一致,而且测试过程中的信号不好处理,模型构造复杂。所以,在实际工作中,通常在已知拉索索力的情况下,测得频率,建立索力与频率的关系式后,后期可用于索力量测。

(4)逆磁致伸缩效应法是利用磁致弹性传感器,测量钢缆索受拉后尺寸和形状的微小变化引起磁性变化后的电流参数变化数据,然后根据磁弹效应原理计算得出钢缆索的索力(在弹性应变条件下)。

拉索索力实测值与设计值的偏差宜小于±5%,超过时应进行调整。调整索力时应对索塔和相应的主梁梁段进行变形和应力的监测,并做记录。

7.3.4　拉索的减振

安装减振器或黏弹性高阻尼衬套,防止拉索振动过大。

7.4 施工控制

在斜拉桥施工阶段,随着桥梁结构体系和荷载状态的不断变化,结构内力和变形也随之不断发生变化,因此需对斜拉桥的每一施工阶段进行详细的分析和计算,求得拉索张拉吨位、主梁挠度和塔柱位移等施工控制参数的理论计算值,对施工的顺序作出明确的规定,并在施工中加以有效的管理和控制。如此方能确保斜拉桥在施工过程中结构的受力状态和变形始终处在安全的范围内,成桥后主梁的线形符合预先的期望,结构本身又处于最优的受力状态。这就是斜拉桥在建造过程中都必须解决的一个重要课题,即斜拉桥的施工控制,具体包括以下两个方面。

①理论计算,求得各施工阶段施工控制参数的理论计算值,形成施工控制文件。理论计算要考虑以下问题:施工方案、计算图式、结构分析方法、非线性影响、混凝土收缩徐变的影响、地震和风力、温度。计算方法为倒拆法和正算法两种。

②施工过程中的理论计算值与实测值不一致的问题,应采用一定的方法在施工中加以控制、调整。一般来说,在主梁架设阶段确保线形和顺、正确是第一位的,施工中以高程控制为主。二期恒载施工时为保证结构的整体内力和变形处于理想状态,拉索张拉时以索力控制为主。

斜拉桥施工的主要工作内容及注意事项有哪些?

模块 8
CHAPTER EIGHT
悬索桥施工

 内容概要

本模块介绍悬索桥的施工方法，主要包括锚碇施工、桥塔施工、主缆施工、加劲梁施工和施工控制等。

 学习目标

【1】能描述悬索桥的主要施工工艺流程；
【2】能描述悬索桥主要结构构件的施工方法；
【3】能参与悬索桥主要结构构件的施工。

 重点学习任务

【1】熟悉悬索桥的施工工艺流程；
【2】熟悉悬索桥主要结构构件的施工方法。

 主要活动设计

【1】阅读悬索桥的施工组织设计和专项施工方案；
【2】观看悬索桥施工的相关视频和图片资料。

悬索桥是由主缆、加劲梁、桥塔、鞍座、锚碇、吊索等构件构成的柔性悬吊组合体系，如图 8.0-1 所示。成桥时，主要由主缆和桥塔承受结构自重，加劲梁受力情况由施工方法决定。成桥后，结构共同承受外荷载作用，受力按刚度分配。

悬索桥施工内容：锚碇施工，桥塔施工，主缆施工，加劲梁施工等。其主要施工工艺流程如图 8.0-2 所示。

图 8.0-1 悬索桥

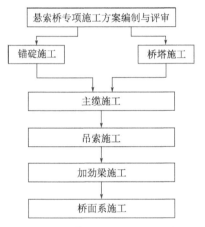

图 8.0-2 悬索桥的主要施工工艺流程

悬索桥施工动画

悬索桥施工组织设计案例

8.1 锚碇施工

大跨悬索桥的锚碇由散索鞍墩、锚块、锚块基础、锚室、主缆的锚碇架及锚盖等组成。锚碇用于固定主缆的端头,承受主缆传来的拉力,是悬索桥的重要结构部分。悬索桥主缆两端的锚固方式有地锚与自锚两种,绝大部分悬索桥采用地锚的方式锚固主缆。地锚分为重力式和隧道式(或岩洞式)两种。

8.1.1 重力式锚碇

重力式锚碇依靠自身重力承受主缆传来的拉力,必须具有足够的强度、足够的刚度和足够的稳定性。重力式锚碇通常可分为基础、锚体及锚固系统三大部分,如图8.1-1所示。

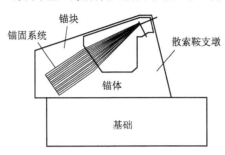

图 8.1-1 重力式锚碇示意图

1. 重力式锚碇的基础施工

重力式锚碇的基础可根据所处地质条件的不同,选择采用扩大基础、地下连续墙、沉井基础等适宜的形式。若锚碇位置的地基承载力比较好,可采用明挖扩大基础;当位置在软土层时,可采用大型沉井、地下连续墙的形式。

(1)扩大基础施工

重力式锚碇的扩大基础施工采用明挖法,除按一般的明挖基础的有关规定施工外,还应符合以下要求:

①基坑开挖时应沿等高线自上而下分层开挖,在坑外和坑底要分别设置排水沟和截水沟,防止地面水流入积留在坑内而引起塌方或基底土层破坏;

②采用机械开挖时,应在基底高程以上预留150~300mm土层用人工清理,且不得破坏基底岩土的原状结构;

③采用爆破方法施工时,宜使用预裂爆破法,避免对边坡造成破坏;

④对于深大基坑边坡处理,应采取边开挖边支护的措施保证边坡稳定,边坡支护的方法应符合设计规定。

(2)沉井基础施工

重力式锚碇的沉井基础施工按一般沉井施工的有关规定执行。

(3)地下连续墙基础施工

重力式锚碇的地下连续墙基础施工除按一般地下连续墙的有关规定执行外,还应符合以下要求:

①基坑开挖前对地下连续墙基底基岩裂隙进行压浆封闭,以减少地下水向基坑渗透;

②采用"逆作法"进行基坑开挖时必须进行施工监测,监测内容包括环境监测、水工监测、地下连续墙体监测、土工监测及内衬监测;

③对基坑底板混凝土宜预留地下孔隙水卸压的连通管道。

2. 重力式锚碇的锚体施工

重力式锚碇的锚体结构一般由锚块、散索鞍支墩、后锚室、前锚室和后浇段等组成,如图8.1-2所示。

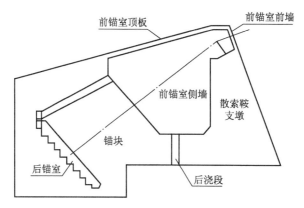

图8.1-2 重力式锚碇的锚体结构示意图

锚体施工前应根据结构特点和施工条件制订专项施工方案。主要施工内容为散索鞍支墩和锚块的钢筋分节绑扎、模板分层安装、混凝土分层浇筑及锚固体系的分阶段安装。其中,前锚室前墙、顶板一般在悬索桥主缆架设完成后进行施工。锚体的常规施工工艺流程如图8.1-3所示。

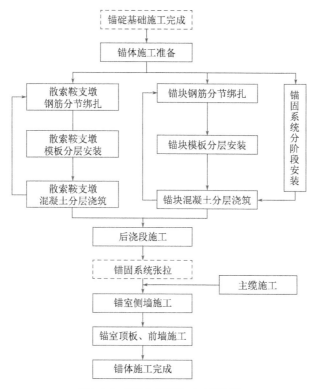

图8.1-3 锚体的常规施工工艺流程

锚体模板可根据现场条件选择爬升模板、翻转模板或落地支架支撑模板。

锚杆混凝土施工在原材料选择、配合比设计、混凝土浇筑和养生过程中都应按大体积混凝土施工的注意事项进行。

(1)大体积混凝土的原材料和配合比设计

大体积混凝土在选用原材料和进行配合比设计时,应按降低水化热温升的原则进行,并应符合下列规定。

①宜选用低水化热和凝结时间长的水泥品种,优先采用中热硅酸盐水泥、低热矿渣硅酸盐水泥、大坝水泥、矿渣硅酸盐水泥、粉煤灰硅酸盐水泥、火山灰质硅酸盐水泥等。粗集料宜采用连续级配,细集料宜采用中砂。宜掺用可降低混凝土早期水化热的外加剂和掺合料,外加剂宜采用缓凝剂、减水剂;掺合料宜采用粉煤灰、粒化高炉矿渣粉等。

②进行配合比设计时,在保证混凝土强度、和易性和坍落度要求的前提下,宜采取改善粗集料级配、提高掺合料和粗集料的含量、降低水胶比等措施,减少单方混凝土胶凝材料中的水泥用量。

③在确定混凝土配合比时,应根据混凝土的绝热温升、温控施工方案的要求等,提出混凝土制备时的粗细集料、拌和用水及入模温度控制等技术措施。

④大体积混凝土进行配合比设计及质量评定时,可按60d龄期的抗压强度控制。

(2)大体积混凝土的浇筑、养生和温度控制

大体积混凝土的浇筑、养护和温度控制应符合下列规定。

①施工前应根据原材料、配合比、环境条件、施工方案和施工工艺等因素,进行温控设计和温控监测设计,并应在浇筑后按该设计要求对混凝土内部和表面的温度实施监测和控制。对大体积混凝土进行温度控制时,应使其内部最高温度不高于75℃,内表温差不大于25℃,混凝土表面与大气温差不大于20℃。

②大体积混凝土可分层、分块浇筑,分层、分块的尺寸宜根据温控设计的要求及浇筑能力合理确定;当结构尺寸相对较小或能满足温控要求时,可全断面一次浇筑。

③分层浇筑时,在上层混凝土浇筑之前应对下层混凝土的顶面做凿毛处理,且新浇混凝土与下层已浇筑混凝土的温差宜小于20℃,并应采取措施将各层间的浇筑间歇期控制在7d以内。

④分块浇筑时,块与块之间的竖向接缝应平行于结构的短边,并应在浇筑完成拆模后按施工缝的要求进行凿毛处理。分块施工所形成的后浇段,在对大体积混凝土实施温度控制且其温度场趋于稳定后方可浇筑;后浇段宜采用微膨胀混凝土,并应一次浇筑完成。

⑤大体积混凝土的浇筑宜在气温较低时进行,但混凝土的入模温度应不低于5℃;热期施工时,宜采用措施降低混凝土的入模温度,且其入模温度宜不高于28℃。

⑥大体积混凝土的温度控制宜按照"内降外保"的原则,对混凝土内部采取设置冷却水管通循环水冷却,对混凝土外部采取覆盖蓄热或蓄水保温等措施进行。在混凝土内部通水降温时,进出口水的温差宜不大于10℃,且水温与内部混凝土的温差宜不大于20℃,降温速率宜不大于2℃/d;利用冷却水管中排出的降温用水在混凝土顶面蓄水保温养护时,养护水温度与混凝土表面温度的差值应不大于15℃。

⑦大体积混凝土采用硅酸盐水泥或普通硅酸盐水泥时,其浇筑后的养护时间宜不小于

14d,采用其他品种水泥时宜不少于21d。在寒冷天气或气温骤降时浇筑的混凝土,除应对外部加强覆盖保温外,尚宜适当延长养护时间。

8.1.2 隧道式锚碇

隧道式锚碇(图8.1-4)是一种能较好地利用锚址区的地质条件、工程量相对较小(体量仅为重力锚的20%~25%)、性价比高、对周边环境扰动小的锚碇结构形式,多用于山区高速公路上的悬索桥。

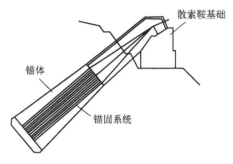

图8.1-4 隧道式锚碇示意图

1.隧道式锚碇的组成

隧道式锚碇主体部分主要包括鞍室、锚体、系统锚杆、锚固系统、后锚室、散索鞍基础等。此外,还有门洞、步梯、防排水构造、检修通道等附属设施,不参与结构的受力。

①鞍室。鞍室的主要功能是容纳大缆的散鞍,并有足够的长度便于大缆散开锚固,同时提供进行锚碇锚固系统、大缆散鞍等防护、维护的空间。根据具体情况,鞍室截面可采用等截面或变截面。由于隧道式锚碇的鞍室一般需开挖山体,故需要采取初期开挖支护措施和以后保持开挖后山体稳定的长期支护构造(二次衬砌)。

②锚体。锚体的主要功能是容纳锚碇的锚固系统、传递大缆拉力到岩体,是隧道式锚碇的主要结构。根据锚体的功能,锚体设计应考虑对锚碇锚固系统的保护作用,自身要有足够的强度承受缆力和锚固系统的压力。

③系统锚杆。系统锚杆的主要作用是作为开挖的初期支护、加强锚体、岩体间的连接、提高锚洞周围开挖扰动带的强度,同时利用锚杆孔完成对锚体围岩的灌浆。其设置应根据锚洞围岩整体结构连续性状况及锚洞围岩普遍存在的松弛圈厚度范围,并结合隧道式锚碇力学分析的结果综合确定。

④锚固系统。锚固系统一般由索股锚固拉杆和预应力钢束锚固构造(有的也采用型钢等形式,目前已很少使用)组成。这里所说的锚固系统主要是预应力钢束锚固构造,其主要功能是把大缆拉力传递给锚体。根据着力点的不同可分为前锚式和后锚式。

⑤后锚室。后锚室的主要功能是提供进行锚碇锚固系统防护、维护的空间。有的隧道式锚碇不设后锚室或者虽有后锚室但在锚碇修建完成后进行了回填封堵,这对锚体可换式无黏结预应力体系是不可行的。

⑥散索鞍基础。散索鞍基础直接承受由大缆作用于散索鞍的压力,并传递到地基。

2.隧道式锚碇的施工工艺流程

隧道式锚碇的施工工艺流程:施工测量→明洞开挖→进洞→开挖剩余散索仓、初衬→开挖锚体部分锚洞、防滑台阶制作、初衬→散索鞍基础开挖→散索鞍基础一期混凝土的浇筑→锚体混凝土定位钢支架的安装→锚体混凝土浇筑→二次衬砌浇筑→预应力系统张拉。

隧道式锚碇的锚洞室和岩锚的开挖施工除应符合现行《公路隧道施工技术规范》(JTG/T

3660)的有关规定外,尚应符合下列规定：

①开挖施工前宜根据两侧洞室的开挖方法和步骤,对围岩的侧壁收敛、拱顶下沉和底部隆起等变形进行模拟仿真计算,并应根据计算结果提出开挖施工中变形量控制的标准。

②开挖施工前尚应进行地表排水系统和工作坑的设计,确定防止洞外地表水流入开挖作业面的有效措施。

③在条件许可的情况下,宜在附近选取一地质相似的地方进行爆破监控试验,对爆破施工方案的各种参数进行试验和修正,据此正式确定爆破方案。开挖施工宜采用光面控制爆破方式,并应严格控制爆破,减少对围岩的扰动。

④洞口处宜设置护拱,并应采取有效措施防止落石等进入洞内。

⑤洞室开挖施工时,宜对水平净空收敛、地表及边坡位移、拱顶下沉、底板隆起等进行监控量测,监控量测的断面布置和频率宜根据实际情况确定。

8.1.3 主缆锚固系统施工

主缆锚固系统通常分为预应力锚固系统和型钢锚固系统两种类型。锚固系统通常包括锚固构架和锚固连接件两部分,锚固构架设置在锚体中,锚固连接件则主将缆索股锚头和锚固构架连接起来。锚固系统各构件均为空间布置,保证它们的定位精度及安装精度非常关键,需建立精确的测量定位系统,加强测量工作。

1. 预应力锚固系统施工

预应力锚固系统包括黏结不可更换式锚固系统和无黏结可更换式锚固系统,其中不可更换式锚固系统一般采取预应力钢束张拉压浆方式,可更换式锚固系统一般采用张拉预应力束注油方式。预应力锚固系统根据使用材料不同可分为钢绞线锚固系统和预应力粗钢筋锚固系统。

(1)预应力锚固系统的传力方式

锚固系统由索股锚固拉杆和预应力钢束锚固组成。主缆索股通过连接件与预应力筋将力传给锚块。索股锚固连接器如图8.1-5所示。

(2)预应力锚固系统施工

预应力锚固系统施工的主要工序:安装预应力管道→浇筑锚体混凝土→预应力张拉施工。

安装预应力管道时,多采用定位钢支架并通过设置在其片架上的定位板实现预应力钢管精确定位。定位钢支架一般由基架、骨架和片架三大部分组成,其立面示意图如图8.1-6所示,现场照片如图8.1-7所示。定位钢支架的加工精度较严,应选择专业加工队伍进行加工。定位钢支架的安装应先在地面上预拼校核,根据锚体混凝土分层浇筑高度分次安装,并按照基架、骨架和片架的顺序进行。预应力管道采用无缝钢管,接头管采用焊接连接,施工时严格检查接头管与预应力管道之间的焊缝,保证焊缝质量和焊缝厚度,避免漏浆,确保预应力管道通畅。

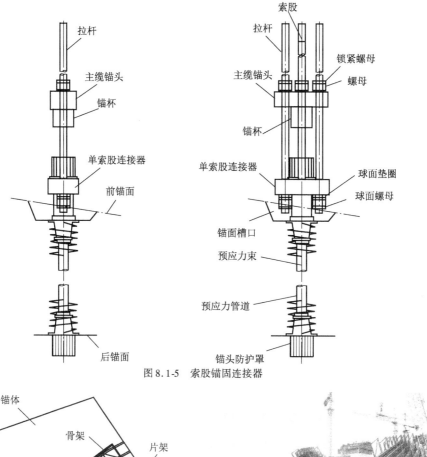

图 8.1-5　索股锚固连接器

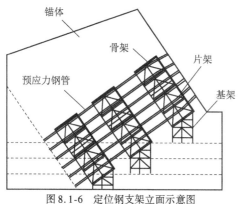

图 8.1-6　定位钢支架立面示意图

图 8.1-7　定位钢支架现场照片

2. 型钢锚固系统施工

型钢锚固系统施工主要包括锚固架安装定位、锚固连接件安装两部分。

8.2　桥塔施工

悬索桥桥塔的施工与斜拉桥有些类似。悬索桥桥塔分为钢桥塔和混凝土桥塔两种形式。

8.2.1 钢桥塔的施工

钢桥塔依据规模、类型、施工地点的地形条件并考虑经济适用性,主要有以下几种施工方法:浮式起重机施工法、塔式起重机施工法、爬升式起重机施工法。

8.2.2 混凝土桥塔的施工

对于混凝土桥塔,塔身和立柱常采用的施工方法:翻模法、滑模法、爬模法和提升支架法等。例如,英国 Humber 悬索桥桥塔为混凝土塔,采用滑模法施工;厦门海沧大桥东桥塔采用翻模法施工。

8.3 主缆施工

8.3.1 主缆施工的准备工作

主缆施工前,应先安装索鞍(包括主副索鞍、展束锚固索鞍等),准备塔顶起重机或吊架以及各种牵引设施和配套设备,然后依次进行先导索、拽拉索、猫道的架设,为主缆施工做好准备。

8.3.2 先导索及牵引索(拽拉索)架设

1. 先导索架设

由于悬索桥主缆的重量比较大,在主缆施工时,先用轻一点的高强度的绳索或较细的钢索(先导索)引到桥对面,然后利用先导索拽拉更重、强度更高的钢索作为后续使用的牵引索。

先导索的架设根据桥梁所在地环境的不同,可分为陆地牵引架设、水上牵引架设和空中牵引架设三种情况。

(1)陆地牵引架设

在地形有利、跨度不大、无地面障碍物的情况下,可采用陆地牵引架设的方法进行先导索的架设。利用人工或机械,直接在地面将先导索的一端牵引到桥对岸,利用塔式起重机将先导索提升到主塔顶部。

(2)水上牵引架设

当桥梁主塔在河流、海峡两岸时,可采用水上牵引架设。水上牵引架设方法有自由悬挂牵引法、分段牵引江中对接法、浮索牵引法、水底拽拉法等。

①自由悬挂牵引法。

先将两岸边跨索一端与卷扬机相边,一端临时固定在桥塔横梁上,拖轮与一岸的边跨索相对,封航后将其拖向对岸,与对岸索连接,然后启动两端卷扬机,拉起先导索完成架设。

此法是常用的传统方法,施工简便,但桥梁跨度较大时封航时间较长。广东虎门大桥、厦门海沧大桥、镇江五峰山长江大桥(图8.3-1)日本鸣门大桥采用此方法架设先导索。

图 8.3-1　五峰山长江大桥先导索架设

②分段牵引江中对接法。

分段牵引江中对接法是先将两岸边跨索一端与卷扬机相连,一端临时固定在桥塔横梁上,封航后拖轮将一岸的边跨索拖向对岸,然后与对岸索连接,再启动两端卷扬机,拉起先导索完成架设。

此法可缩短封航时间,但需要的船只数量较多,在宜昌长江大桥、武汉阳逻长江大桥、广州珠江黄埔大桥上得到应用。

③浮索牵引法。

浮索牵引法是在先导索上按一定间隔固定浮子,使其漂浮在水面上,用拖船将先导索牵引过江(海)。

此法适用于暗礁等障碍物较多的水域,但施工工序复杂,受风浪影响大,封航时间长。日本因岛大桥、关门大桥采用此方法架设先导索。

④水底拽拉法。

水底拽拉法是将导索从一岸塔底临时锚固,将装有导索索盘的船只驶往彼塔,并随时将导索放入水底,然后封闭航道,船只到达对岸后,即用两端塔顶的提升设备将导索提升至塔顶,置入导轮组中,并引至两端锚碇后。

此法为较早时期的导索架设用。因受水流、暗礁等影响较大,现在较少采用。

(3)空中牵引架设

当桥梁主塔在山区深谷或海峡两岸不适用水上牵引架设时,可采用空中牵引架设。空中牵引架设可根据现场条件选用下述具体操作方法。

①火箭发射牵引法。

将先导索拴在经过改良的火箭尾部,火箭发射时先导索随弹头被带向另一岸。火箭速度快,飞行时间仅需几秒,但落点误差较大,可达 40~80m。火箭发射时,火焰温度在 1000℃ 以上,与火箭尾部相连的钢丝绳必须是特制的,其后再连接工作索即可。

此法较适用于山区,湖北四渡河大桥先导索架设采用此方法架设,如图 8.3-2 所示。

②直升机牵引法。

在空中用直升机(也可用无人机)将先导索直接从一岸牵引到另一岸。直飞机抗力能力强、载重大、速度快,悬停中可调整方向,适应海上作业。

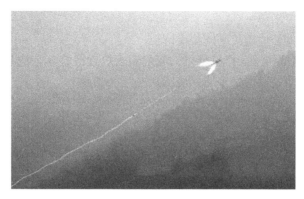

图 8.3-2　四渡河大桥先导索架设

此法要求放索架有较高的放索速度和反拉力,先导索与直升机的连接、配重、抛掷等操作强度较大。浙江西堠门大桥采用直升机牵引法架设先导索,如图 8.3-3 所示。油溪长江大桥采用无人机架设先导索,如图 8.3-4 所示。

图 8.3-3　西堠门大桥先导索架设

图 8.3-4　油溪长江大桥先导索架设

③其他飞行器牵引法。

其他飞行器如载人动力伞、热气球、飞艇等,因安全性较差,对风速、风向、飞行高架有严格要求而很少被采用。

湖南矮寨大桥采用遥控飞艇方法架设先导索,如图 8.3-5 所示。

图 8.3-5　矮寨大桥先导索架设

2. 拽拉索(牵引索)架设

先导索完成后，即可进行拽拉索的架设。

利用安装在桥塔顶部的卷扬机将较细的先导索多级置换成具有足够强度的钢丝绳。在钢丝绳上安装拽拉器后，即可牵引更多的钢丝绳。

8.3.3 猫道架设

猫道(图8.3-6)相当于一临时轻型索桥，其作用是在主缆施工期间提供一个空中工作平台。它由猫道承重索、猫道面板系统、横向天桥和抗风索等组成，一般宽3～5m，每条主缆下设一个。为方便工人操作，猫道面层距主缆中心线的高度一般为1.3～1.5m，且一般沿主缆中心线对称布置。

图8.3-6 猫道

猫道承重索的架设在初期也有用与早期的先导索架设相类似的方法架设的，与前述同样的理由，现多用在一端塔顶(或锚碇)起吊猫道承重索一端，与拽拉器相连后牵引至另一端头，然后将其一端入锚，另一端用卷扬机或手动葫芦等设施牵拉入锚并调整其垂度，最后将其两端的锚头锁定。猫道承重索矢度调整就绪后即可铺设猫道面板，一般是先将横木和面材分段预制，成卷提升至塔顶，沿猫道承重索逐节释放，并随之把各段间相连，然后将横木固定在猫道承重索上，并在横木端部安装栏杆立柱及扶手索等。横向天桥可在猫道承重索架完后铺设，也可随其一起铺设。

此外，若架设主缆的拽拉系统用门架支承和导向，还必须在猫道上每隔一定距离架设猫道门架。

8.3.4 主缆架设

1. 主缆的架设方法

主缆的架设方法一般有两种，即空中编缆法(AS法)和预制丝股法(PS法)。

(1) AS法

所谓AS法，就是先在猫道上将单根钢丝编制成主缆丝股，多束丝股再组成主缆。其施工程序如下。

将待架的钢丝卷入专用卷筒运至悬索桥一端锚碇旁，并将其一头抽出，暂时固定在一梨形蹄铁上,此头称为"死头",然后将钢丝继续外抽,套于送丝轮的槽路中,而送丝轮则连接于牵引索上,当卷扬机开动时,牵引索将带动送丝轮将钢丝引送至对岸,同样套于设在锚碇处的一个梨形蹄铁上,再让送丝轮带动其返回始端,如此循环多次则可按要求数量将一束丝股捆扎成束。这里,不断从卷筒中放钢丝的一头称"活头",其中一束丝股牵引完成后,就将钢丝"活头"剪断,并与先前临时固定的"死头"用特制的钢丝连接器相互连接。在环形牵引索上,可同时固定两个送丝轮,每个送丝轮的槽路可以是一条,也可以是两条或更多,目前已有4条槽路者。对每一束丝股,按每次送丝根数为一组,不足一组的再单独牵引一次。需要指出的是,每个送丝轮上的槽路多,每次送丝数量就大,但牵引索及送丝轮等的受力相应增大,所需牵引动力也就增大。

此外,编缆前,应先放一根基准丝来确定第一批丝股的高程,基准丝在自由悬挂状态,其仅承受自重荷载,所呈线形为悬链线,基准丝应在下半夜温度稳定情况下测量设定。此后牵引的每根钢线均需调整成与基准线相同的跨度和垂度,则其所受拉力、线型及总长应与基准丝一样。成股钢丝束应梳理调整后,用手动液压千斤顶将其挤成圆形,并每隔2~5m用薄钢带捆扎。

钢丝束编股有鞍外编股和就鞍编股两种,由于鞍外编股之后还需将丝股移入主鞍座槽路之内,故现已多用就鞍编股法。

调股:为使每束丝股符合设计要求,在调丝后依靠在梨形蹄铁处所设的千斤顶调整整束丝股的垂度,并随即在梨形蹄铁处填塞销片,将丝股整束落于索鞍,使千斤顶回油。调股同样应在温度稳定的夜间进行。

图8.3-7为贵黄高速阳宝山特大桥主缆采用AS法现场情况。

图8.3-7 贵黄高速阳宝山特大桥主缆采用AS法现场情况

(2)PS法

所谓PS法,就是在工厂或桥址旁的预制场事先将钢丝预制成平行丝股,然后利用拽拉设施将其通过猫道拽拉架设。其主要工序为:丝股牵引架设,测调垂度,锚跨拉力调整。其与AS法比较,由于每次牵拉上猫道的是丝股而不是单根钢丝,故重量要大数倍,所需牵引能力也要大得多,一般采用全液压无级调速卷扬机,牵引方式则有门架支承的拽拉器和轨道小车两种。

虎门二桥大沙水道桥主缆索股架设采用PS法,如图8.3-8所示。

图 8.3-8　虎门二桥大沙水道桥主缆索股架设（PS 法）

2. 锚跨内钢丝束拉力调整

不管是 AS 法，还是 PS 法，在主边跨丝股垂度调整后，都必须调整锚跨内丝股的拉力，具体方法为：用液压千斤顶拉紧丝股，并在锚梁与锚具支承面间插入支承垫板，即可通过丝股的伸长导入拉力。实际控制时是采用位移（伸长量）和拉力"双控"。

3. 紧缆挤圆

在各丝股调整好垂度并置入索鞍后，即用紧缆机将大缆挤压成圆形。紧缆机一般是用一可开闭的环形刚性钢架内沿径向设置多台千斤顶和辅助设施构成。为使两侧主缆从两端能对称作业，每桥一般配置 4 台紧缆机同时对称紧缆。紧缆一般是从主跨跨中向两侧进行，边挤边用木槌敲打密实，再用钢带或钢丝捆扎，紧缆和捆扎的距离一般为 1m 左右。五峰山长江大桥主缆紧缆如图 8.3-9 所示。

图 8.3-9　五峰山长江大桥主缆紧缆

4. 缠丝

紧缆挤圆之后，并完成索夹、吊索和加劲梁安装完成后，即可缠丝（图 8.3-10、图 8.3-11）。缠丝之前先在主缆表面涂铅丹膏，然后用缠丝机缠丝，并随时刮去挤出表面的铅丹膏。缠丝之后在大缆表面涂漆防护。

图 8.3-10　五峰山长江大桥主缆缠丝　　　　图 8.3-11　杭瑞洞庭大桥主缆缠丝

8.4 加劲梁施工

8.4.1 索夹与吊索安装

在加劲梁架设之前,应进行索夹和吊索(图 8.4-1)的安装。索夹是主缆和吊索的连接构件,借助高强螺栓将两个对半索夹压紧,依靠索夹与主缆之间的摩擦,紧紧夹住主缆,将桥梁的重量传递给主缆。

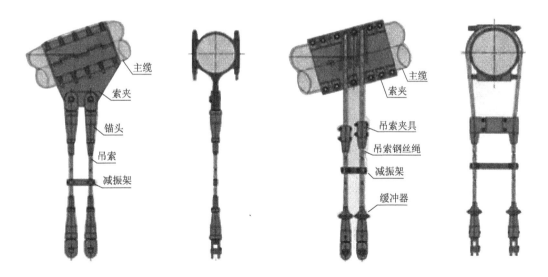

图 8.4-1　索夹与吊索示意图

索夹固定在主缆上的方式有左右半销接式和上下半销接式,如图 8.4-2 所示。
吊索与索夹的连接方式可分为骑跨式和下挂式,如图 8.4-3 所示。

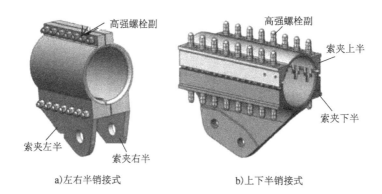

a)左右半销接式 b)上下半销接式

图 8.4-2 索夹固定在主缆上的方式

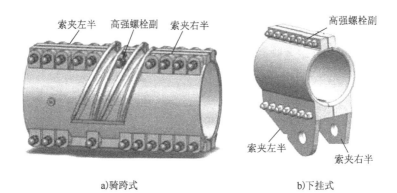

a)骑跨式 b)下挂式

图 8.4-3 吊索与索夹的连接方式

8.4.2 加劲梁的架设

悬索桥设计时,加劲梁一般可采用钢桁架(图 8.4-4)和钢箱梁(图 8.4-5)两种形式。

图 8.4-4 矮寨大桥钢桁架加劲梁

悬索桥加劲梁的架设方法分为两种:一种架设方法为从主塔附近的节段吊装架设开始逐渐向跨中及桥台推进;另一种方法为从跨中节段开始向两侧桥塔方向推进。

图 8.4-5　西堠门大桥钢箱梁加劲梁

水上悬索桥加劲梁可采用桥面起重机或跨缆起重机进行节段起吊,定位后进行节段连接。钢桁架节段之间一般采用高强螺栓连接方式;钢箱梁节段之间一般采用焊接连接方式。山区峡谷的悬索桥加劲梁可采用轨索移梁进行节段纵向运输,跨缆起重机配合架设的方式。具体施工中应注意主缆变形对加劲梁线形的影响。

8.5　施工控制

主缆和加劲梁的架设是悬索桥施工的关键环节。主缆和加劲梁的架设过程中,桥塔和缆上的荷载不断变化,主缆的线形也随着变化。为使悬索桥建成后其加劲梁和主缆都能达到设计线形,需要在整个施工中进行严格的监测和控制。大跨度悬索桥按照理论计算值进行施工,在施工测量精度范围内,确保实际线形与设计要求的线形相符合。大跨度悬索桥的结构线形主要受主缆线形与吊索长度控制,主缆一旦架设完成,其线形不能进行调整。

施工监控主要是对主缆的施工控制,要求主缆内各钢丝均匀受力的控制;主缆调股的控制,即股缆在主跨和边跨的矢度调到要求的位置;主缆施工中长度的控制;对塔上主鞍座位置的控制,主缆施工时,就应该让主鞍座的空间位置具有一个靠岸的偏移量;对梁段架设中的施工控制。

 悬索桥施工的主要工作内容及注意事项有哪些?

模块 9 CHAPTER NINE
桥梁下部结构施工

本模块介绍桥梁下部结构施工,主要包括桥梁施工测量、扩大基础施工、桩基础施工、重力式墩台施工、钢筋混凝土柱式墩施工、高桥墩施工和装配式墩台施工。

学习目标

【1】能根据施工组织设计相关要求,参与或组织扩大基础的施工;
【2】能根据施工组织设计相关要求,参与或组织桩基础的施工;
【3】能根据施工组织设计相关要求,参与或组织桥墩、桥台的施工。

重点学习任务

【1】熟悉桥梁扩大基础的施工工艺流程和主要施工工序;
【2】熟悉桥梁桩基础的施工工艺流程和主要施工工序;
【3】熟悉桥梁墩台的施工工艺流程和主要施工工序。

主要活动设计

【1】阅读桥梁扩大基础施工图纸,参观桥梁扩大基础施工现场或观看相关视频和图片资料;
【2】阅读桥梁桩基础施工图纸,参观桩基础施工现场或观看相关视频和图片资料;
【3】阅读桥梁墩台施工图纸,参观桥墩、桥台施工现场或相关视频和图片资料。

桥梁下部结构施工是桥梁工程施工中的一个重要部分,其施工质量不仅关系到桥梁上部结构的制作与安装质量,而且对桥梁的使用功能也关系重大。

桥梁下部结构施工可分为基础施工和墩台施工。

基础施工方法可按浅基础和深基础采用不同的施工方法。

桥梁墩台施工方法通常分为两大类:一类是现场就地浇筑与砌筑;一类是拼装预制的混凝

土砌块、钢筋混凝土或预应力混凝土构件。多数工程是采用前者,优点是工序简便、机具较少、技术操作难度较小;但是施工期限较长,需耗费较多的劳力与物力。近年来,交通建设迅速发展,施工机械(起重机械、混凝土泵送机械及运输机械)也随之有了很大进步,采用预制装配构件建造桥梁墩台的施工方法有新的进展,其特点是既可确保施工质量、减轻工人劳动强度,又可加快工程进度、提高工程效益,对施工场地狭窄,尤其对缺少砂石地区或干旱缺水地区等建造墩台更有着重要意义。

9.1 桥梁施工测量

桥梁施工测量的主要任务是精确地测定桥位中线位置、墩台中心位置,以及对构造物各细部构造的定位和放样。

中线测量包括对桥梁两端设置控制桩的复测、丈量桥位中线长度、补充水准点测量等。补充水准点要对控制桥梁结构的高程、有效地建立施工水准网提供方便。

9.1.1 桥位中线测量

桥位中线及其长度是用来确定墩台位置的依据。测量桥位中线的目的是控制中线的长度和方向,从而确保墩台位置的正确,因此保证桥位中线测量的必要精度是十分重要的。

为了确保桥位中线长度的精度,有时需要建立独立的三角网与国家的控制点进行联测。为了与线路的坐标取得统一,也需要与线路上的国家平面控制点进行联测。

1. 预估桥位中线长度的精度

在测量桥位中线长度之前,应预先估算桥位中线长度所需要的精度,以便合理地拟订测量方案和规定各项测量的限差。桥位中线的精度要求取决于桥长、跨径及其假设的精度,估算时应考虑这些因素。桥位中线方向定向图如图9.1-1所示。桥涵三角网图如图9.1-2所示。

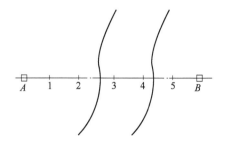

图9.1-1 桥位中线方向定向图

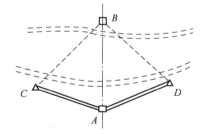

图9.1-2 桥涵三角网图

2. 桥位中线长度的测量方法

测量桥位中线长度通常采用光电测距法(目前使用电子全站仪测量更为方便)、直接丈量法、三角网法等。对于直线桥梁可以直接采用此三种方法进行测量;对于曲线桥梁,应结合曲线桥梁的轴线在曲线上的位置而定。

9.1.2 桥梁墩台定位及轴线测量

在桥梁施工测量中,最主要的工作是准确地定出桥梁墩台的中心位置和它的纵横轴线,这些工作称为墩台定位。直线桥梁墩台定位所依据的原始资料为桥位中线控制桩的里程和墩台中心的设计里程,根据里程算出它们之间的距离,按照这些距离即可定出墩台中心的位置。曲线桥所依据的原始资料,除了控制桩及墩台中心的里程外,还有桥梁偏角、偏距及墩距,或者结合曲线要素计算出墩台中心的坐标值。

水中桥墩基础的目标处于不稳定的状态,无法使测量仪器稳定,一般采用方向交会法;如果墩位在旱地或浅滩上,可用直接丈量法;在已稳固的墩台基础上,可采用方向交会法、极坐标法或直角坐标法。

1. 直线桥梁的墩台定位

位于直线段上的桥梁,其墩台中心一般位于桥位中线的方向上,根据桥位中线控制桩 A、B 及各墩台中心的里程,即可求得其间的距离。墩台的测设根据条件可采用直接丈量法、光电测距法、方向交会法、极坐标及直角坐标法。直线桥梁位置图如图 9.1-3 所示。

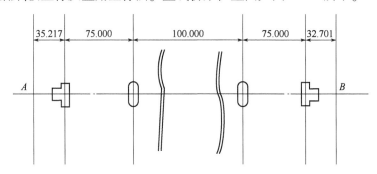

图 9.1-3 直线桥梁位置图(尺寸单位:m)

(1)直接丈量法

当桥墩位于地势平坦、可以通视、人可以方便通过的地方,可以采用直接丈量法,即用钢尺测量桥位中线长度作为已知长度,然后根据桥位中线控制桩 A、B 及各墩台中心的里程确定墩台位置。

为了保证施工期间的长度丈量精度和量具精度的一致性,在量距之间应对所有的钢尺进行严格的检校,取得尺长修正数 Δ_1。在测设前应将尺长修正数、温度修正数及倾斜修正数考虑在内,将已知长度转化为钢尺丈量长度。为了保证丈量精度,施测时的钢尺拉力应与检定时的钢尺拉力相同。这种方法所用设备简单,精度也可靠,是一般中小桥施工测量中常用的方法。

(2)光电测距法(电子全站仪)

光电测距法适用于墩台中心能安置棱镜且全站仪和棱镜之间能通视的情况。测距时应在气象比较稳定、大气透明度好、附近没有光电信号干扰的情况下进行,且应在不同的时间进行往返测量。测设时应根据当时测出的气压、温度和测设距离,通过气象修正,得出测设的平距,与设计平距进行比较,看两者是否相等。根据其差值,前后移动棱镜,直至两者相符,则棱镜处即为要测设的墩台。

(3) 方向交会法

如图 9.1-4 所示，AB 为桥位中线，C、D 为桥梁平面控制网中的控制点，P_i 为第 i 个桥墩设计的中心位置（待测设的点）。A、C、D 三点上各安置一台经纬仪，A 点上的经纬仪瞄准 B 点，定出桥位中线方向；C、D 两点上的经纬仪均先瞄准 A 点，并分别测设根据 P_i 点的设计坐标和控制点坐标计算的 α、β 角，以正倒镜分中法定出交会方向线。

理论上从 C、A、D 指来的三条方向线是交于一点的，该交点就是要测设的桥墩中心位置。但实际上由于测量误差的存在，三条方向线一般不是交于一点，而是构成误差三角形 $\triangle P_1P_2P_3$。如果误差三角形在桥位中线上的边长（P_1P_3）在容许范围之内（对于墩底放样为 2.5cm，对于墩顶放样为 1.5cm），则取 C、D 两点指来的方向线的交点 P_2 在桥位中线上的投影 P_i 作为桥墩放样的中心位置。

在桥墩施工中，随着桥墩的逐渐筑高，中心的放样工作需要重复进行，且要求迅速和准确。为此，在第一次求得正确的桥墩中心位置 P_i 以后，将 CP_i 和 DP_i 方向线延长到对岸，设立固定的瞄准标志 C' 和 D'，如图 9.1-5 所示。以后每次作方向交会放样时，从 C、D 点直接瞄准 C'、D' 点，即可恢复点的交会方向。

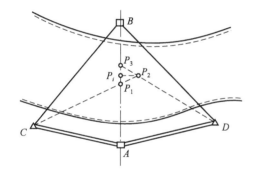

图 9.1-4　三方向交会法的误差三角形

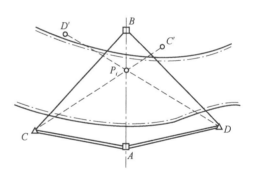

图 9.1-5　方向交会法的固定瞄准标志

(4) 极坐标及直角坐标法

在使用全站仪，且被测设点位上可以安置棱镜的条件下，若用坐标法放出桥墩中心位置，则更为精确和方便。

对于极坐标法，原则上可以将仪器置于任何控制点上，按计算的放样数据（角度和距离）测设点位。

对于全站仪，则可以根据测站点、后视点及待放点的直角坐标，自动计算出待放点相对于测站点的极坐标数据，再以此测设点位。

但若是测设桥墩中心位置，最好是将仪器安置于桥位中线点 A 或 B 上，瞄准另一轴线点作为定向，然后指挥棱镜安置在该方向上测设 AP_i 或 BP_i 的距离，即可定出桥墩中心位置 P_i 点。

2. 曲线桥梁的墩台定位

在整个路线上，处于各种平面曲线上的桥梁并不少见，曲线桥梁由于设计方法不同而更复杂。曲线桥梁的上部结构一般有连续弯梁和简支直梁等形式，但下部一般是利用墩台中心构成折线交点而形成弯桥，如图 9.1-6 所示。

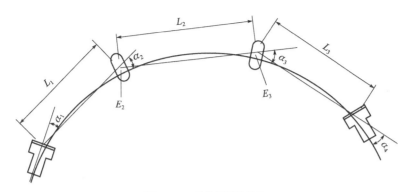

图 9.1-6　曲线桥梁的结构

一般路线设计中常用的有圆曲线和缓和曲线,它们的要素有较为固定的计算公式。

在设计文件已给定墩台定位有关数据时,只需重新复核无误即可按其进行放样定位。但数据通常并不能满足施工的需要,应按路线测设资料、曲线有关要素,由计算公式求出各墩台中心为交点的直线,再用偏角进行定位。

对于坐标值的计算,在直角坐标系中进行较为普遍、简便。可以先建立以墩台中心为原点,以切线及法线方向为坐标轴的局部坐标系,在局部坐标系中确立待放点局部坐标值;再利用墩台中心的路线坐标值将局部坐标值转换至路线坐标中。

墩台定位根据不同的条件可采用偏角法、长弦偏角法、利用坐标的交会法和坐标法等。曲线桥梁的放样工作主要是对放样数据的计算,基本步骤的差异并不大,在此不再详述。

9.1.3　桥梁细部施工放样

桥梁细部施工放样内容很多,不同结构形式放样方法也各异,下面主要叙述桥梁墩台细部的放样工作及架梁时的测量工作。

1. 桩基础的施工放样

对现阶段的施工组织设计,桩基础的中心多以坐标进行描述,故可利用坐标法进行桩基础中心定位工作。

在墩基础的中心及纵横轴线已经测设完成的情况下,可以纵横轴线为坐标轴,根据设计提供的桩与墩中心的相对位置,用支距法放出各桩的中心位置。

2. 桥梁墩台的细部放样

墩身和台身的细部放样也是主要以它的纵横轴线为依据,在立模板的外面需要预先画出它的中心线,然后在纵横轴线的护桩上架设经纬仪或全站仪,照准该轴线方向上的另一护桩,根据这一方向校正模板的位置,直至模板中心线位于视线的方向上。

在施工过程中,经常要利用护桩恢复墩台的纵横轴线,即在墩身、台身一侧的护桩上架设经纬仪,照准另一侧的护桩。但墩身筑高以后,视线被阻,就无法进行,此时,可在墩身尚未阻挡视线以前,将轴线方向用油漆标记在已成的墩身上,以后恢复轴线时可在护桩上架设仪器,照准这个标志即可。

桥墩位于水中,无法标示出桥墩的纵横轴线时,可用光电测距仪或交会法恢复墩中心的位置。在用光电测距仪时,墩的横轴线方向是利用桥位中线的控制桩来确定的。在桥位中线一端的控制桩上安置仪器,照准另一端的控制桩,则视线方向即为桥位中线方向,也是墩的横轴线方向(直线桥)。在此视线方向上,于墩中心附近前后各找出一点 a_1 和 a_2 安置反光镜,测出它至控制桩的距离 d,于两点间用钢尺定出墩中心的位置,如图9.1-7所示。

利用交会法测设墩中心时,同前所述,应至少选三个以上的方向进行交会。误差三角形最大边在墩的下部不超过25mm,在墩的上部不超过15mm,取三角形的重心作为墩中心的位置。

在墩帽、台帽模板安装到位后应再一次进行复测,确保墩帽、台帽位置符合设计要求。模板位置中心的偏差不得大于10mm,并在模板上标出墩顶高程,以便控制灌注混凝土的高程。当混凝土灌注至墩帽顶部时,在墩的纵横轴线及墩的中心处,可埋设中心标志,在纵轴线两侧的上下游埋设两个水准点,并测定中心标志的坐标和水准点的高程,作为大致安置支撑垫石的参考依据,如图9.1-8所示。对于支座垫石的位置及高程的确定,由于牵涉桥梁荷载的设计和传递,应慎重对待,必须重新对其进行测量、放样,以避免误差的积累。

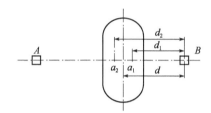
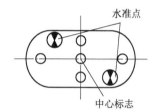

图9.1-7 利用光电测距仪定出墩中心位置　　图9.1-8 在墩顶埋设中心标志及水准点

墩台各部分的高程,一般是通过设在墩身、台身或围堰上的临时水准点来控制的。可直接由临时水准点用钢尺向上或向下量取距离来确定所需的高程,也可以采用水准仪,测量已浇注的临近墩台上设置的临时水准点来控制。但是在墩台顶的最后施工阶段,应该采用水准仪直接施测来控制高程。

3.梁体施工时的测量工作

梁体施工是桥梁主体结构施工的一道重要工序。桥梁上部结构较为复杂,要求对墩台方向、距离和高程以较高的精度测定。由于各种桥梁结构不同,施工时的控制方法各异,在此仅作粗略说明。

墩台施工时,对其中心点位、中线方向和垂直方向,以及墩顶高程都做了精密测定,但当时是以各墩台为单元独立进行的。梁体施工需要将相邻墩台联系起来,考虑其相关精度,中心点间的方向、距离和高差都应符合设计要求。

桥梁中心线方向测定,在直线部分采用准直法,用经纬仪正倒镜观测,刻画方向线。如果跨距较大(>100m),应逐墩观测左、右角。在曲线部分,则采用测定偏角或坐标法。相邻墩中心点间的距离用光电测距仪观测,在已刻画的方向线的大致位置上,适当调整使中心点里程与设计里程完全一致。在中心点架设经纬仪放出里程线,与方向线正交,形成墩台十字中心线。以此精确放出支座板中心线,并以墨线弹出。

墩台顶面高程用精密水准仪测定,构成水准路线,附合到两岸基本水准点上。

梁体具体施工过程中的测量工作如下。

①对大跨度钢桁架或连续梁采用悬臂或半悬臂安装架设的桥梁,在拼装架设前,应在梁顶部

和底部分中点作出标志,架梁时用以测量梁体中心线与桥梁中心线的偏差值。在梁的拼装开始后,应通过不断的测量,保证梁体在正确的平面位置。高程控制一般以大节点挠度和整跨拱度为主要控制。对需要在跨中合龙的桥梁,合龙前的控制重点应放在两端悬臂的相对位置上。

②对于预制安装的箱梁、板梁、T 梁等,测量的主要工作在于平面位置的控制。在架设前,应在梁顶部和底部分中点作出标志,架梁时用以测量梁体中心线与支座中心线的偏差值。在梁体安装基本到位后,应通过不断的微调保证梁体在正确的平面位置。

③对于支架现浇的梁体结构,测量的主要工作在于高程的控制。对于支架预压前后的高程应进行连续测量,以测得弹性变形,消除塑性变形;同时应根据设计保留一定的预拱度。在梁体现浇的过程中,应对支架的变形进行跟踪测量,如果变形过大,则应暂停施工,并采用相应的措施。

④对于悬臂施工的梁体结构,测量的主要工作在于高程的控制。对于挂篮预加荷载前后的高程应进行测量,测得弹性变形,消除塑性变形;同时在不同节段浇注前,应根据施工组织设计中不同节段预拱度的设计值,并结合已浇注的前一节段的高程,调整相应的预拱度,使合龙前两端悬臂的相对位置满足要求。

9.2 扩大基础施工

扩大基础的施工工艺流程如图 9.2-1 所示。

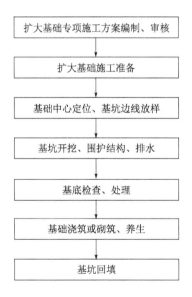

图 9.2-1 扩大基础的施工工艺流程

对规模较大的扩大基础施工,应根据设计文件和相关规范,在开工之前编制专项施工方案,合理确定施工工艺流程和施工方法,以利后续施工。

9.2.1 施工准备工作

施工人员必须认真阅读施工图纸，领会设计意图，与现场情况进行核对，必要时进行补充调查，对基底高程、基础尺寸、中心坐标、工程数量进行复核计算。并根据地层、地质、水文情况、结构形式及现场环境状况，制订施工方案，编制施工组织设计，做出单项开工报告，报监理工程师审批。

施工前准备好基础施工所需的设备、材料及相应配套设施。建立工程质量保证体系，制订完善的安全技术措施，进行安全技术交底。

9.2.2 基础中心定位、墩台纵横轴线的测设及基坑边线放样

1. 基础中心定位

根据设计图纸提供的基础中心坐标数据，利用施工现场附近的平面控制点，借助测量仪器（现阶段多利用全站仪）将待施工基础中心位置在现场进行定位并标示。为确保定位精度，可将相邻墩台基础中心也进行定位，通过相邻墩台基础中心的相对位置进行校核。

2. 墩台纵横轴线的测设

墩台中心测设定位以后，尚需测设墩台的纵横轴线，作为墩台细部放样的依据。

在直线桥上，墩台的横轴线与桥的纵轴线重合，而且各墩台一致，所以可利用桥位中线两端控制桩来标志横轴线的方向，而不再另行测设标志桩。

在测设桥墩台纵轴线时，应将经纬仪安置在墩台中心点，盘左、盘右以桥位中线方向作为后视，然后旋转90°（或270°），取其平均位置作为纵轴线方向，如图9.2-2所示。因为施工过程中经常要在墩台上恢复纵横轴线的位置，所以应于桥位中线两侧各布设两个固定的护桩。

水中的桥墩因不能架设仪器，也不能钉设护桩，暂不测设轴线，等筑岛、围堰或沉井露出水面以后，再利用它们钉设护桩，准确地测设出墩台中心及纵横轴线。

在等跨曲线桥上，墩台的纵轴线位于梁的中心线顶点处的分角线上，而横轴线与纵轴垂直，如图9.2-3所示。因此测设时，应置仪器于墩台中心点上，以相邻墩中心方向为后视，测设$(180°-\alpha)/2$角即得纵轴线方向，自纵轴线方向转90°角即测得横轴线方向。或是将全站仪置于墩台中心，输入中心坐标、后视点坐标、放样点输入中心的曲线切线（法线）方向上任意点的坐标，则可以得到纵（横）轴线方向。无论是在纵轴线还是在横轴线方向上，均要测设四个固定的护桩。

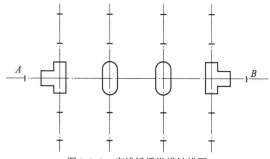

图9.2-2 直线桥梁纵横轴线图

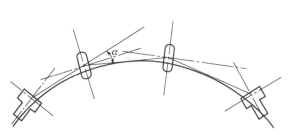

图9.2-3 等跨曲线桥纵横轴线图

当墩台定好位及其纵横轴线测设已毕,就为细部施工放样做好了准备。

3. 基坑边线放样

为满足设计要求,施工时必须开挖基坑。在基坑开挖之前,应首先根据基底尺寸、开挖深度、放坡情况等计算出原地面的开挖边线,然后根据墩台中心及其纵横轴线即可放出基坑的边线。

基坑顶面的平面尺寸可根据图9.2-4,按式(9.2-1)、式(9.2-2)计算:

$$A = a + 2c + 2Hm \quad (9.2\text{-}1)$$
$$B = b + 2c + 2Hm \quad (9.2\text{-}2)$$

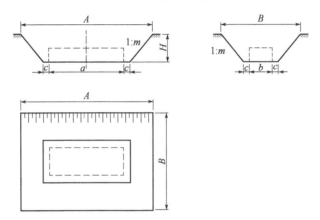

图9.2-4　基坑边线计算示意图

基坑底部尺寸应根据实际情况较基础设计尺寸每边增加50~100cm的富余量,以便于施工时堆放材料、设置支撑、设置排水沟和立模板等需要。

9.2.3　基坑开挖

当基础中心定位和基坑边线放样结束后,即可进行基坑开挖工作。

1. 旱地基础的基坑开挖

(1)土质地基开挖

根据基坑顶面边线的放样结果,可以采用人工开挖,也可以采用挖掘机、推土机、装载车等机械进行基坑开挖。开挖时,应按相关规范要求的坑壁坡度分层向下进行,直至基础底面设计高度为止。

当基坑深度在5m以内、施工期较短、坑底在地下水位以上、土的湿度正常、土层构造均匀时,坑壁坡度可参考表9.2-1确定。

坑壁坡度　　　　表9.2-1

坑壁土类	坑壁坡度		
	基坑坡顶无荷载	基坑坡顶有静荷载	基坑坡顶有动荷载
砂类土	1∶1	1∶1.25	1∶1.5
碎、卵石类土	1∶0.75	1∶1	1∶1.25

续上表

坑壁土类	坑壁坡度		
	基坑坡顶无荷载	基坑坡顶有静荷载	基坑坡顶有动荷载
亚砂土	1:0.67	1:0.75	1:1
亚黏土、黏土	1:0.33	1:0.67	1:0.75
极软岩	1:0.25	1:0.33	1:0.67
软质岩	1:0	1:0.1	1:0.33
硬质岩	1:0	1:0	1:0

基坑深度大于5m时,应将坑壁坡度适当放缓或加设平台,如果土的湿度可能引起坑壁坍塌,坑壁坡度应缓于该湿度下土的天然坡度。

开挖时,弃土堆地点不得妨碍开挖基坑及其他作业,并不影响坑壁稳定,同时应满足水土保持和环境保护的有关要求。

坑顶与动载间至少应留有1m宽的护道,若工程地质和水文地质不良或者动载过大,还要增宽护道或采取加固措施。

如果放坡开挖场地受限、工程量过大或对其他建筑物产生不利影响时,可按具体情况选择挡板支撑、锚杆(桩)支护、钢板桩支护、混凝土护壁(喷射混凝土护壁、现浇混凝土护壁)、地下连续墙等防护措施的一种或联合使用。

①挡板支撑。

当基坑开挖不深(<3m)、开挖宽度不大、坑壁不易稳定,并有地下水影响或放坡受到限制时,可采用挡板支撑。

挡板支撑分为横挡板[图9.2-5a)]和竖挡板[图9.2-5b)]两种形式。

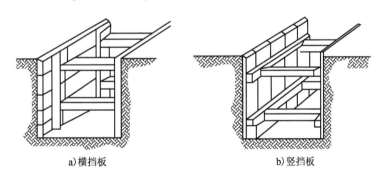

a)横挡板　　　　　b)竖挡板

图9.2-5　挡板支撑

②锚杆(桩)支护。

当基坑深度小于5m、基坑尺寸较大而不能设置横向支撑时,可采用锚杆(桩)支护(图9.2-6)进行坑壁保护。

③钢板桩支护。

钢板桩支护(图9.2-7)适用于各类土(包括强风化岩)的深基坑。钢板桩强度大、防水性能好,打入土、砾、卵石层时穿透性强。钢板桩的机械性能和尺寸应符合要求。经过整修或焊接后的钢板桩应采用同类型钢板进行锁口并通过试验检查,钢板桩的接长应以等强度焊接接长。

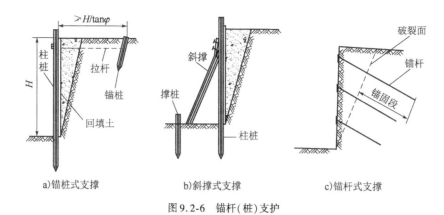

a) 锚桩式支撑　　　　b) 斜撑式支撑　　　　c) 锚杆式支撑

图 9.2-6　锚杆(桩)支护

图 9.2-7　条形基坑钢板桩支护

④混凝土护壁(钢筋混凝土、喷射混凝土)。

当基坑受条件的限制,开挖深度大,只能垂直或大坡度开挖,地基土质较好、渗水量较小时,可用混凝土护壁(图9.2-8)加固基坑坑壁,逐层开挖、逐层加固。

a) 钢筋混凝土护壁　　　　　　　　　b) 喷射混凝土护壁

图 9.2-8　混凝土护壁

当基坑为不稳定的强风化岩质地基或淤泥质黏土时,可用锚杆挂网喷射混凝土护坡。基坑开挖深度小于10m 的较完整风化基岩,可直接喷射素混凝土。

⑤地下连续墙。

当基坑深度较大时,可采用以地下连续墙为主体的框架式支撑(图9.2-9),通常用在地铁车站等深基坑施工。

为确保地基承载力,基底均应避免超挖,已经超挖或松动部分应予以清除。施工时间较长,又可能遇到暴雨天气时,应在基坑外设置临时截水沟或排水沟,防止雨水流入基坑内,使坑内土质变化。任何土质基坑挖至设计高程后,都不能长时间暴露、扰动或浸泡而削弱其承载能力。一般土质基坑挖至基底高程时,应保留 10～20cm 厚一层,在基础砌(浇)筑前人工突击探险,迅速检验,随即进行基础施工。

图 9.2-9　以地下连续墙为主体的框架式支撑

(2)岩石地基开挖

岩石地基开挖,硬质岩可以垂直向下,一般设计开挖深度为风化层厚度。新鲜基岩、微风化或弱风化岩层即可作为基础持力层。开挖一般采用人工开挖,必要时可采用松动爆破,但要严格控制爆破深度及用药量,防止过量爆破引起持力层松动破坏。挖出渣石必须运至设计指定地点,不能对施工安全或周围群众生产、生活及周围生态环境造成危害。

2. 水中基础的基坑开挖

(1)围堰

桥梁水中基础施工,首先应采用围堰或临时改河措施排除水流影响,同时在开挖过程中要采取措施排除坑内渗水和地下水,施工难度比旱地作业大,施工成本也增加很多。但主要施工工艺流程与旱地基础的施工基本类似,这里主要介绍围堰的施工方法。

围堰有土围堰、土袋围堰、钢板桩围堰、钢筋混凝土板桩围堰、竹(铅丝)笼围堰、套箱围堰、双壁钢围堰等几种形式。

一般要求围堰高度高出施工期间可能出现的最高水位(包括浪高)0.5～0.7m,围堰外形考虑河流断面被压缩后流速增大引起水流对围堰、河床的集中冲刷及影响通航、导流等因素;堰内面积应能满足基础施工的需要。围堰要力求防水严密、尽量减少渗漏,以减轻排水工作量。

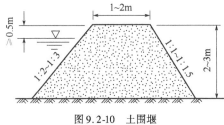

图 9.2-10　土围堰

①土围堰(图 9.2-10):适用于水深 1.5m 以内、流速不大于 0.5m/s、河床土质渗水性较小的河流。堰顶宽 1～2m,当采用机械挖基时,应视机械的种类确定,但不宜小于 3m。堰外边坡迎水流冲刷的一侧,边坡坡度宜为 1:2～1:3,前水冲刷的一侧的边坡坡度可在 1:2 之内,堰内边坡宜为 1:1～1:1.5,坡脚与基坑边缘距离根据河床土质及基坑深度而定,但不得小于 1m。

筑堰宜采用黏性土或砂夹黏土,填出水面之后应进行夯实。筑堰前应将堰底河床上的树根、石块、杂物等清除,自上游开始填筑至下游合龙。流速过大有冲刷危险时,在外坡面用草皮、柴排、片石、草袋或土工织物等加以防护。

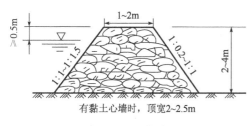

图 9.2-11　土袋围堰

②土袋围堰(图 9.2-11):适用于水深 3.0m 以内、流速不大于 1.5m/s、河床土质渗水较小的河流。堰顶宽度一般为 1～2m,有黏土心墙时为 2～2.5m,堰外边坡 1:0.5～1:1,堰内边坡 1:0.2～1:0.5。坡脚至基坑边距离及堰底处理方法、填筑方向与土围堰相同。堆码在水中的土袋,其上、下层和内、外层应相互错缝,尽量堆码密实整齐。

③钢板桩围堰(图 9.2-12):适用于各类土(包括强风化岩),水深 10～30m 的深水基础。钢板桩强度大、防水性能好,打入土、砾、卵石层时穿透性强。钢板桩的机械性能和尺寸应符合要求。经过整修或焊接后的钢板桩应采用同类型钢板进行锁口并通过试验检查,钢板桩围堰的接长应采用等强度焊接接长。当设备许可时,宜在打桩前将 2～3 块钢板拼为一组,组拼后用夹具夹紧。拔除钢板桩前宜向堰内灌水,使堰内外水位相等,拔桩时从下游附近易于拔除的一根或一组钢板桩开始,并尽可能采用振动拔桩法。

a)环形封闭式钢板桩围堰

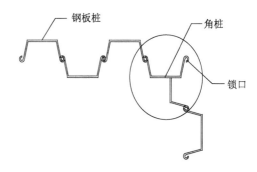
b)钢板桩横向连接示意图

图 9.2-12　钢板桩围堰

钢板桩围堰实施要点如下。

a. 有大漂石及坚硬岩石的河床(地基)不宜使用钢板桩围堰。

b. 钢板桩的机械性能和尺寸应符合规定要求。

c. 施打钢板桩前,应在围堰上下游及两岸设测量观测点,控制围堰长、短边方向的施打定位。施打时,必须备有导向设备,以保证钢板桩的正确位置。

d. 施打前,应对钢板桩锁口用防水材料捻缝,以防漏水。

e. 施打顺序从上游向下游合龙。

f. 钢板桩可用捶击、振动、射水等方法下沉,但黏土中不宜使用射水下沉方法。

g. 经过整修或焊接后,钢板桩应用同类型的钢板桩进行锁口试验、检查。接长的钢板桩,其相邻两钢板桩的接头位置应上下错开。

h. 施打过程中,应随时检查桩的位置是否正确、桩身是否垂直,发现问题应立即纠正或拔出重打。

④钢筋混凝土板桩围堰:适用于黏性土、砂类土、碎石土河床。除用于基坑挡土防水外,还

可不拔除作为建筑结构物的一部分。通常板宽 50~60cm,厚 10~30cm。为使其合龙及企口接缝,插打板桩时,应从上游开始按顺序进行,直至下游合龙。

⑤竹(铅丝)笼围堰:适用于流速较大而水深在 1.5~4m 的河流。宽度为水深的 1.0~1.5 倍,制作应坚固,可使用钢筋串联、螺栓连接及铁丝捆扎等方法加固。

按照水深、流速、基坑大小及防渗要求,可以用单层或双层竹、铅丝笼围堰(图 9.2-13),单层时在围堰内填土袋,在外侧堆土袋,双层时在两层之间填土,防止渗漏。可采用浮动、吊装和滑移就位,就位后填石(装土)下沉,在堰底外围堆土袋,以防堰底渗漏。

⑥套箱围堰(图 9.2-14):适用于埋置不深的水中基础,也可以修建桩基承台。无底套箱用木板、钢板或钢丝网水泥制成,内部设钢、木支撑。下沉套箱之前清除河床表面障碍物,套箱设置在岩层上时,应整平岩面;如果基岩岩面倾斜,应将套箱底部做成与岩面相同的倾斜度以增加套箱的稳定并减少渗水。根据现场起吊、移动能力,套箱可制成整体式或装配式。制作中应采取措施,防止套箱接缝渗漏。

图 9.2-13　铅丝笼围堰

图 9.2-14　套箱围堰

⑦双壁钢围堰(图 9.2-15):大型河流的深水基础,所处覆盖层较薄、平坦的岩石河床时,可选用双壁钢围堰的形式。

a)双壁钢围堰整体

b)双壁钢围堰节块

图 9.2-15　双壁钢围堰

双壁钢围堰是由竖向角钢加劲的内外钢壳及数层环形水平桁架焊成的,要密不漏水。空壁厚 1.2~1.4m,这是以制造方便和能使其顺利穿过覆盖层为准。在空壁间设有多个竖向隔舱板,以便在其下沉或落底(河床)时能控制向各舱内灌水或灌混凝土的先后顺序。

双壁钢围堰应在施工前进行专项施工方案编制和技术设计,确保其强度、刚度及结构稳定性、使用期等应满足规范和施工要求。

(2)基坑排水

围堰完工后,须将堰内积水排除,在开挖过程中,也可能有渗水出现,必须随挖随排,抽水设备的排水能力应大于渗水量的2.0倍。排水方法有地表排水法(集水沟、集水坑)(图9.2-16)及井点降水法(图9.2-17)等。

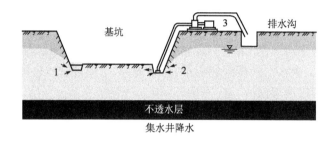

图9.2-16 地表排水法(集水沟、集水坑)
1-集水沟;2-集水坑;3-抽水设备

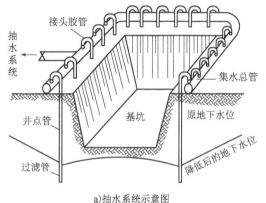 

a)抽水系统示意图　　　　　　　　b)抽水系统现场照

图9.2-17 井点降水法

集水沟、集水坑适用于粉细砂土质以外的各种地层基坑,集水沟沟底应低于基坑底面,集水坑深度应大于吸水龙头的高度。

井点降水法排水适用于粉、细砂或地下水位较高、挖基较深、坑壁不易稳定和普通排水方法难以解决的基坑,应根据土层的渗透系数、要求降低地下水位的深度及工程特点,选择适宜的井点类型和所需设备。

(3)基坑开挖

水中基坑采取围堰、井点降水等抽排水措施后,开挖方法及要求与旱地基坑相同。对于排水开挖有困难或具有水中挖基的设备时,可采下列水中挖基方法。

①水力吸泥:适用于砂类土及砾卵石类土,不受水深限制,其出土效应可随水压、水量的增加而提高。

②空气吸泥:适用于水深5m以上的砂类土中夹有少量碎卵石的基坑,浅水基坑不宜采用;在黏土层使用时,应与射水配合进行,以破坏黏土结构;吸泥时应向基坑内注水,使基坑内水位高于河水位约1.0m,以防止流砂或涌泥。

③挖掘机水中挖基:适用于各种土质,但开挖时不要破坏基坑边坡的稳定,可采用反挖掘和起重机配抓泥斗挖掘。

9.2.4 基底检验与处理

1. 地基处理

基础开挖至设计高程后,应根据地基土的种类、强度和密度,按照设计要求,结合现场情况,采取相应的处理方法。地基处理的范围至少应宽出基础之外0.5m。

对符合设计要求的细粒土、特殊土基底,修整妥善后,应尽快修建基础,不得使基底浸水和长期暴露。

对于一般性能良好的未风化岩石地基,应将岩面上的松碎石块、淤泥、苔藓等清除后洗净岩面,若岩面倾斜,还应将岩面凿平或凿成台阶状,若基底位于风化岩层上,则应按基础尺寸凿除已风化的表面岩层,在砌筑基础圬工的同时将基坑底填满、封闭。

对于其他特殊地基(包括多年冻土地基、溶洞地基、泉眼地基等),应采用相应的处理方法。

2. 地基检验

基础开挖至设计高程后,应检验基底平面位置、尺寸大小、基底高程;基底地质情况和承载力是否与设计资料相符;基底处理和排水情况是否符合桥涵施工规范的要求;施工记录有关试验资料。

对小桥涵的地基检验,可采用直观或触探方法,必要时可进行土质试验。

对大、中桥和地基土质复杂、结构对地基有特殊要求的地基检验,一般采用触探和钻探(至少4m)取样做土工试验,或按设计的特殊要求进行荷载试验。

基底平面周线位置应不小于设计要求。基底高程允许偏差:土质为±50mm;石质为+50mm,-200mm。

9.2.5 基础施工

扩大基础的种类有浆砌块(片)石、加石混凝土和片石混凝土、钢筋混凝土等几种。

1. 浆砌块(片)石

一般要求砌块在使用前必须浇水湿润,将表面的泥土、水锈清洗干净。砌第一层砌块时,如基底为岩层或混凝土基础,应先将基底表面清洗、湿润,再坐浆砌筑。砌筑应分层进行,各层先砌筑外圈定位行列,然后砌筑里层,外圈砌块与里层砌块交错连成一体。各砌层的砌块应安放稳固,砌块间应砂浆饱满,黏结牢固,不得直接贴靠或脱空。

片石砌体宜以2~3层砌块组成一工作层,每层的水平缝应大致找平,各层竖缝应相互错开,不得贯通。外圈定位行列和转角石,应选择形状较为方正且尺寸较大的片石,并长短相间地与里层砌块咬接,砌缝宽度一般不应大于4cm,较大的砌块应放在下层,石块的尖锐突出部分应敲除。竖缝较宽时,在砂浆中塞以小石块填实。

块石砌筑时每层石料高度应大致一样,外圈定位行列和镶面石块,应丁顺相间或二顺一丁排列,砌缝宽度不大于3cm,上下层竖缝错开距离不小于8cm。

2. 加石混凝土和片石混凝土

混凝土中填放片石时应符合以下规定。

①填放石块的数量不宜超过混凝土结构体积的25%,当设计为片石混凝土时,石块可增加为50%~60%。

②应选用无裂纹的、夹层且未被锻炼过的、高度小于15cm的、具有抗冻性能的石块。

③石块的抗压强度应不小于25MPa及混凝土强度等级。

④石块应清洗干净,应在捣实的混凝土中埋入一半以上;石块应分布均匀,净距不小于10cm,距结构侧面和顶面净距不小于15cm;对于片石混凝土,石块净距应不小于4~6cm,石块不得挨靠钢筋或预埋体。

3. 钢筋混凝土

旱地浇筑钢筋混凝土基础,应在对基底及基坑验收完成后尽快绑扎、放置钢筋;在底部放置混凝土垫块,保证钢筋的混凝土净保护层厚度,同时安放墩柱或台身钢筋的预埋部分,保证其定位准确;对全部钢筋进行检查验收,保证其根数、直径、间距、位置满足设计文件和技术规范要求时,即可浇筑混凝土。拌制好的混凝土运输至现场后,若高差不大,可直接倒入基坑内,若倾斜高度过大,为防止发生离析,应设计串筒或滑槽,槽内焊上减速钢梳,保证混凝土整体均匀运入基坑,振捣密实。浇筑应分层进行,但应连续施工,在下层混凝土开始凝结之前,应将上层混凝土灌注捣实完毕。基础全部浇完凝结后,要立即覆盖草袋、麻袋、稻草或砂子,并洒水养生。养生时间,一般普通硅酸盐水泥为7d以上,矿渣水泥、火山灰质水泥或掺用塑化剂的混凝土应为14d以上。

水中混凝土基坑在基坑排水的情况下施工方法与旱地基础相同,只是在混凝土凝固后即可停止排水,也不需再进行专门的养生工作。

9.3 桩基础施工

桩基础按施工方式不同,主要有灌注法(钻孔灌注、挖孔灌注)和沉入法两种主要类型。

9.3.1 钻孔灌注桩施工

就地灌注桩是指采用不同的钻(挖)孔方法,在土中形成一定直径的井孔,达到设计高程后,将钢筋骨架(笼)吊入孔中,灌注混凝土形成桩基础。钻孔灌注桩施工的主要工序:埋设护筒、制备泥浆、钻孔、清孔、安放钢筋笼及灌注水下混凝土等。其施工工艺流程如图9.3-1所示。

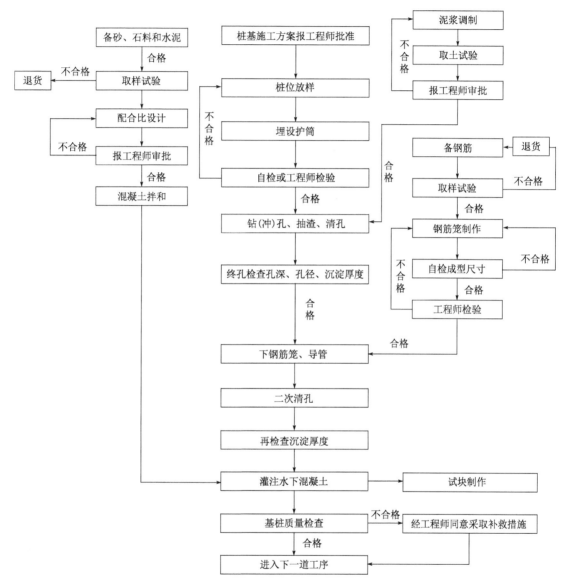

图9.3-1 钻孔灌注桩施工工艺流程

1. 施工前的准备工作

钻孔灌注桩由于其施工速度快、质量稳定、受气候环境影响小,因而被普遍采用,但其施工前的准备工作十分重要,只有条件充分才能保证施工顺利进行。

(1)认真进行施工放样

在墩基础的中心及纵横轴线已经测设完成的情况下,可以纵横轴线为坐标轴,根据设计提供的桩与墩中心的相对位置,用支距法放出各桩的中心位置,其限差为±20mm,如图9.3-2所示。放出的桩位经复核后方可进行施工。对于单排桩,桩数较少,也可根据已知资料,以极坐标放样。水中桩位或沉井位置的放样,可参照水中墩位的施工放样方法,在水中平台、围图或围堰等构造中测定桩或沉井的位置,经复测后方可进行基础施工。

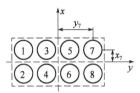

图9.3-2 纵横轴线坐标图

此外,也可用全站仪准确放出各桩位中心,用骑马桩固定位置,用水准仪测量地面高程,确定钻孔深度。

(2)设备准备

根据地质资料,确定科学合理的钻孔方法和钻孔设备,架设好电力线路、配备适合的变压器。若用柴油机提供动力,则应购置与设备动力相匹配的柴油机和充足的燃油。混凝土搅拌机、电焊机、钢筋切割机,以及水泥、砂石材料均要在钻孔开始前准备妥当。

(3)埋设护筒

钻孔成败的关键是防止孔壁坍塌。当钻孔较深时,在地下水位以下的孔壁土体在静水压力作用下会向孔内坍塌,甚至发生流砂现象。钻孔内若能保持比地下水位高的水头,增加孔内静水压力,便能稳定孔壁,防止坍孔。护筒除保护孔口不坍塌外,还有隔离地表水、保护孔口地面、固定桩孔位置和起到钻头导向作用等。一般采用钢护筒,也可以采用现场预制的钢筋混凝土护筒,护筒应坚实、不漏水,护筒内径应比桩径稍大20~30cm。施工时,在放样好的桩位处,开挖一个圆形基坑将护筒埋入。采用反循环钻时应使护筒高出地下水位2.0m;采用正循环钻时应高出地下水位1.0~1.5m;处于旱地时,护筒在满足上述条件的基础上还应高出地面0.3m。

(4)制备泥浆

钻孔泥浆由水、黏土(或膨润土)和添加剂组成,具有悬浮钻渣、冷却钻头、润滑钻具、增大静水压力的作用,并在孔壁形成泥皮,隔断孔内外渗流,防止坍孔。开工前应准备数量充足和性能合格的黏土和膨润土。调制泥浆时,先将土加水浸透,然后用搅拌机拌制或人工拌制,泥浆稠度应视地层变化或操作要求机动掌握。泥浆太稀,则排渣能力小,护壁效果差。

(5)钢筋笼制作

在钻孔之前或者钻孔的同时要制作好钢筋笼,以便成孔、清孔后尽快灌注混凝土,防止塌孔事故发生。钢筋笼应按图纸尺寸要求,吊装和钢筋单根长度确定下料长度,注意主筋在50cm范围内接头数量不能超过截面主筋根数的50%,加强筋直径要准确;箍筋要预先调直,螺旋筋布置在主筋外侧,定位筋应均匀对称地焊接在主筋外侧。下钢筋笼前应进行质量检查,保证钢筋根数、位置、净距、保护层厚度等满足要求。

2.钻孔

钻孔方式可根据地基土质的不同,选择不同的钻孔设备进行钻孔。主要的钻孔设备有冲抓锥、冲击钻和旋转钻等三大类。各种钻孔设备(方法)的适用范围如表9.3-1所示。

各种钻孔设备(方法)的适用范围　　　　表 9.3-1

序号	钻孔设备(方法)	适用范围		
		地基条件	孔径/cm	孔深/m
1	机动推钻	黏性土,砂土,砾石粒径小于10cm,含量少于30%的碎石土	60～160	30～40
2	正循环回转钻法	黏性土,砂土,砾,卵石粒径小于2cm,含量少于20%的碎石土,软岩	80～200	30～100
3	反循环回转钻法	黏性土,砂土,卵石粒径小于钻杆内径2/3,含量小于20%的碎石土,软岩	80～250	泵吸<40,气举100
4	正循环潜水钻法	淤泥,黏性土,砂土,砾卵石粒径小于10cm,含量少于20%的碎石土	60～150	50
5	反循环潜水钻法	各类土层	60～150	泵吸<40,气举100
6	全护筒冲抓和冲击钻机	各类土层	80～200	30～40
7	冲抓锥	淤泥,黏性土,砂土,砾石,卵石	60～150	20～40
8	冲击实心锥	各类土层	80～200	50
9	冲击管锥	黏性土,砂土,砾石,松散卵石	60～150	50

(1)冲抓锥钻孔

冲抓锥是一种最简单的钻孔机械,由三角立架、锥头、卷扬机三部分组成,适用于砂砾石和砂土地层。

如图9.3-3所示,施工时,使三角立架固定滑轮,绕过滑轮的钢丝绳下端吊着由三块钢锥片组成的锥头,锥头张开的最大外围尺寸与桩孔直径相同。锥头对准桩孔中心,放开制动,锥头在自重作用下下落,打入孔内土层中,卷扬机将其向上提升时,通过拉索使锥头合龙,砂土被封闭在锥体内提升至井外,等锥体提升至孔口以上时,工人及时在井口放置一块钢盖板,将手推车或其他运输工具放于其上,打开锥头控制栓,使锥头张开,土体落入运输车中运走。移走钢板,即进行下一轮冲抓作业,如此循环钻进。

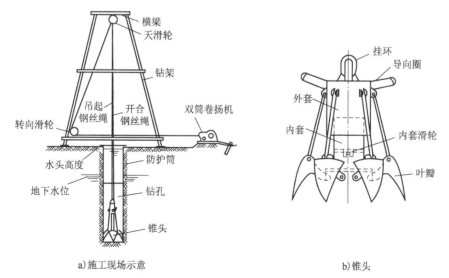

图 9.3-3　冲抓锥钻孔

此法的特点是所需机械简单、成本较低,但施工自动化程度低,需人工操作,清运渣土劳动强度大,施工速度较慢。

(2) 冲击钻孔

冲击钻孔的设备由冲击钻头、三角立架、卷扬机三部分组成。此方法适用于砂砾石和岩石地层。

施工时,用卷扬机钢丝绳通过三角立架上的滑轮将钻头提起,然后放开卷扬机,使钻头自然下落,钻头的冲击作用将砂砾石或岩石砸成碎末、细渣,靠泥浆将其悬浮起来排出孔外。钻头一般为圆柱形,用钢材制成,钻头顶部呈"十"字形,利于破碎岩石。一般可先用60~80cm的细钻头钻进,然后再用大钻头扩孔至设计孔径。这样,一来可以保证孔壁稳定,防止坍孔;二来可以提升效率。卷扬机可以人工操作,也可以选用自动操作设备,因而此方法节省人力,可以24h连续作业,施工效率较高,在工程中普遍适用。

施工时应注意以小冲程开孔,使成孔坚实、竖直、圆顺并起导向作用,钻进深度超过钻头全冲程后才能施行正常冲击。若遇坚硬漂卵石层,可采用中、大冲程,但最大冲程不宜超过4~6m,钻进冲程中及时排除钻渣,并添加黏土造浆,防止塌孔和沉积,使钻头经常冲击新鲜地层。冲击表面不平整的漂石、硬岩时,应先投入黏土夹小片石,将表面垫平后再钻进,防止出现偏孔、斜孔。

(3) 正循环钻孔

用钻头旋转切削土体钻孔,泥浆泵将泥浆压进钻杆顶部泥浆笼头,通过钻杆中心从钻头喷入钻孔内,泥浆携带钻渣沿钻孔上升,从护筒顶部排浆孔排出至沉淀池,钻渣在此沉淀而泥浆流入泥浆池循环使用。此方法适用于淤泥、黏性土、砂土,以及砾卵石粒径小于10cm、含量少于20%的碎石土。其优点是钻井与排渣同时连续进行,在适用地土层中钻进速度较快,但需设置泥浆槽、沉淀池等,施工占地较多且机具设备较复杂。

(4) 反循环钻孔

与正循环钻孔不同的是,反循环钻孔时泥浆输入钻孔内,然后从钻头的钻杆下口吸进,通过钻杆中心排出至沉淀池内。此方法适用于黏性土、砂土,以及砾卵石粒径小于钻杆直径2/3、含量少于20%的碎石土、软岩。其钻进与排渣效率较高,但接长钻杆时装卸麻烦、钻渣容易堵塞管路。另外,因泥浆是从下向上流动,孔壁坍塌的可能性较正循环法大,为此需用较高质量的泥浆。

3. 清孔

在钻至设计高程后,检查孔径、桩孔垂直度、桩底地层情况是否与设计相符,达到技术规范要求后,即应进行清孔(图9.3-4)。其目的是将孔内钻渣清除干净,保证孔底沉淀土层厚度满足要求。清孔方法有掏渣清孔法、换浆清孔法、抽浆清孔法、喷射清孔法等。

①掏渣清孔法是用掏渣筒、大锅锥或冲抓锥清掏孔底粗钻渣,仅适用于机动推钻、冲抓、冲击钻孔的各类土层摩擦桩的初步清孔。

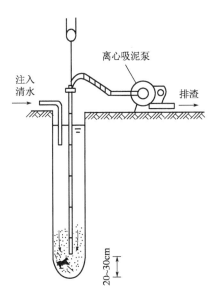

图9.3-4 清孔

②换浆清孔法适用于正循环钻孔的摩擦桩。钻孔完成之后,提升锥头距孔底 10~20cm,继续循环,以相对密度较低(1.1~1.2)的泥浆压入,把钻孔内的悬浮钻渣和相对密度较大的泥浆换出。

③抽浆清孔法清孔底效果较好,适用于各种方法钻孔的柱桩和摩擦桩,一般用反循环钻机、空气吸泥机、水力吸泥机或真空吸泥泵等进行。

④喷射清孔法只宜配合其他清孔方法使用,是在灌注混凝土前对孔底进行高压射水或射风数分钟,使剩余少量沉淀物漂浮后,立即灌注水下混凝土。

4. 钢筋骨架制作、安装及导管吊装

(1)钢筋骨架制作、安装

灌注桩钢筋骨架由主筋、加强筋、螺旋箍筋、定位筋等四部分组成,其构造应满足设计要求。

①制作时应采取必要措施,保证骨架的刚度。大直径桩的钢筋骨架宜在胎架上分段制作,且宜编号,安装时应按编号顺序连接。

②应在钢筋骨架外侧设置控制混凝土保护层厚度的垫块,垫块间距在竖向应不大于2m,在横向圆周应不少于4处。

③钢筋骨架在运输过程中,应采取适当的措施防止其变形。

④钢筋骨架在安装时,其顶部应设置吊环。

运至现场的钢架骨架或节段经检查合格后,用起重机吊起垂直后,按编号逐段放入孔内,接长时,相邻节段主筋的接头应错开布置、定位准确、连接可靠。下到设计位置后不得直接将钢筋骨架支承在孔底,应将其吊挂在孔口的钢护筒上,或在孔口地面设置扩大受力面积的装置进行吊挂;并在顶部采取相应的措施反压并固定其位置,防止在混凝土灌注过程中产生上浮。

(2)导管吊装

导管是灌注水下混凝土的重要工具,一般选用刚性导管。刚性导管用钢管制成,内径一般为 20~35cm,每节长 4~5m,接头间夹有橡胶垫防止渗水。导管上口一般设置储料槽和漏斗,在灌注末期,当钻孔桩桩顶低于井孔中水面时,漏斗底口高出水面不宜小于4m,当桩顶高出井孔中水面时,漏斗底口高出桩顶不宜小于4m。导管使用前应进行水密承压和接头抗拉等试验。吊装前应进行试拼,接口连接应严密、牢固。吊装时,导管应位于井孔中央,并在混凝土灌注前进行升降试验。刚性导管吊装如图9.3-5所示。

a) b)

图9.3-5 刚性导管吊装

5. 水下混凝土的灌注

水下混凝土的原材料、配合比应保证水下混凝土顺利灌注,注意首批灌注的混凝土的初凝时间不得早于灌注桩全部混凝土灌注完成时间,必要时要加入缓凝剂。

灌注混凝土之前,应先探测孔底泥浆沉淀厚度,如果大于规定,要再次清孔,但应注意孔壁的稳定,防止塌孔。运至桩位的混凝土应检查其均匀性和坍落度,不符合要求时不得使用。

首批灌注混凝土的数量应能满足导管初次埋置深度不小于1.0m和填充导管底部间隙的需要,如图9.3-6所示。所需混凝土数量按式(9.3-1)进行计算:

$$V \geqslant \frac{\pi D^2}{4}(H_1 + H_2) + \frac{\pi d^2}{4} h_1 \qquad (9.3\text{-}1)$$

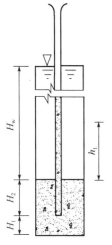

图9.3-6 首批混凝土数量计算

式中:V——灌注首批混凝土所需数量(m^3);
　　　D——桩孔直径(m);
　　　H_1——桩孔底、导管底端间距(m),一般为0.3~0.4m;
　　　H_2——导管初次埋置深度(m),一般$H_2 \geqslant 1.0$m;
　　　d——导管内径(m);
　　　h_1——桩孔内混凝土高度达到埋置深度H_2时,导管内混凝土柱平衡导管外(或泥浆)压力所需的高度(m),即$h_1 = \dfrac{\gamma_w H_w}{\gamma_c}$;
　　　H_w——桩孔内混凝土面以上水或泥浆深度(m);
　　　γ_w——桩孔内水或泥浆的密度(kN/m^3);
　　　γ_c——混凝土拌合物的密度(kN/m^3)。

当钢筋笼就位,导管下至设计深度,数量和质量达到规定要求的首批混凝土运送至桩位处时,即可开始灌注混凝土。首批混凝土灌注时应在导管漏斗底口处设置可靠的防水设施(一般放置一个直径与管内孔完全吻合的木球或充气球)。混凝土倒入漏斗,压住木球向下运动,导管中水从管底压出,从孔口逐渐排向井外,混凝土靠自重和向下冲力压至孔底。随着混凝土不断灌入,孔内混凝土面逐渐升高,孔内积水不断上升,直至混凝土灌满全孔,水全部被排出。每灌一段时间,就要及时抽拔导管。导管埋入混凝土中的深度不能大于6m,但也不能小于2m,要根据混凝土的灌入量计算灌注高度,从而确定提升导管时间。导管提升太快,若超过已灌混凝土表面,就会形成断桩;若抽拔不及时,埋入过深,则有可能因为混凝土初凝,使导管不能拔除,造成工程事故。因此,必须严格控制导管提升时间。

灌注开始后,必须连续进行,无论白天黑夜、刮风下雨都不得中断作业,提升拆除导管的时间要尽可能缩短。在灌注过程中,应保持孔内的水头高度,并应将孔内溢出的泥浆引流至适当位置,防止污染环境及河流。灌注的桩顶高程应比设计高程高出0.5~1.0m,超灌的多余部分在承台施工前或接桩前应凿除(俗称破桩头),凿除后的桩头应密实、无松散层,混凝土应达到设计规定的强度等级。

当灌注过程发生故障时,应尽快查明原因,确定合适的方案进行处理。

混凝土灌完后要拔除护筒。处于地面及桩顶以下的孔口整体式刚性护筒,应在灌注完混凝土后立即拔除;处于地面以上能拆卸的护筒,须待混凝土抗压强度达到5MPa后才能拆除。

6.钻孔灌注桩施工过程中的事故及处理

由于地质构造的复杂性和施工期间各种因素的影响,钻孔事故常有发生。事故发生后应及时确认事故类型,采取补救措施,以减少损失,保证工程质量。

(1)坍孔

遇钻孔坍塌时,应仔细分析,待查明坍孔原因和位置后,再进行处理。导致坍孔的原因:
①护筒埋置过浅,周围封闭不密漏水;
②操作不当,如提升钻头、冲击(抓)锥或掏渣筒倾倒,或放钢筋骨架时碰撞孔壁;
③泥浆浓度小,起不到护壁作用;
④泥浆水位高度不够,对孔壁压力小;
⑤向孔内加水时流速过大,直接冲刷孔壁;
⑥在松软砂层中钻进,进尺太快。

当坍孔不严重时,可回填至坍孔位置以上,采取改善泥浆性能、加高水头、埋深护筒等措施继续钻进。若坍孔严重,应立即将钻孔全部用砂或小砾石夹黏土回填,暂停一段时间使其性能稳定后,再采取相应措施(加大泥浆浓度、快速钻进等)进行重钻。坍孔现场如图9.3-7所示。

图9.3-7 坍孔现场

(2)孔身偏斜、弯曲

孔身偏斜、弯曲的原因:
①桩架不稳,钻杆导架不垂直,钻机磨耗,部件松动;
②土层软硬不均,致使钻头受力不均;
③钻孔中遇有较大孤石、探头石;
④扩孔较大处,钻头摆动偏向一方;
⑤钻杆弯曲,接头不正。

一般可在偏斜处吊挂钻锥反复扫孔,使钻孔正直。偏斜严重时应回填黏性土到偏斜处,待沉淀密实后再重新钻。如有探头石,宜用钻机钻透;用冲孔机时,用低速将石打碎;倾斜基岩时,可用混凝土填平,待其凝固后再钻。

(3)扩孔、缩孔

孔径较大、过小,分别称为扩孔、缩孔。遇此情况要采取防止坍孔和防止钻锥摆动过大的措施。缩孔是钻锥磨损过大、焊补不及时或地层中有遇水膨胀的软土、黏土泥岩造成的。前者应及时补焊钻锥,后者则应选用失水率小的优质泥浆护壁。

(4)钻孔漏浆

若发现护筒内水头不能保持,水位下降,则证明有漏浆现象发生。宜采用将护筒周围填土筑实、增加护筒沉埋深度、适当减小水头高度或加入浓泥浆、加入黏土慢速转动等措施。用冲击法钻孔时,还可填入片石、碎卵石土,反复冲击以增强护壁。

(5)梅花孔或十字槽孔

梅花孔或十字槽孔多见于冲击钻孔,是钻锥的转向装置失灵,泥浆太稠,钻锥旋转阻力过大或冲程太小,钻锥来不及旋转而造成的。应采用片石或卵石与黏土的混合物回填钻孔,重新冲击钻孔。

(6)糊钻、埋钻

糊钻、埋钻常出现于正反循环回转钻孔和冲击钻孔中,遇此应对泥浆浓度、钻渣进出口、钻杆内径小、排渣设备进行检查计算,并控制适当进尺。若已严重糊钻,应停钻提出钻锥,清除钻渣。遇到塌方或其他原因造成埋钻时,应使用空气吸泥机吸走埋钻的泥沙,提出钻锥。

(7)卡钻

卡钻常发生在冲击钻孔时。卡钻后不能强提,只宜轻提,轻提不动时,可以用小冲击锥或用冲、吸的方法将钻锥周围的钻渣松动后再提出。掉钻落物时,宜迅速用打捞叉、钩、绳套等工具打捞,若落体已被泥沙埋住,应按前述各条先清除泥沙,使打捞工具接触落体后再进行打捞。

应特别注意的是,在任何情况下,严禁施工人员进入没有护筒或其他防护设施的钻孔中处理故障。当必须下入护筒或其他防护设施的钻孔时,应检查孔内有无有害气体,并备齐防毒、防溺、防塌埋等安全设施后,才能行动。

9.3.2 挖孔灌注桩施工

挖孔灌注桩分为人工挖孔灌注桩、旋挖钻孔灌注桩。

1. 人工挖孔灌注桩

人工挖孔灌注桩适用于无水或少水且密实的土或风化岩层,一般桩长不宜超过15m,桩径宜在1.2m以上,以便于施工。其施工示意图如图9.3-8所示。

挖孔桩施工,开挖前应清除现场四周及山坡上的危石、浮土,排除一切不安全的因素,做好孔口四周临时围护并设置排水设备。同一墩台各桩的开挖顺序应根据桩位布置、桩间距离和地层土质决定,防止互相影响。当桩距

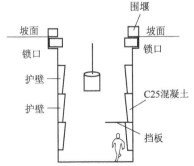

图9.3-8 人工挖孔灌注桩施工示意图

较大,土质紧密、不需爆破时,可以同时开挖;反之,宜对角开挖或单孔开挖。若桩位为梅花形布置,则宜先挖中孔,灌注混凝土后再挖其他孔。

挖孔施工在保证安全的情况下应不间断地快速进行。挖孔过程中,开挖和护壁两个工序必须连续交替进行,以免坍孔。一般采用就地浇筑混凝土围圈支护,也可在土质较好、渗水量不大时采用易于拆装的钢、木支撑。混凝土围圈支护如同明挖基础的混凝土围圈支护,开挖一层,支护一层。但由于桩径一般不大,无须分段间隔开挖灌注;可以整圈同时开挖,一次灌注。为避免混凝土围圈支护在下层开挖时失去支承而下沉开裂,每节的下端宜扩挖 0.2~0.3m 形成喇叭形耳台。每节的深度为 1~2m,护壁厚一般为 0.15~0.2m,混凝土一般采用 C15~C20,必要时可配置少量钢筋。

挖孔过程中,要经常检查桩孔的平面位置和尺寸。孔的倾斜度偏差不得大于孔深的 0.5%,截面尺寸必须满足设计要求,孔口平面位置与设计桩位的偏差不得大于 5cm。挖孔过程中,由于地层含有二氧化碳或其他有害气体,以及人的呼吸会产生二氧化碳,孔深越大,对工人的健康危害越大。为保障工人健康,当孔深超过 10m,或二氧化碳浓度达到 0.3%,或其他有害气体超过卫生标准允许浓度时,均应设置通风设备。

挖孔遇漂石或基岩需要爆破时,必须采用浅眼少药,以松动岩石为目的的方法,以防坍孔。桩孔较深时,应采用电引爆,爆破后应通风排烟,经检查无毒气后,施工人员方可下井继续作业。

挖孔达到设计深度后,检查孔底、孔壁是否符合设计要求。清除浮土,整平孔底,以保证桩身混凝土和孔壁密贴,然后吊装钢筋骨架。当孔底、孔壁渗入地下水的速度小于 6mm/min 时,可采用空气中灌注混凝土桩的方法;若大于 6mm/min 则视为有水桩,按前述钻孔灌注桩水下混凝土的方法进行。无水、空气中灌注的桩如为摩擦桩,则应在灌注过程中逐步由下至上拆除支护。孔中有水时,要采用水中灌桩法先向孔中灌水,至少灌至与地下水位相同,用导管灌注混凝土。随着灌注混凝土升高,孔内水位上升时逐层拆除支护。柱桩、嵌岩桩的混凝土护壁可以不拆除。夜间停工时,要在孔口设置标志或覆盖物,防止工作人员不慎坠入。灌注混凝土的方法与钻孔桩相同。

2. 旋挖钻孔灌注桩

旋挖钻孔是用旋挖钻机(图 9.3-9)进行旋转挖孔的成孔方式。旋挖钻机具有装机功率大、输出扭矩大、轴向压力大、机动灵活、施工效率高及多功能等特点。钻孔速度可为其他钻机的数倍,在有些土层可达 10 倍以上。

根据钻机的类型和所配的钻头,成孔直径一般为 0.5~2.0m,钻孔深度为 40~60m,大型旋挖钻机成孔直径可达 3.0m,深度达 90m。旋挖钻机可在砂(砾)土、黏土、粉质土等土层施工,且在成孔过程中可为原始土挖掘状态,从而实现无泥浆排放,是一种环保型钻机。但旋挖钻机价格昂贵,每台数百万至上千万元,这是其未能普遍使用的主要原因。其施工工艺流程:测量放样及定桩位→配制泥浆→埋设钢护筒→钻机就位及钻进→成孔检查→清

图 9.3-9 旋挖钻机

孔→吊放钢筋笼→安装导管→灌注水下混凝土。具体操作方法如下。

(1) 测量放样及定桩位

依据设计资料,复核桩位轴线控制网和高程基准点。确定桩位中心,以中心为圆心、以大于桩身半径的长度为半径在四周设立十字护桩,做好标记并固定好。经驻地监理工程师核查、批准后开钻。

(2) 配制泥浆

对黏结性好的岩土层,可采用干式或清水钻进工艺,无须泥浆护壁。而对于松散易坍塌地层,或有地下水分布、孔壁不稳定等情况,必须采用静态泥浆护壁钻进工艺,向孔内投入护壁泥浆或稳定液进行护壁。配制泥浆前要根据钻孔的体积确定所需泥浆量,泥浆量必须大于钻孔的容积。配制泥浆选取水化性能较好、造浆率高、成浆快、含砂量少的膨润土或黏土为宜。

钻孔过程中要经常测定泥浆技术指标,根据工程钻进需要,随时调整泥浆相对密度,保持各项指标符合要求,不因泥浆过浓影响进度,过稀导致坍孔等。

(3) 埋设钢护筒

埋设护筒的方法和要求,应符合现行《公路桥涵施工技术规范》(JTG/T 3650)的规定。如果钻孔是在陆地上进行的,则一般采用挖坑法。钢护筒埋设工作是旋挖钻机施工的开端,埋设前,先准确测量放样,保证钢护筒顶面位置偏差不大于50mm,埋设中保证钢护筒斜度不大于1%。埋设钢护筒时应通过十字护桩放样,把钻机钻孔的位置标于孔底;再把钢护筒吊放进孔内,找出钢护筒的圆心位置,用十字线在钢护筒顶部或底部找出并标记圆心;然后移动钢护筒,使钢护筒中心与钻机钻孔中心位置重合。同时,用水平尺或垂球检查,使钢护筒竖直。此后即在钢护筒周围和底脚对称、均匀回填最佳含水率的黏土,要分层夯实,达到最佳密实度,以保证其垂直度并防止泥浆流失、位移及掉落。如果护筒底土层不是黏性土,应挖深或换土,在孔底回填夯实300~500mm厚度的黏土后,再安放护筒,以免护筒底口处渗漏塌方。夯填时要防止钢护筒偏斜,护筒上口应绑扎方木对称吊紧,防止下窜。钢护筒制作及埋设的原则:长度4m以内的钢护筒,采用厚4~6mm的钢板制作;长度大于4m的钢护筒,采用厚6~8mm钢板制作;钢护筒埋置较深时,采用多节钢护筒连接使用,连接形式采用焊接,焊接时保证接头圆顺,同时满足刚度、强度及防漏的要求;钢护筒的内径应大于钻头直径,一般比桩径大200~400mm,具体尺寸按设计要求选用;钢护筒埋设深度应满足设计及有关规范要求。若桩孔在河流中,应将钢护筒埋置至较坚硬密实的上层中深0.5m以上;钢护筒顶高出施工水位或地下水位1.5~2.0m,并高出施工地面0.3m。

(4) 钻机就位及钻进

钻机钻进一般采用泥浆护壁钻进,当土质条件好、孔深小于15m时也可以直接钻进。

护筒埋设完成后,钻机开始就位,开钻前利用护桩拉十字线使钻头对准桩位中心。钻进时应先慢后快,确认地下是否有空洞等不利地层,并做好泥浆护壁工作。泥浆相对密度控制在1.05~1.1之间,含砂率不大于2%。钻进过程中随时注意孔内水压差,以防产生流沙。

经常测定泥浆相对密度,根据工程钻进地质情况,随时调整泥浆比重,保持各项指标符合要求,不因泥浆过浓影响进度,过稀导致坍孔等。钻进时及时填写钻孔施工记录,交接班时应交代钻进情况及下一班的注意事项。因故停钻时,孔口应设护盖,严禁钻头留在孔内,以防埋钻。同时,保持孔内有规定的水头和要求的泥浆浓度、黏度,以防坍孔。

此步骤注意事项如下。

①钻机就位后,必须对钻机的钻杆进行竖直度检测和调整,调整好后应将钻杆的调整系统锁住,防止钻杆在钻进过程中发生变化。

②由于旋挖钻机将孔内土壤直接挖出,钻进速度较快,为及时调整泥浆相对密度,在钻进过程中,应有专人对地质状况进行检查,调整加入膨润土及外加剂的量。

③在钻进过程中,要根据地质情况调整钻机的钻进速度。在黏土层内,钻机的进尺可快些;在砂土层中,钻机的进尺要控制,以防坍孔。

④在钻进过程中,必须控制好钻杆的提升速度,因为若钻杆提升过快,其一:钻头的下方容易出现负压区,在地下水位较高时,就容易使地下水渗入钻孔内,使护壁受到影响而造成坍孔;其二:钻头上部的泥浆通过切齿之间的空隙快速流动以补充因钻头上提而出现的空当,会严重冲刷泥浆护壁,从而出现坍孔的隐患。钻头的下降速度也不可太快,尤其是在刚入钻孔时,否则会造成泥浆四溅。

(5)成孔检查

成孔检查方法根据孔径的情况来定,当钻孔为干孔时,可用重锤将孔内的虚土夯实,再直接用测绳及测孔器量测;若孔内存在地下水,则采用水下灌注混凝土施工的方法进行钻孔的测孔工作。经质量检查合格的桩孔,应及时灌注混凝土。成孔达到设计高程后,对孔深、孔径、孔壁、垂直度、沉淀厚度等进行检查,不合格时采取措施处理。用测绳测量孔深并记录(钻孔施工人员应严格控制孔深,不得用超钻代替钻渣沉淀),钻孔完成后应用探孔器检测孔径,用测壁(斜)仪或钻杆垂线法检查倾斜度,用长度符合规定的探孔器上下两次检查孔是否合格,合格后方可清孔。

检测标准:孔深、孔径不小于设计规定,钻孔倾斜度误差不大于1%,沉淀厚度符合设计规定,桩位误差不大于50mm。

(6)清孔

旋挖钻机成孔由于渣土由钻斗直接从底部取出,一般情况下能保证孔底泥浆沉淀厚度小于规定值。若是泥浆相对密度过大,则可能出现泥浆沉淀过厚,此时应用钻机再抓一斗,且用钻斗上下搅动,同时抽换孔内浆液,保证泥浆含砂率小于2%。若是下钢筋笼后出现孔底沉淀厚度超标,则可以采用混凝土导管附着水管搅动孔底,同时注水换浆,以达到清孔的目的。

(7)吊放钢筋笼

钢筋笼应在加工场地按设计要求加工,加工完成后运输到现场,为防止钢筋笼变形,必须加焊加强筋。在钢筋笼主筋上每隔2m左右设置一圈4个圆形的水泥砂浆垫块,确保桩身混凝土的钢筋保护层满足设计要求。大直径的钢筋笼宜用吨位适宜的起重机将钢筋笼吊入孔内,要对准孔位、扶稳、缓慢下放,避免碰撞孔壁,必须使钢筋笼中心和钻孔的中心一致。钢筋笼到达设计位置时,应立即固定。当钢筋笼需接长时,先将第一节钢筋笼利用架立筋临时固定在护筒部位,然后吊起第二节钢筋笼,对准位置用焊接或套接的方式进行连接,必须按50%接头错开焊接或套接,如此接长到预定深度。就位过程中要尽量缩短焊接时间,可以使用多台电焊机同时焊接。焊接时保证上下钢筋笼的中心在同一垂直范围内,焊接长度和焊缝的质量必须符合规范要求;焊接完成、钢筋笼就位后,其底部高程和顶部中心位置必须符合设计要求。

最后将钢筋笼固定,可以采用在钢筋笼最上层的架力筋四周焊定位钢筋的方法,确保在混凝土浇筑全过程不会移动。

(8)安装导管

导管采用内径为 200~350mm 的钢导管。导管使用前必须进行水密承压和接头抗压试验。试验时的水压力不应小于孔内水深 1.3 倍的压力,也不应小于导管壁和焊缝可能承受灌注混凝土时最大内压力 p 的 1.3 倍,确保导管在灌注混凝土的全过程不漏气、不漏水。p 值可按现行《公路桥涵施工技术规范》(JTG/T 3650)中的公式计算。

安装导管时应对导管的节段组合做详细记录,以便于在水下混凝土灌注时参考。导管安装完毕后,由施工班组负责人、经理部现场施工主管人员和驻地监理工程师进行检查,主要检查钢筋平面位置是否正确,固定是否牢固,孔底沉淀是否超过规范要求。

如果孔底沉淀厚度超过规范要求,必须进行第二次清孔。检查符合要求后,经驻地监理工程师认可并签字后,及时灌注混凝土。

(9)灌注水下混凝土

水下混凝土浇筑必须按现行《公路桥涵施工技术规范》(JTG/T 3650)的要求进行施工。

首批混凝土灌注时必须满足首批灌注混凝土的数量,剪球后连续灌注。每次混凝土灌注完成后,检测混凝土的上升高度和导管的埋置深度,并及时做好记录。在灌注过程中,导管的埋置深度宜控制在 2~6m。灌注过程中,混凝土放入导管的速度不能太快,以防止将导管上口全部封严,导致导管中部和下部气体无法排出,在导管内形成高压气体,阻止混凝土下落。在灌注混凝土时,应不定时对坍落度进行检测,混凝土坍落度采用 18~22mm 为宜,坚决不使用不合格的混凝土。

9.3.3 沉入桩施工

沉入桩所用的基桩主要为预制的钢筋混凝土桩和预应力混凝土桩,断面形式常用的有实心方桩(图 9.3-10)和空心管桩(图 9.3-11)两种。

图 9.3-10 实心方桩

图 9.3-11 空心管桩

预制桩在起吊与堆放时,较多采用两个支点。较长的桩也可用 3~4 个支点。支点位置一般应按各支点处最大负弯矩与支点间桩身最大正弯矩相等的条件来确定。支点或吊点位置确定如图 9.3-12 所示。

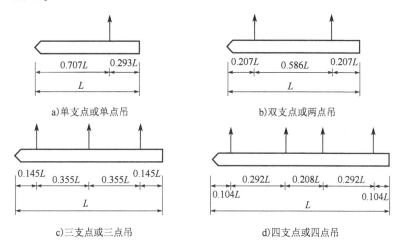

图 9.3-12　支点或吊点位置确定

当预制桩长度不足时,需要接桩。常用的接桩方法:法兰盘连接、钢筋连接及硫黄胶泥(砂浆)连接。

沉入桩的施工方法:锤击沉桩、振动沉桩、射水沉桩及静力压桩等。

1. 锤击沉桩

锤击沉桩一般适用于密砂类土、黏性土。由于锤击沉桩依靠桩锤的冲击能力将桩打入土中,因此桩径不能太大(不大于 0.6m),最大入土深度在 40m 左右,否则对沉桩设备要求较高。沉桩设备是桩基础施工的质量与成败的关键,根据土质、工程量、桩的种类、规格、尺寸、施工期限、现场水电供应等条件选择。

（1）沉桩设备

锤击沉桩的主要设备（图 9.3-13）有桩锤、桩架、桩帽、桩靴和桩身等。桩锤可根据条件选择坠锤、单动汽锤、双动汽锤和柴油锤等。桩帽主要是承受冲击,保护桩顶,在沉桩时能保证锤击力作用于桩轴线而不偏心,故要求构造坚固,垫木易于拆除或整修。桩靴主要是保护桩尖破土下沉时不损坏。当桩顶打到水面以下或地面以下必要深度时要采用送桩。

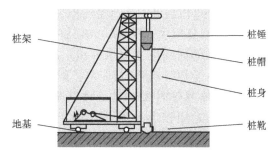

图 9.3-13　锤击沉桩的主要设备

（2）施工要点

沉桩前,应对桩架、桩锤、动力机械等主要设备部件进行检查;开锤前应再次检查桩锤、桩帽或送桩与桩中轴线是否一致;锤击沉桩开始时,应严格控制各种桩锤的动能;用坠锤和单动汽锤时,提锤高度不宜超过50cm;用双动汽锤时,可少开气阀降低气压和进气量,以减少每分钟的锤击数;用柴油机锤时,可控制供油量以减少锤击能量;如桩尖已沉至设计高程,但贯入度仍未达到要求时,应继续下沉至达到要求的贯入度为止。沉桩时,如遇到:贯入度突然发生急剧变化;桩身突然发生倾斜、移位;桩不下沉,桩锤有严重的回弹现象;桩顶破碎或桩身开裂、变形,桩侧地面有严重隆起等情况,应立即停止锤击,查明原因,采取措施后才可继续施工。

2. 振动沉桩

振动沉桩(图9.3-14)适用于砂质土、硬塑及软塑的黏性土和中密及较松散的碎卵石类土。对于软塑类黏土及饱和砂质土,当基桩入土深度小于15m时,可只有振动沉桩机。除此情况外,宜采用射水配合沉桩。

图9.3-14 振动沉桩示意图

3. 射水沉桩

射水沉桩施工方法的选择应视土质情况而异,在砂夹卵石层或坚硬土层中,一般以射水为主、锤击或振动为辅;在亚黏土或黏土中,为避免降低承载力,一般以锤击或振动为主,以射水为辅,并应适当控制射水时间和水量。下沉空心桩,一般用单管内射水,当下沉较深或土层较密时,可用锤击或振动,配合射水;下沉实心桩,将射水管对称地装在桩的两侧,并能沿着桩身上下自由移动,以便在任何高度上射水冲土。必须注意,不论采取任何射水施工方法,在沉入最后阶段1~1.5m至设计高程时,应停止射水,单用锤击或振动沉入至设计深度。射水沉桩的施工要点是吊插基桩时要注意及时引送输入胶管,防止拉断与脱落;基桩插正立稳后,压上桩帽、桩锤,开始用较小水压,使桩靠自重下沉。初期应控制桩身不致下沉过快,以免阻塞射水管嘴,并注意随时控制和校正桩的方向;下沉渐趋缓慢时,可开锤轻击,沉至一定深度(8~10m)已能保持桩身稳定后,可逐步加大水压和锤的冲击动能;沉桩至设计高程一定距离(1.0m以上)停止射水,拔出射水管,进行锤击或振动,使桩下沉至设计要求高程。

4. 静力压桩

静力压桩(图9.3-15)系采用静压力将桩压入土中,即以压桩机的自重力克服沉桩过程中的阻力;沉桩速度视土质状况而异;适用于高压缩性黏土或砂性较轻的亚黏土层。同一地区、相同截面尺寸与沉入速度的桩,其极限承载能力与锤击沉桩大体相同。

图9.3-15 静力压桩示意图

9.4 重力式墩台施工

9.4.1 重力式墩台的就地浇筑法施工

重力式墩台就地浇筑法施工有两个主要工序:一是制作与安装墩台模板;二是混凝土浇筑。

1. 制作与安装墩台模板

模板一般用木材、钢料或其他符合设计要求的材料制成。木模重量轻,便于加工成结构物所需要的尺寸和形状,但装拆时易损坏,重复使用次数少。对于大量或定型的混凝土结构物,则多采用钢模板。钢模板造价较高,但可重复多次使用,且拼装拆卸方便。

常用的模板类型:拼装式模板、整体吊装模板、组合型钢模板、滑动钢模板。

各种模板在工程上的应用,可根据墩台高度、墩台形式、机具设备、施工期限等条件,因地制宜,合理选用。

模板的设计可参照现行《公路桥涵施工技术规范》(JTG/T 3650)的有关规定。

模板安装前应对模板尺寸进行检查;安装时要坚实牢固,以免振捣混凝土时引起模板漏浆;安装位置要符合结构设计要求。

2. 混凝土浇筑

墩身、台身混凝土施工前,应将基础顶面冲洗干净,凿除表面浮浆,整修连接钢筋。灌筑混凝土时,应经常检查模板、钢筋及预埋件的位置和保护层的尺寸,确保位置正确,不发生变形。混凝土施工中,应切实保证混凝土的配合比、水灰比和坍落度等技术性能指标满足规范要求。

①混凝土的运送:墩台混凝土的水平与垂直运输相互配合选用,如混凝土量大,浇筑捣固速度快时,可采用混凝土皮带运输机或混凝土输送泵。运输带速度应不大于 1.0~1.2m/s,其最大倾斜角:当混凝土坍落度小于 40mm 时,向上传送为 180°,向下传送为 120°;当坍落度为 40~80mm 时,则分别为 150°与 100°。

②混凝土的灌筑速度:为保证灌筑质量,混凝土的配制、输送及灌筑的速度 v 应满足:

$$v \geqslant \frac{sh}{t} \tag{9.4-1}$$

式中:v——混凝土配料、输送及灌筑的容许最小速度(m^3/h);
　　s——灌筑的面积(m^2);
　　h——灌筑层的厚度(m);
　　t——所用水泥的初凝时间(h)。

如混凝土的配制、输送及灌筑需时较长,则应采用下式计算:

$$v \geqslant \frac{sh}{t - t_0} \tag{9.4-2}$$

式中:t_0——混凝土配制、输送及灌筑所消耗的时间(h)。

混凝土灌筑层的厚度 h 可根据使用振捣方法按规定数值采用。

墩台是大体积圬工,为避免水化热过高导致混凝土因内外温差引起裂缝,可采取如下措施:

a. 用改善骨料级配、降低水灰比、掺加混合材料与外加剂、掺入片石等方法减少水泥用量;

b. 采用 C_3A、C_3S 含量小,水化热低的水泥,如大坝水泥、矿渣水泥、粉煤灰水泥、低标号水泥等;

c. 减小浇筑层厚度,加快混凝土散热速度;

d. 混凝土用料应避免日光暴晒,以降低初始温度;

e. 在混凝土内埋设冷却管通水冷却。

当浇筑的平面面积过大,不能在前层混凝土初凝或能重塑前浇筑完成次层混凝土时,为保证结构的整体性,宜分块浇筑。分块时应注意:各分块面积不得小于 $50m^2$;每块高度不宜超过 2m;块与块间的竖向接缝面应与墩台身或基础平截面短边平行,与平截面长边垂直;上下邻层间的竖向接缝应错开位置做成企口,并应按施工接缝处理。

③混凝土浇筑施工要点:为防止墩台基础第一层混凝土中的水分被基底吸收或基底水分渗入混凝土,对墩台基底处理除应符合天然地基的有关规定外,尚应符合以下规定:

a. 基底为非黏性土或干土时,应将其润湿;

b. 基底为过湿土时,应在基底设计高程下夯填一层 100~150mm 厚片石或碎(卵)

石层;

c. 基底面为岩石时,应加以润湿,铺一层厚 20~30mm 水泥砂浆,然后于水泥浆凝结前浇筑第一层混凝土。

墩台身钢筋的绑扎应和混凝土的灌筑配合进行。在配置第一层垂直钢筋时,应有不同的长度,同一断面的钢筋接头应符合施工规范的规定。水平钢筋的接头也应内外、上下互相错开。钢筋保护层的净厚度应符合设计要求。如无设计要求,则墩身、台身受力钢筋的净保护层应不小于 30mm,承台基础受力钢筋的净保护层不小于 35mm。墩身、台身混凝土宜一次连续灌筑,否则应按相关规范的要求,处理好连接缝。墩身、台身混凝土未达到终凝前,不得泡水。

9.4.2 重力式墩台砌筑施工

在石料丰富地区建造墩台时,在施工期限许可的条件下,为节约水泥,重力式墩台应优先考虑石砌墩台方案,石砌墩台具有就地取材、经久耐用等优点。

1. 石料、砂浆与脚手架

石砌墩台系用片石、块石及粗料石以水泥砂浆砌筑的,石料与砂浆的规格要符合有关规定。

将石料吊运并安砌到正确位置是砌石工程中比较困难的工序。当重量轻或距地面不高时,可用简单的马凳跳板直接运送;当重量较大或距地面较高时,可采用固定式动臂起重机或桅杆式起重机或井式起重机,将材料运到墩台上,然后再分运到安砌地点。脚手架一般采用固定式轻型脚手架(适用于 6m 以上的墩台)、简易活动脚手架(适用于 25m 以下的墩台)及悬吊式脚手架(适用于较高的墩台)。

2. 墩台砌筑施工要点

在砌筑前应按设计图纸放出实样,挂线砌筑。砌筑基础的第一层砌块时,如基底为土质,只在已砌石块的侧面铺上砂浆即可,不需坐浆;如基底为石质,应将其表面清洗、润湿后,先坐浆再砌筑。砌筑斜面墩台时,斜面应逐层放坡,以保证规定的坡度。砌块间用砂浆黏结并保持一定的缝厚,所有砌缝要求砂浆饱满。形状比较复杂的工程,应先作出配料设计图纸,注明块石尺寸;形状比较简单的,也要根据砌体高度、尺寸、错缝等,先行放样配好石料再砌。

砌筑方法:同一层石料及水平缝的厚度要均匀一致,每层按水平砌筑,丁顺相间,砌石灰缝互相垂直。砌石顺序为先角石、再镶面、后填腹。填腹石的分层厚度应与镶面相同;圆端、尖端及转角形砌体的砌石顺序,应自顶点开始,按丁顺排列接砌镶面石。

9.4.3 墩台帽施工

墩台帽的施工应在墩身、台身质量检验合格后方可进行。

墩台帽与墩身、台身的连接处,模板与墩身、台身之间应密贴,不得出现漏浆现象。钢筋安装施工时,应避免在钢筋的接头处起弯,并应保证钢筋的混凝土保护层厚度。对支座垫石的预埋钢筋及上部结构所需要的预埋件,其位置应准确。

9.5 钢筋混凝土柱式墩施工

钢筋混凝土柱式墩是现阶段桥梁中采用非常多的一种桥墩形式。根据桥梁基础承载要求的不同,柱式墩的结构形式可分为两种形式:
①桩基础+承台+墩柱;
②桩接柱+系梁。

9.5.1 承台施工

当一个桥墩处的所有基桩完成后,就可以进行承台施工。无水或浅水地区承台施工的挖基工作,可按浅基础施工方式,其模板、钢筋、混凝土的施工应根据设计图纸要求进行。

用套箱法围堰施工水中桩基承台时,宜先填塞桩和预留孔之间的缝隙,然后在套箱内灌注水下混凝土封底,待混凝土达到设计规定强度后抽干水,再进行承台施工。抽水时应限制抽水速度,以确保安全。

承台钢筋在加工场进行加工,灌注混凝土采用泵送方式直接浇筑,浇筑时从一端向另一端分层进行,每层厚度不超过30cm。承台的顶层钢筋及连接墩身的主筋或预埋件施工时,应充分保证钢筋位置的准确性和钢筋骨架的稳定性,防止变形和移位,以满足墩身的施工要求。

9.5.2 墩柱施工

承台施工完成后,就可以进行墩柱施工。其施工工艺流程如图9.5-1所示。

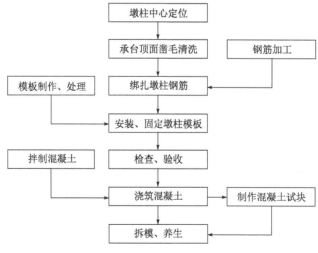

图9.5-1 墩柱施工工艺流程

1. 承台顶面凿毛清洗

桥墩施工前,应对施工范围内承台顶面的混凝土进行凿毛处理,并将表面的松散层、石屑等清理干净。

2. 绑扎墩身钢筋

墩身钢筋可分节段制作和安装,且应保证其连接精度;条件具备时,亦可采用整体带伤、整体安装的方式施工。应将竖向主筋与承台预埋筋、定位箍筋焊接牢固,焊接质量应满足相关规范要求,同一截面钢筋接头数量不超过50%。

3. 安装、固定模板

墩身的模板宜采用厂制定型钢模,墩柱施工时可采用钢管支架搭设工作平台。安装前应在承台顶面放出墩身的轴线和边缘线,安装过程中应使上、下轴点重合,板缝密贴,确保墩位正确和垂直度要求,模板加固采用对拉螺杆,模板上口采用缆风绳固定。

4. 浇筑混凝土

墩位、垂直度、高程及钢筋检查合格后,经监理工程师批准即可开始浇筑混凝土。桥墩高度不大于10m时,可整体浇筑施工;高度超过10m时,可分节段施工。

混凝土宜采用输送泵浇筑,混凝土自由下落高度不大于2.0m。浇筑时均匀分层捣固密实,分层厚度控制在30cm左右。浇筑混凝土后24h后才可脱模。

当墩身分段浇筑时,待前一段墩柱混凝土浇筑完成后,应立即处理表面的浮浆,将表面凿毛,清除松散颗粒,并冲洗干净,以保证新旧混凝土粘接密实,再浇注次段墩柱混凝土。

5. 拆模、养生

混凝土浇筑完成后,待强度达到规定要求后,可拆除模板,随即进行混凝土养生。一般可采用塑料薄膜包裹覆盖养生。

9.5.3 盖梁施工

墩柱施工完成,质量检验合格后,就可以进行盖梁施工。其施工工艺流程如图9.5-2所示。

1. 安装盖梁模板托架

盖梁模板托架可采用落地式支架和抱箍托架两种形式。施工前,应对支架、托架或抱箍等临时结构进行受力分析计算和验算。

当墩柱下方有较大的承台或基础可以用作承载时,可选用满布式钢管支架或梁柱式钢管支架作为盖梁模板托架。

当墩柱下方无承台或基础可用作承载时,可利用墩柱作为承力构件,利用抱箍将刚性梁(可采用型钢或贝雷片)固定在墩柱上方,作为盖梁模板托架,如图9.5-3所示。

2. 安装底板

在刚性梁上方用小工字钢作为横向分配梁,上铺底面模板,调整底模高程。

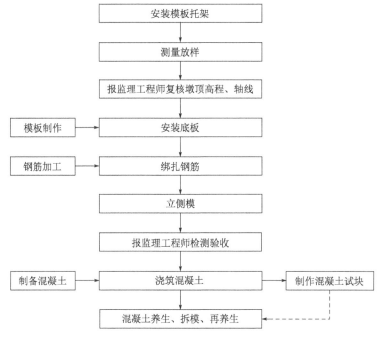

图 9.5-2　盖梁施工工艺流程

a) 抱箍+型钢　　　　　　　　　　b) 抱箍+贝雷片

图 9.5-3　盖梁模板托架

3. 制作、安装钢筋骨架

盖梁的钢筋骨架可在底模上进行现场制作，也可在附近将盖梁钢筋骨架制作完成后吊放到底模上，并与墩顶预留钢筋连接。

4. 立侧模

钢筋骨架安装完成后，可即安装侧模。

5. 浇筑混凝土

墩顶的平面位置、高程及钢筋检查合格后，经监理工程师批准即可开始浇筑混凝土。混凝土宜采用输送泵浇筑,浇筑时分层捣固密实。

6.拆模、养生

浇筑完成8h后,可以拆除侧模。底模及支架拆除需等混凝土强度达到规定要求(一般为达到混凝土设计强度的75%)后进行。

9.6 高桥墩施工

公路或铁路通过深沟宽谷或大型水库时一般采用高桥墩,这样不仅可以提高纵断面线形标准缩短线路,节省造价,而且可以提高营运效益,减少日常维护工作。高桥墩可分为实体墩、空心墩与刚架薄壁墩。自20世纪70年代以后,较高的桥墩一般采用空心墩。

对于高度超过40m的高桥墩,施工前应编制专项施工方案,对各临时受力结构和临时设施进行必要的施工设计计算和验算。同时,应编制测量控制方案,施工过程中对墩身的平面位置和垂直度进行监控。

高桥墩的施工设备与一般桥墩所用设备大体相同,但其模板却另有特色。一般有液压爬模、翻模、提升模板、滑模等几种,这些模板都是依附于已灌筑的混凝土墩壁上,随着墩身的逐步加高而向上升高。施工的工艺流程可参照斜拉桥的混凝土桥塔施工。

9.7 装配式墩台施工

装配式墩台适用于山谷架桥,跨越平缓无漂流物的河沟、河滩等的桥梁,特别是在工地干扰多、施工场地狭窄,缺水与砂石供应困难地区,其效果更为显著。装配式墩台的优点:结构形式轻便、建桥速度快、现场圬工材料用量少、预制构件质量有保证等。目前经常采用的有砌块式、柱式和管节式或环圈式墩台等。

9.7.1 砌块式墩台施工

砌块式墩台的施工大体上与石砌墩台相同,只是预制砌块的形式因墩台形状不同而有很多变化。例如1975年建成的浙江兰溪大桥,主桥墩身由预制的素混凝土壳块分层砌筑而成。壳块按平面形状分为Ⅱ型和工型两大类,再按砌筑位置和具体尺寸分为五种型号,每种节段等高,均为350mm,节段单元重力为900~1200N,每砌三层为一段落。该桥采用预制砌块建造桥墩,不仅节约混凝土量约26%,节省木材50m³和大量铁件,而且砌缝整齐、外貌美观,更主要的是加快了施工速度,避免了洪水对施工的威胁。

9.7.2 柱式墩施工

装配式柱式墩系将桥墩分解成若干轻型部件,在工厂或工地集中预制,再运送到现场装配成桥墩。其形式有双柱式、排架式、板凳式和刚架式等。主要施工内容有构件预制、拼接与接缝注浆等。其中,拼装是关键工序,既要牢固、安全,又要结构简单便于施工。常用的拼装接头:承插式接头、钢筋锚固接头、焊接接头、扣环式接头、法兰盘接头。

9.7.3 后张法预应力混凝土装配墩施工

预应力混凝土装配墩分为基础、实体墩身和装配墩身三大部分。装配墩身由基本构件、隔板、顶板及顶帽四种不同形式的构件组成,用高强钢丝穿入预留的上下贯通的孔道内,张拉锚固而成。实体墩身是装配墩身与基础的连接段,其作用是锚固预应力筋,调节装配墩身高度及抵御洪水时漂流物的冲击等。

9.7.4 无承台大直径钻孔埋入空心桩墩施工

无承台大直径钻孔埋入空心桩墩的主要施工内容有预钻孔、预制大直径钢筋混凝土桩墩节、吊拼桩墩节并用预应力后张连成整体、桩周填石压浆、桩底高压压浆、吊拼墩节、浇筑或组装盖梁等,它综合了预制桩质量的可靠性,钻孔成桩的工艺较简便、成本低、适应性强等优越性;摒弃了管柱桩技术设备复杂、成本高、不易穿透砂砾层、桩易偏位及钻孔灌柱桩桩身质量难以保证等缺陷。

钻埋预应力空心桩墩的技术特点如下。其一,直径大、承载力高,桩径一般大于2.5m,钻埋空心桩已达 $\phi 6.0m \sim \phi 8.0m$。其二,无承台、空心截面,节省了围堰工程,减少了桩身混凝土体积,不仅简化了施工工序,而且可将大桥下部结构费用从占全桥费用50%以上,降至30%~40%。其三,施工快速、工期缩短,并由于采用大直径桩,桩数少,多数情况下可以单桩独柱,加之钻机设备的先进与完善,一个枯水季节可完成基础工程;预制桩节、墩节与钻孔平行作业,大大加速了工程进度。其四,钻埋空心桩墩适用于土质地基,沉挖空心桩适用于松散的砂、砾、漂石和风化岩层,且环保效果好,施工少振动、低噪声,城镇区施工对居民干扰少。其五,桩节、墩节预制,桩周、桩底压浆,节间用高强预应力筋连成整体,各项作业技术含量高,桩墩质量完全能得到保障。

1. 扩大基础施工工艺流程是什么?施工过程中的注意事项有哪些?
2. 桩基础施工工艺流程是什么?施工过程中的注意事项有哪些?
3. 桥梁墩台施工工艺流程是什么?施工过程中的注意事项有哪些?
4. 高桥墩施工工艺流程是什么?施工方法有哪些?

参 考 文 献

[1] 中华人民共和国住房和城乡建设部.混凝土结构通用规范:GB 55008—2021[S].北京:中国建筑工业出版社,2021.

[2] 中华人民共和国交通运输部.公路工程技术标准:JTG B01—2014[S].北京:人民交通出版社股份有限公司,2014.

[3] 中华人民共和国交通运输部.公路桥涵设计通用规范:JTG D60—2015[S].北京:人民交通出版社股份有限公司,2015.

[4] 中华人民共和国交通运输部.公路钢筋混凝土及预应力混凝土桥涵设计规范:JTG 3362—2018[S].北京:人民交通出版社股份有限公司,2019.

[5] 中华人民共和国住房和城乡建设部.城市桥梁设计规范(2019 年版):CJJ 11—2011[S].北京:中国建筑工业出版社,2011.

[6] 中华人民共和国住房和城乡建设部.城市道路设计规范(2016 年版):CJJ 37—2012[S].北京:中国建筑工业出版社,2011.

[7] 中华人民共和国交通运输部.公路桥涵施工技术规范:JTG/T 3650—2020[S].北京:人民交通出版社股份有限公司,2020.

[8] 中华人民共和国交通运输部.公路圬工桥涵设计规范:JTG D61—2005[S].北京:人民交通出版社,2005.

[9] 中华人民共和国交通运输部.公路桥涵地基与基础设计规范:JTG 3363—2019[S].北京:人民交通出版社,2007.

[10] 中华人民共和国交通运输部.公路工程质量检验评定标准 第一册 土建工程:JTG F80/1—2017[S].北京:人民交通出版社股份有限公司,2018.

[11] 姚玲森.桥梁工程[M].3 版.北京:人民交通出版社股份有限公司,2021.

[12] 邵旭东.桥梁工程[M].6 版.北京:人民交通出版社股份有限公司,2023.

[13] 郭发忠.桥梁工程技术[M].3 版.北京:人民交通出版社股份有限公司,2020.

[14] 王晓谋.基础工程[M].5 版.北京:人民交通出版社股份有限公司,2021.

[15] 中交第二公路工程局有限公司.公路桥梁施工系列手册 悬索桥[M].北京:人民交通出版社股份有限公司,2014.

[16] 中交第二航务工程局有限公司.公路桥梁施工系列手册 斜拉桥[M].北京:人民交通出版社股份有限公司,2014.